小球教程：乒乓球、羽毛球、网球

XIAOQIU JIAOCHENG
PINGPANGQIU YUMAOQIU WANGQIU

主　编◎邵明虎
副主编◎俞慧燕　冯英歌
编　委◎黄福挺　徐　坚　许利群
　　　　邱辉明　邢　琦　刘海洋

北京师范大学出版集团
BEIJING NORMAL UNIVERSITY PUBLISHING GROUP
北京师范大学出版社

图书在版编目（CIP）数据

小球教程：乒乓球、羽毛球、网球/邵明虎主编．—北京：北京师范大学出版社，2012.9（2024.11 重印）

ISBN 978-7-303-15101-1

Ⅰ.①乒… Ⅱ.①邵… Ⅲ.①乒乓球运动－高等学校－教材 ②羽毛球运动－高等学校－教材 ③网球运动－高等学校－教材 Ⅳ.①G84

中国版本图书馆 CIP 数据核字（2012）第 179521 号

教材意见反馈 zhijiao@bnupg.com
营销中心电话 010-58802755 58801867
编 辑 部 电 话 010-58806615

出版发行：北京师范大学出版社 www.bnupg.com
北京市西城区新街口外大街 12－3 号
邮政编码：100088

印 刷：北京天泽润科贸有限公司
经 销：全国新华书店
开 本：730 mm×980 mm 1/16
印 张：17
字 数：310 千字
版 次：2012 年 9 月第 1 版
印 次：2024 年 11 月第 14 次印刷
定 价：30.00 元

策划编辑：王 强 责任编辑：王 强
美术编辑：毛 佳 装帧设计：毛 佳
责任校对：李 菡 责任印制：马 洁

《小球教程：乒乓球、羽毛球、网球》
编　委　会

前　言

党的十八大以来，以习近平同志为核心的党中央确立了建设体育强国的战略目标。少年强、青年强则中国强。习近平总书记始终关心亿万学生体质健康。在 2018 年 9 月召开的全国教育大会上，习近平强调要树立健康第一的教育理念，开齐开足体育课，帮助学生在体育锻炼中享受乐趣、增强体质、健全人格、锤炼意志。

2019 年 9 月，《体育强国建设纲要》公布，对加快推进体育强国建设作出明确部署，提出要努力将体育建设成为中华民族伟大复兴的标志性事业。2021 年 3 月，《中华人民共和国国民经济和社会发展第十四个五年规划和 2035 年远景目标纲要》提出，到 2035 年建成“体育强国”。

党的二十大报告指出：“广泛开展全民健身活动，加强青少年体育工作，促进群众体育和竞技体育全面发展，加快建设体育强国。”

乒乓球、羽毛球和网球，俗称“三小球”，是我国普及程度高、群众基础广泛的三个运动项目，一直深受高校师生的喜爱。由于“三小球”在技术特点上的共性以及近些年我们以“三小球”教师为团队开展了一系列的教研教改项目，因此，将三者结合既符合三者内在的联系和规律，同时也是改革成果的展现。

本书根据“三小球”运动的自身规律，围绕参与运动、愉悦身心这个核心，体现“以学生为本”的理念，突出学生的主体地位。内容上以基本目标（入门）和发展目标（提高）为主线，形式上围绕所学内容增加了“知识窗”等信息；同时，考虑到学生已有的知识结构，在力求知识性、趣味性、可读性和应用性的基础上，突出了学生自学、自练的内容，增加了教学与训练方法以及错误纠正，使教材更具针对性，更加贴近学生的学习，终生受益，使其学以致用。

本书可作为普通高等院校公共体育以及体育院、系教材，也适合广大的大、中、小学体育教师、教练员、运动员参考与阅读。

由于编写时间仓促，限于我们的业务水平，书中错误或不当之处在所难免，敬请同行和读者赐教。

编　者

2023 年 6 月

前言

目　录

第一编　乒乓球

第二编　羽毛球

第三编 网 球

第一编　乒乓球

乒乓球运动自诞生到现在已经有 100 多年的历史了，在发展过程中各国的争先、博弈，促进了乒乓球技术的进步。乒乓球运动在中国也得到了极大的发展，中国乒乓球队不仅获得了大量的大赛奖牌，而且涌现出许许多多的世界冠军。乒乓球运动在中国的发展不仅表现在国际大赛中取得了优异成绩，还表现在男女老少的共同参与，几乎在每一座城市都会有规模大小不同的乒乓球培训班和健身场所。这是一项集竞技、娱乐、健身、交际等为一体的运动，因此受到广大群众的喜爱，大学生们也不例外。

本编共分 5 章：第一章是乒乓球运动概述，使学生们了解乒乓球运动的起源与发展以及中国乒乓球运动发展的概况和一些重大赛事。第二章介绍了乒乓球运动的基本理论知识，为学习乒乓球的专项技术打下基础。第三章介绍了乒乓球的各项基本技术。第四章是乒乓球高级技术的介绍。第五章介绍了乒乓球比赛规则和裁判法，使学生们熟悉乒乓球比赛的整个流程，最终能够胜任基层乒乓球比赛的裁判工作。

第一章　乒乓球运动概述

乒乓球运动不受年龄、性别、身体状况的限制，只要愿意就可以参与，因此是一项深受广大群众喜爱的体育运动。经常参加乒乓球运动，不仅可以锻炼身体的协调性和灵活性，而且还有利于人们改善心血管系统的机能。除此之外，乒乓球运动还可以作为社会交往的手段，促进交流，使得本来素不相识的人们成为朋友。中华人民共和国成立后，中国乒乓球运动水平迅速提高，在国际上处于绝对领先地位，因此，乒乓球被称为中国的“国球”。本章首先介绍乒乓球运动的起源和发展状况，随后介绍中国乒乓球运动的发展状况和乒乓球运动的三大赛事。

第一节　乒乓球运动的起源与发展

一、乒乓球运动的起源

乒乓球运动创始于英国，并由网球运动派生而来。大约在 19 世纪后半叶，由于受到网球运动的启示，在一些英国大学生中流行着一种极类似现在乒乓球的室内游戏，叫作“Goossime”或“Flim-Flam”。当时还没有统一规则，有 10 分、20 分为一局的，也有 50 分或 100 分为一局的，发球时，可将球直接发到对方台面，亦可把球先发到本方台面再跳至对方台面。所用器材也和今天的大不一样，球拍是空心的，用羊皮纸贴成，形状为长柄椭圆形。为了不损坏家具，在橡胶或软木实心球外，往往包一层轻而结实的毛线。有时，在饭桌上支起网来打；有时索性就在地板上用两个椅子当作支柱，中间挂起网来打。

大约在 1890 年，一位名叫詹姆斯·吉布(James Gibb)的英格兰人到美国旅行时，偶然发现了一种用赛璐珞制成的空心玩具球，弹跳力很强。于是，他就将这种球稍加改进后，逐步在英国和世界各地推广起来。也许因为此球在桌上打来打去发出“乒乒乓乓”声音的缘故，英国一家体育用品公司首先用“Ping-Pong(乒乓)”一词作为广告上的名称。就这样，乒乓球才开始得此绘声之名。

由于第一次世界大战的爆发，使原已在欧洲得到了较好开展的乒乓球运动不得不停顿了一个时期。20 世纪 20 年代后，在蒙塔古等人的推动下，曾一度被冷落的乒乓球运动才又重新在英国活跃起来，并组织了一些由各地选手参加的全英乒乓球赛。1926 年，由于发现了“Ping-Pong”一词是商业注册名称，而且原英国乒乓球协会也缺乏代表性，因此便解散了原组织，重新成立了“Table Tennis(桌上网球)”协会。“桌上网球”这个名字一直沿用了数十年，国际乒联至今还采用着这个名字。汉语的乒乓球是从声音上得名的，但将其翻译成英文时，仍为“Table Tennis”。

二、世界乒乓球运动发展的几个时期

世界乒乓球运动从第一届(1926)世乒赛发展至今，经历了以下几个重大发展阶段。

(一)第一阶段：欧洲乒乓球运动的优势期(1926—1951)

在这一阶段，乒乓球运动才刚刚起步，所使用的器材还比较原始，主要是用木制材料做成，技术打法也比较简单，而且速度慢、旋转弱。直到胶皮拍的问世，技术上才有了发展，由于胶皮拍有摩擦力，可以使乒乓球的旋转增强，削球打法便应运而生。这一阶段，乒乓球运动的主要优势在欧洲。除美国选手取得 8 个冠军外，其余冠军均由欧洲选手所获。

削球打法的特点是失误少、回合多，又因为当时没有时间规则的限制，常常会出现“马拉松”式的比赛。例如，第十届乒乓球世锦赛奥地利队对罗马尼亚队的男子团体决赛中，双方队都派出了 3 名削球手出阵，由于水平相当，从上午战至次日凌晨 3 点半，前 4 场比赛为 2∶2平，第二天比赛仍不分胜负，等第三天战完 9 场比赛，奥地利队才艰难地以 5∶4获胜，共持续了 31 个小时之多，创下了世乒赛纪录。

这种“马拉松”式的比赛，毫无观赏性可言，比赛时间过长，比赛过程缺乏变化，让观众感觉无比乏味。为此，国际乒联代表大会上各国会员一致同意对比赛器材和规则进行修改。球台由 146.4 厘米加宽至 152.5 厘米；球网由 17 厘米降至 15.25 厘米；比赛改用硬球，并限制了比赛时间(3 局 2 胜的比赛不得超过 1 小时，5 局 3 胜的比赛不得超过 1 小时 45 分钟)，这些改革为乒乓球运动的发展起到了非常积极的作用。

(二)第二阶段：日本队称雄世界乒坛(1952—1959)

虽然日本乒协很早就加入了国际乒联，但直到 1952 年才首次参加第 19 届世乒赛。可让人大吃一惊的是，凭借着海绵球拍和直拍快攻打法，初试牛刀的日本队就获得了男子单打、男子双打、女子团体和女子双打 4 项冠军，这也促使世界乒坛的优势由欧洲的削球转到了亚洲的攻球。

这一时期共举行了 7 届世乒赛，冠军共有 49 个，其中日本队获得了 24 个冠军。特别是 1954 年第 21 届世乒赛上，日本队双获男、女团体世界冠军；1959 年第 25 届世乒赛上，日本队获得了 6 项冠军。在这一时期，日本凭着扎实的基本功、顽强的意志和勇于创新的精神称霸世界乒坛。

当时，海绵拍的出现曾引起许多人的反对，直到1959年，国际乒联才通过了对球拍规格化的决定：运动员只准使用木拍、胶皮拍、海绵胶拍(海绵上覆盖一层颗粒胶，颗粒可向里或向外，总厚度不得超过4毫米，其中颗粒胶的厚度不得超过2毫米)。

(三)第三阶段：中国崛起，东亚屹立(1959—1969)

1959年，中国运动员容国团在第25届世乒赛上，为中国夺得了第一个男子单打的世界冠军；1961—1969年，共举行了5届世乒赛，中国队参加了第26届、27届和28届世乒赛，共夺得冠军11个，占全部金牌数的52%。具有“快、准、狠、变”独特风格的中国直拍近台快攻打法比日本的进攻型打法又向前发展了一步，这种打法成为世界上最先进的打法，代表了世界乒乓球技术的新潮流。

20世纪60年代初，日本大学生中西义治创造了弧圈球技术。由于处于初级阶段，这项技术仅对削球打法显示了优势，对快攻型的打法并未显示出很大的威力。然而，弧圈球技术的诞生对世界乒乓球运动的发展起到了重要的促进作用。

(四)第四阶段：欧洲复兴，欧亚对抗(1971—1979)

20世纪70年代，世界乒乓球技术的发展突飞猛进。欧洲选手经过近20年的努力，创造了“弧圈结合快攻”和“快攻结合弧圈”两种新型打法，从而走上了复兴之路。第31届世乒赛上，瑞典选手本格森连续战胜中国队和日本队的强手，夺得了男子单打世界冠军；第32届世乒赛上，瑞典男队又夺走了亚洲保持了20年之久的团体冠军；第33届世乒赛上，男单决赛在两名欧洲运动员之间展开；第35届世乒赛上，男团冠军被匈牙利队所获。这一阶段共有35个冠军，中国队仅获16.5个金牌。弧圈球打法使世界乒乓球运动有了更快的发展。

(五)第五阶段：“中国打世界”“世界打中国”(1981—2008)

1981年第36届世乒赛上，中国队囊括了7项冠军和5个单项的亚军，创下了世界乒乓球历史的新纪录。在此后的3届世乒赛上，中国队每届又都取得了6项冠军。“世界打中国”的局面开始形成。

20世纪80年代至90年代中期，中国男队曾走入困境，女队也遭到了困扰。第41届、42届、43届世乒赛上，男团、男单冠军都为欧洲选手所获；女队在第41届世乒赛上，失去了冠军的宝座；第42届世乒赛上，女单只有高军一人进入了半决赛，这是14年以来中国女队第一次女单未进入决赛；1995年第43届世乒赛上，中国队又一次囊括了7个项目的全部金牌；在之后几届世乒赛上，中国队也连续获得了很好的成绩；在第26届、27届、29届奥运会上，中国队又包揽了乒乓球全部项目的金牌，形成了“中国打世界”和“世界打中国”的新局面。

第二节　中国乒乓球运动发展的概况

1904年，乒乓球运动从日本传入中国，之后在北京、天津、青岛、上海和广州等地迅速开展起来；1935年，中华全国乒乓球协进会成立；1935年1月，国际乒联主席蒙塔古曾电邀中国加入国际乒联，并参加第9届世乒赛，由于中国经费问题未能实现。

新中国成立后的1952年10月，在北京举行了第一次全国乒乓球比赛；同年，中国加入了国际乒联；1953年，中国乒乓球队正式进入世界乒坛；1956年以后，国内每年定期举办一次全国比赛。

回顾中国乒乓球运动的发展历程，大体可分为以下六个阶段。

一、第一阶段：起步(1953—1957)

1953年，中国第一次参加第20届世乒赛，男队被评为一级第10名，女队被评为二级第3名。第21届、22届世乒赛，中国队皆未参加。1956年，中国参加了第23届世乒赛，男队被评为一级第6名，女队被评为一级第11名，在这届世乒赛上，显示了中国直拍快攻打法的优越性，但也暴露了技术上很多的问题。1957年，中国队参加了第24届世乒赛，男队被评为一级第4名，女队被评为一级第3名。

二、第二阶段：腾飞(1959—1965)

1959年第25届世乒赛上，容国团为中国夺得了第一个男子单打世界冠军。1961年第26届世乒赛上，中国队获得了男团、男单、女单3项冠军，还获得了4项亚军和8个第3名。这一时期，中国的直拍近台快攻打法十分先进，代表着世界乒乓球技术的新潮流，中国正式开始步入世界乒乓球强国之列。

第27届、28届世乒赛上，中国队也取得了很好的成绩。国际舆论普遍认为中国是“世界头号乒乓球国家”，称乒乓球是中国的“国球”。1961—1965年，是中国乒乓球运动的第一次高峰，中国直拍快攻和削球打法都取得了很好的成绩。

三、第三阶段：重整旗鼓(1971—1979)

正当中国乒乓球事业蒸蒸日上，“文化大革命”爆发了，使中国的乒乓球事业受到了巨大的冲击。中国未能参加第29届、30届世乒赛。第31届世乒赛上，中国队艰难地夺得了男子团体、女单、女双和混双冠军；第32届世乒赛上，中国队取得了男、女单打和混双3项冠军；第33届世乒赛上，中国队只获得男、女团体冠军；第34届世乒赛上，中国队获得了男、女团体、男双和女双4项冠军；第35届世乒赛上，中国女队在所有参赛项目上皆获冠军，引起了世界乒乓球界的很大震动。

四、第四阶段：又创辉煌(1981—1987)

1981年第36届世乒赛上，中国队获得了7项冠军和5项亚军，创造了新纪录。在之后3届世乒赛上，中国队每届均获得6项冠军。此时期是中国乒乓球运动的第二次高峰。

这一时期中国乒乓队的成绩很好，原因还在于中国队敢于大胆起用新人。第36届世乒赛上，中国队上场的3名队员的平均年龄只有20岁，其中蔡振华和谢赛克均为第一次参加世乒赛；第37届世乒赛男团决赛，第一次参加世乒赛的江嘉良，分别战胜了瑞典的瓦尔德内尔和阿佩伊伦，为中国男队获得冠军立下了汗马功劳；第38届世乒赛上，中国队的陈新华、陈龙灿也表现十分突出，二人与江嘉良合作，在团体决赛中以5∶0战胜了瑞典队；第39届世乒赛上，中国男队又一次以5∶0战胜了瑞典队。中国女队在这一阶段也是由新老交替的李惠芬、焦志敏、戴丽丽组成，最后以3∶0战胜了由梁英子、玄静和组成的韩国队。

五、第五阶段：新程(1988—2008)

1988年第24届奥运会上，乒乓球被正式列为奥运会比赛项目。中国乒乓球队在本届奥运会上获得了男双和女单的两枚金牌。

欧洲运动员经过一段时间的磨炼，在技术打法上也更加全面。第40届、41届、42届世乒赛上，中国男队失去了团体和单打冠军的奖牌；女队在第41届、42届世乒赛上成绩不佳，男、女队均走入困境。1993年末1994年初，中国乒协专门举办了全国乒乓球重点省市男队主教练和业余体校教练员的研讨班，这次会议，对中国乒乓球运动的发展起到了十分重要的影响。

1995年第43届世乒赛上，中国队获得7个项目的全部金牌，终于走出了低谷，迎来了乒乓球运动的第三次高峰；第46届世乒赛上，中国队又第三次实现了7个冠军的大包揽；第47届世乒赛执行了11分新赛制和无遮挡发球，中国队在本届世乒赛上又获得了4项冠军；第48届、49届世乒赛上，中国男、女队又取得了很好的成绩。

面对国际乒联的三项重大改革，对中国队来说是一次很严峻的考验。新规则的变化，需要我们不断学习，不断创造新的技术，才能保持世界领先地位。

六、第六阶段：养狼计划(2009—至今)

在很长一段时间内，世界乒坛都在呼吁中国乒协要负起一个乒乓球大国的责任，更多地为推广乒乓球运动在世界上的普及和发展、帮助其他协会提高乒乓球水平作出贡献。在2009年3月举行的中国乒协换届大会上，蔡振华就提出中国乒协要和国际乒联加强合作，帮助其他乒协加大培养后备人才的力度，甚至可以提供中国乒乓球的一些成果，与世界分享。

2009年3月，新任中国乒协主席蔡振华在上任之际提出了"养狼计划"，主要方式是让更多教练和球员出国去交流，或让外国选手到中国来训练，帮助他们提高水平，缩小与中国选手的差距。在第50届世乒赛备战期间，中国乒协曾主动派人去充当波尔、萨姆索诺夫、苏斯等主要对手的陪练。经过无数次国际大赛夺冠后，中国乒乓球已然跳出了过分计较得失的小格局，考虑更多的是乒乓球这项运动在世界范围内的发展和推广。可以预见，世界乒乓球运动的发展将拉开新的篇章。

第三节　乒乓球运动的三大赛事

一、世界乒乓球锦标赛

世界乒乓球锦标赛是国际乒乓球联合会主办的一项最高水平的世界乒乓球大赛，具有广泛的影响。1926年12月，在国际乒联正式成立的同时，第1届世界乒乓球锦标赛在英国伦敦举行。实力雄厚的匈牙利队获得了当时所设的男子团体、男子单打、男子双打、女子单打和混合双打5个项目的全部冠军。1928年第2届世乒赛增设了女子双打比赛，1934年第8届世乒赛又增设了女子团体比赛。1928—1939年、1947—1957年，世乒赛每年举行一次。从1959年的第25届开始，改为每两年举行一次。

从第1届世乒赛到1951年的第18届世乒赛，欧洲运动员占有绝对优势，获得了绝大多数冠军。加上后来夺得的冠军，匈牙利队获得的冠军总数为73个，其中有9个是与其他国家的选手合作夺得的。从1959年容国团为中国夺得第一个世界冠军到第51届(2011)世乒赛结束，中国共获得116.5个世乒赛冠军。

世界乒乓球锦标赛共设7个奖杯，包括斯韦思林杯、考比伦杯、圣·勃莱德杯、盖斯特杯、伊朗杯、波普杯和赫杜塞克杯。

(一)乒乓球男子团体冠军杯——斯韦思林杯

1926 年 12 月，在首任国际乒联主席伊沃·蒙塔古的母亲斯韦思林夫人的图书馆举行了第一次国际乒联全体会议，此次锦标赛的赞助人——斯韦思林夫人捐赠了一只大奖杯，名为“斯韦思林杯”，作为男子团体赛的优胜奖杯。该奖杯是从蒙塔古家存放银器的仓库里选出来的。

(二)乒乓球女子团体冠军杯——考比伦杯

从 1934 年第 8 届世界乒乓球锦标赛开始，增设女子团体赛项目。这届比赛在法国巴黎举行，法国乒协主席马赛尔·考比伦先生捐赠了以他的名字命名的奖杯，作为女子团体赛的优胜奖杯。

(三)乒乓球男子单打冠军杯——圣·勃莱德杯

弗·佩里是英国著名网球和乒乓球运动员，他在 1929 年举行的第 3 届世界乒乓球锦标赛上获得男子单打冠军。当时英国的克·乌德科克先生为赞扬佩里取得的成就，并表彰培养佩里的乒乓球俱乐部，捐赠了以佩里所在的圣·勃莱德乒乓球俱乐部命名的奖杯，作为男子单打比赛的优胜奖杯。

(四)乒乓球女子单打冠军杯——盖斯特杯

1931 年第 5 届世界乒乓球锦标赛在匈牙利首都布达佩斯举行，当时匈牙利乒协主席吉·盖斯特先生捐赠了以他的名字命名的奖杯，作为女子单打比赛的优胜奖杯。

(五)乒乓球男子双打冠军杯——伊朗杯

1947 年第 14 届世界乒乓球锦标赛在巴黎举行，伊朗国王捐赠了以伊朗国名命名的奖杯，作为男子双打比赛的优胜奖杯。

(六)乒乓球女子双打冠军杯——波普杯

1948 年第 15 届世界乒乓球锦标赛在伦敦举行，当时国际乒联名誉秘书伟·杰·波普捐赠了以他的名字命名的奖杯，作为女子双打比赛的优胜奖杯。

(七)乒乓球混合双打冠军杯——赫杜塞克杯

由捷克斯洛伐克乒协秘书赫杜塞克先生捐赠，故以其名命名。

二、奥运会乒乓球比赛

1988 年，乒乓球第一次作为正式项目出现在第 24 届奥运会的赛场上。至今，在奥运会的赛场上已经连续进行了 6 届奥运会的乒乓球比赛。

奥运会乒乓球赛每隔 4 年举行一次，原设有 4 个比赛项目：男子单打、女子单打、男子双打、女子双打。在 2004 年雅典奥运会举办期间，国际乒联官员们与各方进行了广泛的交流，为了增加比赛的精彩程度，国际乒联提出以团体取代双打，而国际奥委会只提出了一条要求，即严格按照罗格主席“奥运会瘦身”计划办事，不能增加比赛人数，否则该提议将不会获得通过。因此，国际乒联精心制订了“团体入奥”的计划，提出了多种比赛模式，希望能有12～16支球队参加。

2004年雅典奥运会期间，国际乒联主席沙拉拉宣布，他已经同国际奥委会主席罗格以及众执委们进行过会晤，大家一致同意在不增加参赛人数的情况下，在2008年奥运会上以团体比赛取代双打比赛。该项提议已经在2005年10月27日国际奥委会在新加坡的会议上获得了批准。

三、乒乓球世界杯

1980年5月由香港乒乓球总会举办了第1届世界杯男子单打比赛，此后每年举行一届。起初，乒乓球世界杯只设男子项目，由16名世界高手参赛，后来又增设了男子团体比赛。

乒乓球世界杯为世界乒乓球三大赛事之一，次于世锦赛和奥运会。它包括男、女单打及男、女团体共4项赛事；但由于公开赛的兴起，世界杯团体比赛参赛人数越来越少，国际乒联迫不得已在1995年第6届结束后中止了该项赛事。2007年，由于许多国家的乒联提议要恢复世界杯团体比赛，国际乒联恢复了这一比赛。

【复习与思考】

1. 简述世界乒乓球运动发展的几个阶段，并思考其形成的原因？

2.“养狼计划”对世界乒乓球运动的发展将起到怎样的作用？对中国乒乓球运动将会产生哪些影响？

3. 为什么中国队能够长期占据世界乒坛绝对领先地位？

第二章　乒乓球运动基本理论知识

要更好地学习和掌握乒乓球技、战术，对其理论的了解是必不可少的，本章主要对乒乓球运动的基本理论知识进行介绍和讲解，包括场地与设备、常用术语、技术要素等，为后续的教学提供有力保证，并能帮助学生更好地理解乒乓球技术动作要领，为掌握基本技术奠定基础。

第一节　场地与设备

一、乒乓球比赛场地

赛区空间应为不少于 14 米长、7 米宽的长方形，高度为 5 米，但四角可用不超过 1.5 米的挡板围起，并与相邻场区及观众席隔开。在世乒赛和奥林匹克的比赛中，要从比赛台面高度测得的照明度不得低于 1000 勒克斯，且整个比赛台面的照明度应均匀，赛区其他地方的照明度不得低于 500 勒克斯；其他比赛中，要求比赛台面的照明度不得低于 600 勒克斯，其整个比赛照明度均匀，赛区其他地方的照明度不得低于 400 勒克斯。

二、乒乓球比赛器材

(一)乒乓球台

球台长 2.740 米、宽 1.525 米、高 0.760 米，台面呈均匀的暗色无光泽。周边有一条 2 厘米宽的白线，与网垂直的称为“边线”，与网平行的称为“端线”。双打台面有一条与边线平行的 3 毫米宽的白色中线把台面分为两个相等的半区，中线与边线平行，并视为右半区的一部分。

(二)乒乓球网

乒乓球网由网和网架构成。网用暗绿色腊线编织而成，与边线和台面垂直，把台面分为两个相等的台区。球网应悬挂在一根绳子上，绳子两端系在高 15.25 厘米的网柱上，网柱外缘离边线外缘的距离为 15.25 厘米。整个球网的顶端距离比赛台面 15.25 厘米。整个球网的底边应尽量贴近比赛台面，两端应尽量贴近网柱。

(三)乒乓球

球应为圆球体，直径为 40 毫米，重 2.7 克。球应用赛璐珞或类似的塑料制成，呈白色或橙色，且无光泽。

(四)乒乓球拍

球拍的大小、形状和重量不限，但底板应平整，坚硬。底板厚度至少应有85%的天然木料。加强底板的黏合层可用诸如碳纤维、玻璃纤维或压缩纸等纤维材料，每层黏合层不超过底板总厚度的7.5%或0.35毫米。

用来击球的拍面应用一层颗粒向外的普通颗粒胶覆盖，连同黏合剂，厚度不超过2毫米；或用颗粒向内或向外的海绵胶覆盖，连同黏合剂，厚度不超过4毫米。

“普通颗粒胶”是一层无泡沫的天然橡胶或合成橡胶，其颗粒每平方厘米必须不少于10颗，不多于30颗的平均密度分布在整个表面。

“海绵胶”，即在一层泡沫橡胶上覆盖一层普通颗粒胶，普通颗粒胶的厚度不超过2毫米。

覆盖物应覆盖整个拍面，但不得超过其边缘。靠近拍柄部分以及手指执握部分可不予以覆盖，也可用任何材料覆盖。

底板、底板中的任何夹层以及用来击球一面的任何覆盖物及粘合层均应为厚度均匀的一个整体。

球拍两面不论是否有覆盖物，必须无光泽，且一面为鲜红色；另一面为黑色。由于意外的损坏、磨损或褪色，造成拍面的整体性和颜色上的一致性出现轻微的差异，只要未明显改变拍面的性能，可以允许使用。

选择乒乓球拍小窍门

知识窗

因乒乓球拍种类繁多，很难说应选择哪种具体的球拍类型，对于初学者来说，只要把握几个原则即可：

第一，由于处在学技术阶段，打法类型尚未确定，应选择重量较轻、手感较好、弹性略低的普通拍，以便于尽快掌握控球技术。

第二，应选择适合本人力量、素质发展水平与手型的专用球拍，球拍除了需要重量较轻以外，更重要的是板柄较薄、较细，有利于帮助他们养成正确的握拍习惯。

第三，初学者可选用厚度在1.8毫米、硬度40度左右的反胶海绵或硬度35度以下的正胶海绵。还应尽量选择反胶或正胶等常规球拍，这样有利于全面学习技术。

第二节　常用术语

一、球台术语

端线（宽 2 厘米）：指球台两端与球网平行的白线。

边线（宽 2 厘米）：指球台两侧与球网垂直的白线。

中线（宽 3 毫米）：指球台中央与边线平行的白线。

左、右半台：通常是指击球范围，这个左、右的方向是相对于击球者本身来说的，也称 1/2 台。

2/3 台：指击球范围占球台的 2/3，左侧为左 2/3 台，右侧为右 2/3 台。

全台：指击球范围在整个球台，不限制落点。

二、站位

站位：指运动员开始击球前的基本位置，指运动员击球时身体与球台端线的距离。

近台：站位离球台端线 50 厘米以内的范围。

中台：站位离球台端线 70 厘米以内的范围。

中近台：站位离球台端线 50～70 厘米的范围。

中远台：站位离球台端线 70～100 厘米的范围。

远台：站位离球台端线 100 厘米以外的范围。

三、击球路线

击球路线是指球运行的水平方向，在球台上空飞行弧线的投影线。与边线平行的是直线，对角线是斜线。共有五条基本路线：右方斜线、右方直线、左方斜线、左方直线、中路直线。

击球路线有的是根据运动员的执拍手命名，如右手执拍者，又把右手斜线称为正手斜线，左方直线称为反手直线，也称侧身位直线；中路直线往往是把球击向对方的身体，因此也被称为追身球。

四、击球部位与击球时间

击球部位指的是击球时球拍击打球体的位置。为了方便说明，采用钟表表盘形式标出，如图 2-1 所示。

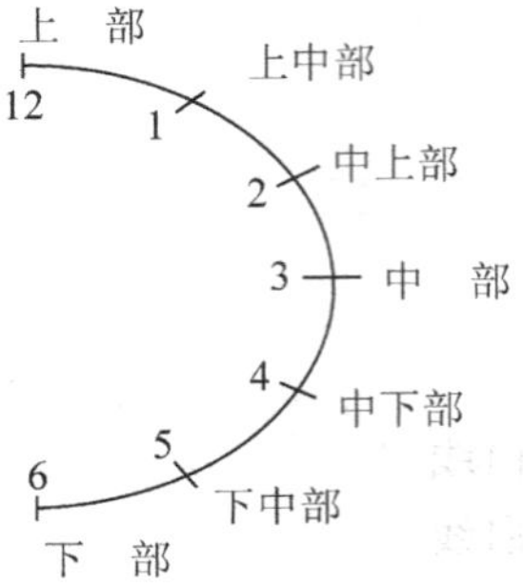

图 2-1　击球部位

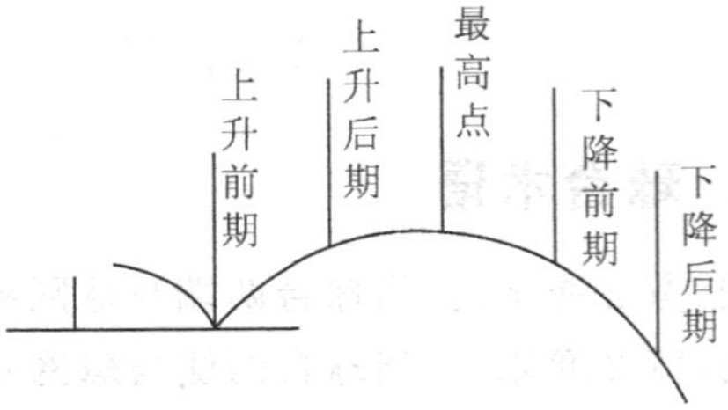

图 2-2　击球时间

接近 12 点附近的叫上部；1 点附近的叫上中部；2 点附近的叫中上部；3 点附近的叫中部；4 点附近的叫中下部；5 点附近的叫下中部；6 点附近的叫下部。

击球时间是指来球在本方台面弹起后，其运行轨迹从着台点上升再下降至触及地面前的过程，具体可以分为以下几个时期(图 2-2)：

上升前期：球从台面弹起刚上升的阶段。

上升后期：球弹起接近最高点的阶段。

最高点：球弹起达到最高点的阶段。

下降前期：球从最高点开始下降的最初阶段。

下降后期：球下降到接近地面之前的这一阶段。

五、拍形、球触拍部位

拍形包括两个方面，即拍面角度和拍面方向。击球时，拍面和台面所形成的角度叫拍面角度。当拍面角度小于 90°时，称为前倾；拍面角度接近 90°时，称为垂直；拍面角度大于 90°时，称为后仰。按照拍面接触球的不同部位，可以分为：

拍面击打球体的接近 1 点时，叫作击打球的上中部，此时拍面前倾；

拍面击打球体的接近 2 点时，叫作击打球的中上部，此时拍面稍前倾；

拍面击打球体的接近 3 点时，叫作击打球的中部，此时拍面垂直；

拍面击打球体的接近 4 点时，叫作击打球的中下部，此时拍面稍后仰；

拍面击打球体的接近 5 点时，叫作击打球的下中部，此时拍面后仰；

拍面击打球体的接近 6 点时，叫作击打球的下部，此时拍面向上；

拍面击打球体的接近 12 点时，叫作击打球的上部，此时拍面向下。

球触拍部位指击球瞬间，球体触及球拍上的位置。球拍的击球拍面可划分为左、右、上、中、下等部位。

六、其他常用术语

短球：又称近网球，指球落在台面的近网区，约距离球网 40 厘米以内。

长球：又称底线球，指球落在台面靠近端线区，一般距离端线 30 厘米以内。

追身球：指将球击打到对方中间的位置。

击球节奏：指在击球时由于击球时期、发力大小、摩擦球厚薄等因素而形成的击球速度上快慢不同的变化。

摆速：一般是指在击球时左、右两边照顾时，执拍手摆动的速度的快慢。

第三节　技术要素

乒乓球技术复杂多变，而且每个人都有着自己的技术特点，但无论如何变化，乒乓球技术仍然有其自身的共同特点，击球质量通过击球弧线、旋转、速度、力量和落点五个方面来体现，这就是乒乓球技术的五大技术要素。

一、击球弧线

击球弧线是指乒乓球离开乒乓球拍越过球网落到对方台面的运行轨迹，乒乓球的击球弧线一般由第一弧线和第二弧线组成。第一弧线指球被球拍击出时与越过球网落到对方球台时之间的运行路线，它由弧线高度、远度和方向组成。弧线高度指最高点和台面的垂直距离；弧线远度指击球点与落点之间的水平距离；弧线方向主要有向左、向右的方向。第二弧线指球从对方台面弹起到对方击球或碰到其他物体之间的运行路线，它由弧高、打出距离和方向组成。

二、旋转

当球拍击打球体时，如果力的作用线通过球心，球只做平动而不产生旋转；如果力的作用线偏离球心或者说不通过球心，乒乓球就会产生旋转。乒乓球在旋转时有三个基本的轴，即左右轴、前后轴和上下轴。乒乓球顺着不同的轴旋转，就会有不同的效果，即会出现不同的旋转种类，主要有上、下旋球、左、右旋球、顺、逆旋球等几种，它们都各有其特点。掌握乒乓球的旋转规律是打好乒乓球的基本功之一。

三、击球速度

乒乓球运动的突出特征之一就是速度变化，当对方把球击打到我方球台到弹起被球拍回击后又落到对方球台这一过程所用的时间就是乒乓球速度。时间越短，乒乓球运行的速度也就越快。快速的进攻能破坏对手的击球重心，使对手失去击球的最佳时机，造成回球质量降低，陷对手于被动状态，为我方进攻创造有利时机。

四、击球力量

乒乓球的击球力量是通过球拍作用于球体而体现出来的。力量的发挥主要是为了使乒乓球获得更快的运行速度。现代乒乓球技术中，无论是对付旋转强烈的弧圈球，还是转与不转球，增大击球的力量，都具有非常重要的作用。通常可以通过以下几种途径来增大击球力量。

第一，通过脚步移动来调整击球位置，尽可能地使身体与击球点之间保持恰当的加速距离；

第二，击球前要充分引拍；

第三，击球时要掌握好发力的时机；

第四，击球时全身各部位要协调用力；

第五，击球后身体的各部分肌肉充分放松并迅速还原准备下一次击球；

第六，人体的力量来源于肌肉的收缩，因此要重视发展力量素质，主要是速度素质，即肌肉的爆发力。

五、击球落点

击球落点指的是乒乓球越过球网后与对方球台的接触位置。它有扩大对方的跑动范围、增加对方的击球难度、限制对方特长技术的发挥等作用。对落点的控制能力，可以通过以下几个方面提高。

第一，将球台划分为若干区域，练习时要求运动员将球回击到规定区域；

第二，按照规定的路线进行变化落点的练习，如一点打多点、多点打一点、逢斜变直、逢直变斜等；

第三，采用多球练习法提高运动员的控制乒乓球落点的能力；

第四，提高手腕关节的灵活性，通过变换拍面的角度和方向以达到控制乒乓球落点的目的。

【复习与思考】

1. 怎么根据个人的技术特点选用球拍？
2. 乒乓球的技术要素有哪些？
3. 如何才能提高击球的准确性？

第三章　乒乓球基本技术

本章详细介绍了乒乓球基本技术中的握拍法、准备姿势、基本步法；并选择乒乓球反手基本技术、正手攻球、发球和接发球及搓球进行了详细讲解。

第一节　握拍法

握拍法即指单手持球拍的方法。主要有直式和横式两种握拍法，两种握拍法各有千秋 ，实践时应因人而异。

一、动作要领(以右手为例)

(一)直式握拍法

正面拇指第一指节和食指第二指节握拍，拍柄压住虎口(两指间距离适中)，背面中指、无名指和小指自然弯曲斜形重叠，中指第一指节顶住球拍的后上部使球拍保持平稳，如图 3-1 所示。

图 3-1　直式握拍法

优点：手腕动作灵活，发球变化多，拍形变化快而灵活，有利于正、反手击球动作迅速转换，有利于处理台内球和追身球。

缺点：照顾范围小，反手攻球受身体影响不易发力。

(二)横式握拍法

中指、无名指和小指自然地握住拍柄，拇指在球拍正面轻贴在中指的旁边，食指自然伸直斜放于球拍的背面，虎口轻微贴拍，击球时拇指和食指帮助手腕调节拍形和加力挥拍作用。正手攻球时食指向上移动，反手攻球时拇指向球拍中部移动帮助手腕下压加大击球力量，如图 3-2 所示。

图 3-2　横式握拍法

二、教学方法

第一，教师示范领做，使学生看清正、背面。

第二，教师提示要点，学生握拍，按动作要领相互纠正。

第三，学生采用正确的握拍法，个人原地向上托球，体会手腕手指用力动作，熟悉球性。托球要有节奏的变化，如颠同一高度球、颠不同高度的球等。

第四，移动颠球练习，如绕球台颠球、直线移动颠球、折返颠球等。

第五，两人或三人组合，相距 2 米左右对颠击球练习。

第六，按照一定的轮换方式(如顺、逆时针方向等)进行多人对颠多个乒乓球练习。

三、易犯错误与纠正方法

直拍：拇指和食指握拍过宽、过窄、过浅、过深；背面中指无名指、小拇指分开过大，手腕僵硬。

横拍：手腕上翘、下垂；中指和食指同时贴在球拍背面等。

纠正方法：讲清动作要领，正确示范，学生模仿练习。

第二节　准备姿势与基本步法

一、准备姿势

乒乓球运动的准备姿势包括基本站位和基本姿势。

运动员应根据自身的技术特点选择相应的基本站位，这将有利于发挥本人的技术特长。基本站位指的是一个范围，而不是某个固定的点，需要运动员根据个人技术特点和身体条件来决定。因乒乓球是隔网对抗项目，基本站位的选择也受到对方球员特点的影响。下面以右手持拍为例介绍运动员的打法类型及其站位的选择：左推右攻打法的运动员，基本站位在近台中间偏左；弧圈球打法的运动员，基本站位在中台偏左；攻削结合打法的运动员，基本站位在中台附近；以削为主的运动员，基本站位在中远台附近。

基本姿势包括击球前的基本姿势和连续击球之间需要保持的身体姿态，正确的基本姿势可使身体各个部位有更多的肌肉处在“应激”状态，随时准备回击来球，有利于在比赛中正确主动，发挥水平，及时移动到位，运用各种基本技术完成击球动作。

(一)动作要领

两脚开立约与肩宽，两膝微屈稍内扣，以前脚掌内侧着地，身体重心在两脚中间，上体微前倾下颌微收，两眼注视来球。持拍手臂自然弯曲(大臂与前臂的夹角约 90°)，手腕放松，球拍自然置于腹前偏右侧，左手自然弯曲抬起置于腹前，如图 3-3 所示。

准备姿势的重点难点：两脚前脚掌内侧着地，屈膝提踵放松协调。

图 3-3　乒乓球准备姿势

(二)教学方法

第一，教师讲解动作要领，并做示范，学生认真听讲。

第二，学生分 2～4 排在教师的带领下，模仿练习准备姿势。

第三，原地踏步或跑步听教师的示范口令后做准备姿势。

第四，将学生分成两人一组，其中一名同学练习，另外一名同学观察并纠正动作姿势，交换进行。

第五，与颠球结合练习准备姿势。

(三)易犯错误与纠正方法

重心没有落在前脚掌上，站立过直，重心偏高。

纠正方法：讲清动作要领和方法，指出具体错误动作部位，进行针对性练习。

二、基本步法

灵活的步法是抢占合理位置、熟练运用各种手法击球的前提，它能使击球者较快地适应训练和比赛节奏，促进技、战术水平的发挥。

(一)动作要领

1. 单步

以一脚为轴，另一脚向四周移动一步，身体重心也随着移动至移动脚上，挥拍击球。

特点：移动范围小，动作简单，重心较平稳，一般在球离身体较近时使用，也可用于正手接台内短球。

2. 跨步

以右手执拍为例，向正手移动时，左脚用力蹬地，右脚向右跨出一大步，身体重心随着向右移动，然后挥拍击球，紧急情况时可在右脚落地的同时击球。

特点：移动范围较单步大，主要用于来球速度快、角度大的正手位球，特别是快攻运动员正手打回头时常常使用。

3. 跳步

以一脚蹬地，两脚同时离地跳动，双脚落地后挥拍击球。

特点：移动范围较单步和跨步大，是弧圈型打法的运动员左右移动时常用的步法，同时也是其他类型运动员侧身时常用的步法。

4. 并步

并步也叫交换步，其移动方法与跳步相似，只是没有明显的腾空动作。如向左移动时，右脚先向左移动一步，左脚随即向左移动一步，注意两脚的落地点应方便挥拍击球。

特点：移动范围大于单步，但比跳步要小，重心稳定。两面攻选手和弧圈类打法的运动员，在小范围的左右移动时常常使用此步法。

5. 交叉步

以移动方向相反的脚先蹬地，并向移动方向迈出一大步，超过移动方向的同侧脚，在身前形成交叉，落地时应使脚尖的方向对着球台，在落地的同时挥拍击球，此后移动方向同侧的脚跟上，接触交叉。

特点：移动范围最大，当球远离身体时使用，适合于主动发力进攻，常在运动员侧身进攻后，对方回球正手位角度大且速度快时使用。

基本步法的重点难点：判断及时，脚快蹬，步法灵活移重心。

(二)教学方法

第一，教师讲解动作要领，并做示范动作。

第二，教师领做脚步动作，学生模仿并练习。

第三，结合挥拍进行步法练习。

第四，对墙击球步法练习。

第五，结合身体素质训练进行步法练习。

(三)易犯错误与纠正方法

站立过直，重心过高，蹬地不及时，起动慢、不到位。

纠正方法：增强下肢力量和脚的灵巧性练习，针对性强化重复练习。

第三节　反手基本技术

乒乓球反手技术是各项反手技能的总称，它包括直拍反手和横拍反手技术。本节主要讲解直拍推挡和横拍反手拨球两项反手基本技术。

一、动作要领(以右手为例)

挡球是初学者首先应学习的一项基本技术。推挡球是中国近台快攻传统打法的独特技术，是最重要的教学技能。推挡球技术包括平挡、快推、加力推、推挤、推下旋、减力挡等。

(一)直拍推挡技术

近台站位，两脚左右站立，约与肩同宽，相对于球台而言左脚稍微朝前，两膝关节微屈，球拍置于腹前，小臂自然弯曲，大臂自然贴于体侧，眼睛注视来球。击球时拍形呈半横状，拍面略带前倾，在球的上升期击打球的中上部，借助来球的力量将球挡回。击球后向前上方做一个随挥动作，然后迅速还原，准备下一次击球，如图 3-4 所示。

图 3-4　直拍推挡技术

(二)横拍反手拨球

近台站位，两脚左右站立，约与肩同宽，相对于球台而言右脚稍微朝前，两膝关节微屈，球拍置于腹前，小臂自然弯曲，大臂自然贴于体侧，眼睛注视来球。击球前，球拍向后下引，肘关节稍前倾，手腕外展，拍面稍前倾。击球时拍形与台面约呈 45°夹角，以肘关节为轴向前上在球的上升期击打球的中上部，手腕向前上方波动弹击。击球后向前上方做一个随挥动作，然后迅速还原成基本姿势，准备下一次击球，如图 3-5 所示。

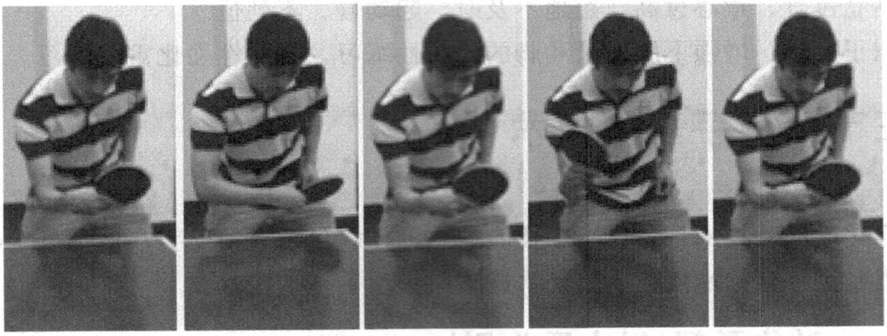

图 3-5　横拍反手拨球

重点：击打球的部位正确，身体的协调配合和准确的线路落点。

难点：正确的击球时机，节奏感强。

二、教学方法

第一，徒手做直拍推挡球、横拍反手拨球的动作模仿练习。

第二，教师发多球，学生轮流上台使用正确动作击打多球练习。

第三，两人台上对练，使用正确的动作击打来球的最高点，不限制落点。

第四，两人一组，台上做限定一条固定路线练习。

第五，两人台上对推斜线、中路和直线练习。

第六，两人一组，一人一点推两点，另一个两点推挡一点，互换练习。

三、易犯错误及纠正方法

第一，握拍方法不正确。球拍没有呈半横状或向上呈约 45°夹角。直握法食指勾拍或拇指过分用力，拍形后仰，击打球的中下部，造成球的弧线过高。

纠正方法：讲解与示范正确的握拍法和动作要点，建立正确的动作概念。

第二，判断落点不准，手腕过于灵活，拍面相对不稳定，造成击打球失误。

纠正方法：提高判断能力，加强拍面的控制能力。

第三，多做紧缩，没有随挥动作，或有随挥动作，但动作还原过慢。

纠正方法：强调击球后上臂和肘关节前送，身体协调放松，尤其是心理要放松。多球练习，纠正还原过慢的不足。

第四，两脚过于前后开立，击打球时身体前后摇晃。

纠正方法：讲清动作要领，加强引导。

第四节　正手基本技术

攻球从大的动作结构来讲，可分为正手攻球和反手攻球两大类。本节主要讲解正手攻球的基本技术。

一、动作要领(以右手为例)

(一)正手平挡

近台站位，两脚左右开立，相对于球台而言左脚稍前，手臂自然弯曲并作内旋使拍面稍前倾。击球前，前臂前摆引至身体侧后方，右脚稍用力蹬地，髋关节略向前转动，腰向左转，上臂带动前臂向左前方挥动迎球。当球跳至最高点时击打球体的中上部，击球时手腕相对固定，借助来球的力量将球挡回。击打球后前臂收缩，随势挥拍至前额，然后迅速还原，准备下一次挡球。

(二)正手快攻

动作要领与平挡球几乎相同，不同之处是击打球时快速挥动手臂，主动用60％～80％的力量击打来球的上升期或高点期。向前打为主，略带摩擦，手腕辅助发力。

(三)正手快拉

站位近台，相对于球台而言左脚稍前，引拍时身体重心移至右脚，球拍高度比快攻时稍低，前臂随腰腿右转稍向后引拍，拍面稍前倾，在高点期或下降期击打来球的中上部。手臂向左前方挥动，前臂发力为主、手腕发力为辅摩擦球体，同时腰腿蹬地协调配合向前上用力。球击出后，迅速还原，准备下一次击球，如图 3-6 所示。

图 3-6　正手快拉

二、教学方法

第一，讲解动作要领，并示范完整动作，使学生明确动作结构，形成动作表象。

第二，徒手模仿正手攻球动作，体会挥臂、转腰和重心转换等动作要领。

第三，学生在正手位练习自抛自打。体会前臂内收发力和手腕内(外)旋及击球点。

第四，教师发多球，学生轮流上台，使用正确动作击打多球练习。

第五，两人一组，一人自抛自打，另一人用反手推挡还击，互换练习。

第六，两人对角，一人正手攻球，一人推挡回击，互换练习。

第七，两人对练，一人一点攻两点，另一个两点推挡一点，互换练习，如图 3-7 所示。

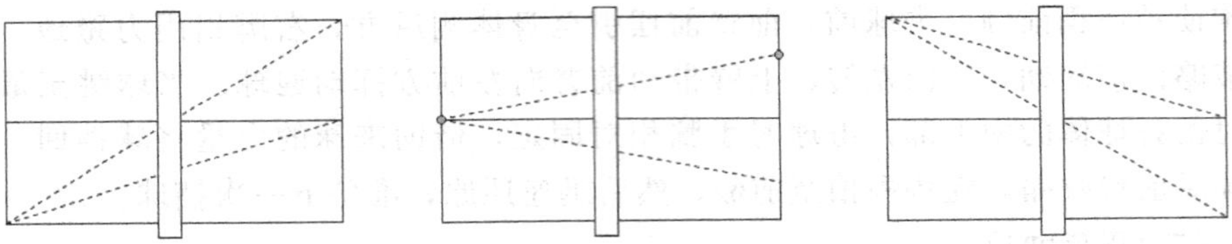

图 3-7

第八，两人正手对攻斜线，如图 3-8 所示。

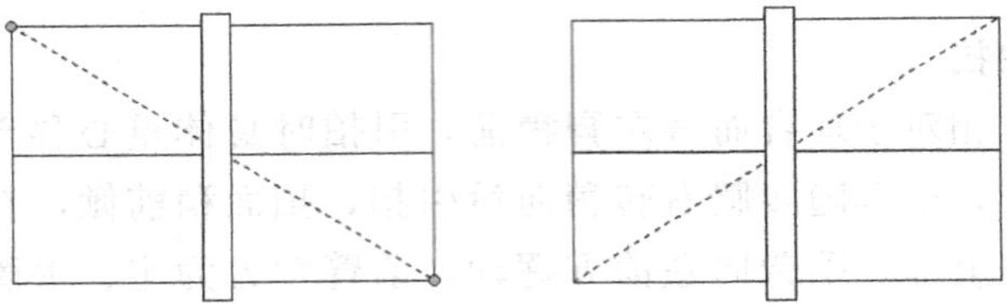

图 3-8

第九，两人对攻中路直线，如图 3-9 所示。

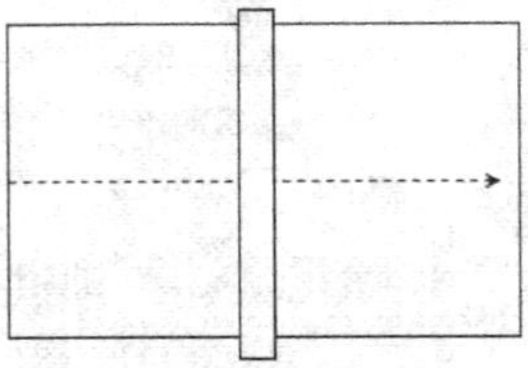

图 3-9

三、易犯错误与纠正方法

第一，上臂与身体夹角过小。

纠正方法：讲清动作要领，示范正确动作，引导学生放松肩部。

第二，抬肘，耸肩。

纠正方法：强调肘关节、肩关节放松，击球后自然收起小臂。

第三，直握拍时手腕下垂，球拍与前臂垂直。

纠正方法：讲清动作要领，并做徒手模仿练习。

第四，击打球时，容易翻球拍，造成击打球无力，失误过多。

纠正方法：讲清动作要领，消除学生错误认识，可适当使用多球练习辅助纠正。

第五，拍面前倾不够或前倾过多，造成球出界或下网。

纠正方法：要通过正确的示范动作使学生形成正确的动作表现，多加练习，在实践中改正。

第五节　发球与接发球技术

发球、接发球和发球抢攻是乒乓球实战中的重要环节，一般统称为“前三板”。由于每一分球的争夺都是由此开始，所以处理好“前三板”能起到先发制人的作用。

一、动作要领(以右手为例)

(一)发球

1. 反手平击发球

站位反手位近台右脚稍前，身体略向左转，左手掌心托球，右手持拍于身体左侧。持球手轻轻向上抛球，同时持拍手向后引拍，上臂自然靠近身体右侧。待球下落约至球网高度时，持拍手以肘关节为轴发力，拍面稍前倾，由左后向右前挥拍击球中部，球发出后迅速准备接对方回击的来球，伺机抢攻，如图 3-10 所示。

2. 正手平击发球

站位中近台偏右，左脚稍前，身体稍右转。球向上抛起，持拍手由右后向前挥动。其余同反手平击发球，如图 3-11 所示。

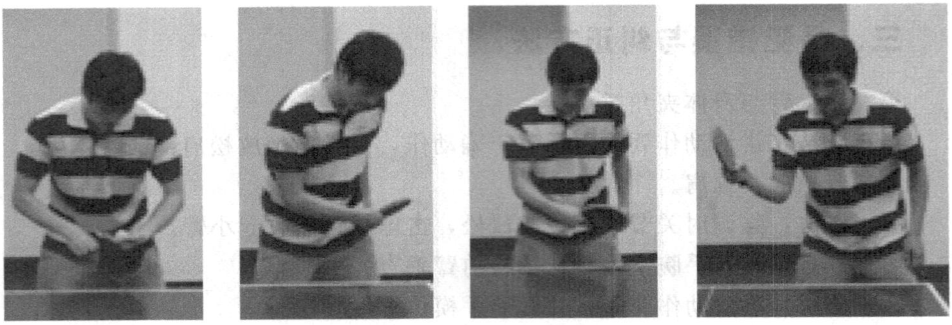

图 3-10　反手平击发球

图 3-11　正手平击发球

3. 反手发急球

站位和准备姿势同反手平击发球。抛球同时持拍手向左后方引拍，待球下落到网高时，持拍手由左后向右前加速挥拍，拍面稍前倾，以前臂和手腕发力为主击球中上部，第一落点靠近本方端线；第二落点在对方端线附近。

4. 反手发右侧上(下)旋球

站位和准备姿势同反手平击发球。抛球同时持拍手向左后方引拍，用前臂带动手腕向右前上方挥动，拍面逐渐向左稍前倾，拇指压拍手腕内转从球的中部向右侧上摩擦，第一落点在本方端线；第二落点在对方左角。若发落点短的球时，前臂向前力量减小而增强手腕摩擦力量，第一落点在本方中区；若发下旋球，击球时拇指加力压拍，使拍面略后仰，从球的中部向侧下摩擦。

5. 正手发左侧上(下)旋球

站位左半台，抛球同时持拍手迅速向右上方引拍，身体随即向右转，手臂自右上方向左下方挥摆，球拍从球的右侧中下部向左侧面摩擦。若发左侧下旋球时，手臂自右上方向左前下方挥摆，拍从球的右侧中部向左侧下部摩擦，第一落点在本方端线附近。

6. 正手发奔球

站位近台，左脚稍前，身体略向右转，两膝微屈上体稍前倾，持拍手自然放于身前。抛球同时拍手向右后上方引拍，手腕放松，拍面较垂直，待球下落至与网同高时，上臂带动前臂由右后方向左前方挥摆，腰同时向左扭转。击球瞬间拇指压拍的左侧，手腕同时从后向前使劲抖动，球拍沿球的右侧中部向侧上摩擦，第一落点在本方端线；第二落点在对方右角。

7. 正手发短球

同正手发奔球，区别是触球瞬间突然减力并向左下切球，第一落点在本方中区；第二落点在对方近网处。

8. 发下旋与不转球

发下旋球技术分为正手发下旋球和反手发下旋球，常与发不转球相结合，通过旋转的变化，起到迷惑对手的作用，为发球抢攻创造机会，有时会通过发球直接得分。

(1)正手发下旋与不转球

左手将球向上抛起，同时右手臂向后上方引拍，球拍拍面后仰，当球下降至大约球网高度时，前臂加速向前下方发力，用球拍拍面的远端摩擦球的中下部，此时发出的球为下旋球；当以球拍拍面的中后部触球并减少摩擦球的力量几乎将球向前推出时，发出的球为不转球，如图 3-12 所示。

图 3-12　正手发下旋与不转球

要点：学习此项技术时，发出的下旋球应尽量加大旋转强度；发不转球时，球的旋转尽量减弱，两种发球动作应尽量相似，如此才能起到迷惑对方的作用。

(2)反手发下旋与不转球

左手将球抛起，右手臂旋内使拍面稍后仰，并向左后上方引拍，当球从高点期下落至约球网高度时，前臂加速向右前下方发力，以球拍远端触球，摩擦击球中下部，此时发出的球是下旋球；当以球拍拍面的中后部触球并减少摩擦球的力量几乎将球向前推出时，发出的球为不转球，如图 3-13 所示。

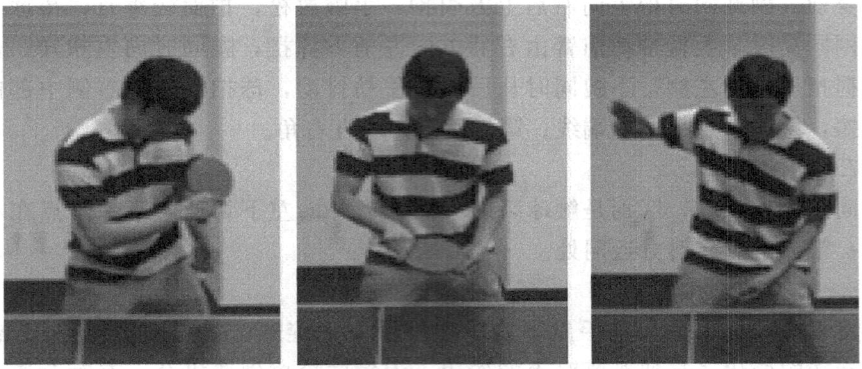

图 3-13 反手发下旋与不转球

要点：反手发转与不转球，相对于正手而言，落点变化更多，多数情况下，发至对方正手位的球以不转为主，发至反手位的长球以加转为主。发球的落点应长短有致，切忌发出的球半长不短、旋转反差不大。

(二)接发球

乒乓球比赛中接发球和发球的机会大致相同，接发球的质量直接影响比赛的主动性。

制约个人技术和战术的发挥。做好接发球需要遵循如下原则。

第一，根据自己的技术特点和对方发球的位置选择合理的接发球站位。

第二，根据对方的拍面方向、挥臂方向、用力程度、来球的弧线和运行状态以及对方击球的声响等方面判断来球的路线、旋转及落点等。

二、教学方法

第一，徒手模仿各发球动作，体会抛、引、挥等动作。

第二，离墙 2 米左右，对墙做平击发球练习。

第三，运用多球，在台上着重做第一落点的各种发球练习。

第四，两人台上练习，一人做各种发球；一人做平挡球练习，交换进行。

第五，两人台上练习，一人做规定线路的各种发球练习；另一人做接发球练习，规定用挡、攻中的任何一种技术接对方的发球。

第六，三人一组，一人发球练习；一人接发球；一人捡球并给发球者供球，轮换练习。

第七，两人一组，一人发球；另一人回接不同落点，交换进行。

第八，记分比赛，发球方专练发球，接发球方专练接发球，一定数量后进行交换练习。

三、易犯错误与纠正方法

第一，球未向上抛起或抛起高度不够。

纠正方法：讲明动作要领，并用多次抛球动作来练习。

第二，击球点过高或过低。

纠正方法：强调按动作要领要求掌握正确恰当的击球点。

第三，拍面前倾过多或不够，击球时向前力量过小或过大，落点离球台端线过远或过近。

纠正方法：用正确的拍面击悬空球，在台上画出第一落点的范围。

第四，接发球判断不准，造成失误。

纠正方法：加强接发球的练习，观察不同的发球时球的运行状态。

第六节　搓球

搓球是近台还击下旋球的一种基本技术，特点是站位近、动作小，回球多在台内进行，也是初学削球必须掌握的入门技术。

一、动作要领(以右手为例)

(一)反手慢搓

近台站位，右脚稍前，持拍手臂自然弯曲。手臂旋外使拍面后仰，前臂向左后上方引拍，当来球跳至下降前期，前臂带动手腕加速向前下方用力摩擦球的中下部。

(二)正手慢搓

与反手慢搓同，但方向相反，如图 3-14 所示。

(三)反手快搓

站位及击球方法与慢搓同，击球时肘部自然弯曲，手臂外旋使拍面角度稍后仰，后引动作较小。当球跳至上升期，利用上臂前送的力量，前臂与手腕配合，借力结合发力，触球的中下部，并向前下方用力摩擦球。

(四)摆短

与快搓基本相同，但击球时间相对提前，在即将触及球体时，手腕停止前

图 3-14　正手慢搓

伸，利用来球的反弹力，向前下方摩擦球的中下部，手腕有一定的减力动作，还可略带侧向摩擦，以便起到缓冲作用。

(五)劈长

与一般搓球动作类似，但引拍稍高(高于来球)，在高点期或上升后期触球，前臂带动手腕快速向前下方砍击，发力集中，动作幅度较大，身体重心要随摩擦球的方向跟出。

(六)搓转与不转球

搓加转球时，手腕加速用力向前下方切球，用球拍的下部摩擦球；搓不转球时，手腕向前用力，用球拍的上半部或中部碰撞球。

二、教学方法

第一，徒手模仿搓球动作，掌握技术要领。

第二，学生在台上抛球，搓一板球练习。

第三，老师使用多球，连续发下旋球，学生练习搓球技术。

第四，搓对方发过来的下旋球，一板练习。

第五，两人对搓固定路线练习，如搓中路直线，再对搓斜线。

第六，使用正手搓球和反手搓球技术，两点回搓对方一点练习。

第七，一点搓不同落点练习。

三、易犯错误及纠正方法

第一，引拍高度不够，回球下旋力不强。

纠正方法：先做徒手挥拍练习，然后做自抛自搓一板球，加大引拍幅度，强化练习。

第二，手臂与手腕手指肌肉不够放松协调，加速挥拍及主动发力摩擦球不足，回球不转或下网。

纠正方法：做徒手模仿练习，体会持拍手各个关节肌肉收缩与放松协调配合。

第三，前臂前送不够，动作僵硬，回球下网或不转。

纠正方法：体会徒手或摩擦球的练习，体会拍触球是向前下方边摩擦边前送的动作，掌握前臂、手指手腕调节拍形角度、击球部位、交替用力的方法。

第四，击球时，拍面过于后仰，搓出高球或球不过网。

纠正方法：做徒手挥拍练习，要求食指和中指稍微用力，以保持拍面稍后仰。

【复习与思考】

1. 直握拍和横握拍有哪些优点和缺点？拇指、食指和中指对击球起到怎样的作用？

2. 为了在比赛中争取主动，如何提高发球的质量？

3. 搓球时，易犯的错误有哪些，应如何进行纠正？

第四章　乒乓球中高级技术

在前一章中已经学习了一些乒乓球基本技术，本章主要讲解部分中高级技术，结合大学生公共体育课的实际，主要讲解和介绍正手类技术中的扣杀、突击、杀高球和弧圈球技术等；反手类技术主要讲解和介绍反手快拨、快点、快带和弧圈球技术；最后讲解侧身攻球技术。在第三节中讲解和介绍一些常用的战术，供教学和训练时参考使用。

第一节　正手类中高级技术

一、动作要领

(一) 正手扣杀

相对于球台而言，左脚稍前，根据来球的长短选择站位远近。手臂自然弯曲，拍面稍前倾，整个手臂随着腰、髋的转动而引至身体右后方，适当加大引拍距离，以便于加速和发力。然后借助腰、髋的左转及腿脚的蹬力，带动手臂向前迎球，在来球的高点期或上升期击球的中上部，以撞击为主，略带摩擦。

(二)正手突击

与正手攻球动作基本相同，但必须在高点期或上升期击球，以前臂发力为主，借助一定的上臂和腰、髋力量向前击球，快速而有爆发力。手腕辅助发力，稍带摩擦动作，帮助制造弧线和控制落点。

(三)正手杀高球

相对于球台，左脚在前，站位中台附近，拍面前倾，整个手臂随着腰、髋转动而引至身体右后方引拍，以增大击球距离，发挥击球力量。随着右脚蹬地转换重心和腰、髋向左转动，整个手臂先由后下方向前上方挥摆，身体重心逐渐上升并开始向左脚转移，随后手臂加速向左前下方挥动，腰、髋通过配合发力，拍面前倾击球中上部。

(四)正手拉加转弧圈球

左脚在前，右脚稍后，两膝微屈，身体略向右扭转，腹微收，髋稍向右后下方压转，手腕略向后拉，球拍低于来球。

右脚掌内侧蹬地，稍伸膝，以腰、髋的扭转带动手臂由后向前挥动。击球瞬间快速收缩前臂，击球的中部或中上部，撞击后迅速转为向前上方的摩擦球。

击球时间为高点期或下降前期，拍形与台面垂直或稍稍前倾(与台面成 80°左右)。为提高拉球的旋转和速度，直拍选手的中指(横拍选手的食指)应加速手腕在触球瞬间的甩劲。

球出手，因惯性作用球拍至头前才渐停止。身体重心随之移至左脚。此时，应迅速还原，准备下次击球，如图 4-1 所示。

图 4-1　正手拉加转弧圈球

(五)正手拉前冲弧圈球

准备动作与拉加转弧圈球大体相似，但不同的是，拉前冲弧圈球要向右后方引拍，球拍与来球同高。身体重心比拉加转弧圈球稍高。拍面前倾，重心在右脚。

挥拍击球时，身体重心及上臂带动前臂由右后方向左前方挥拍，击球的中上部，击球点在高点期或在下降前期。击球时，以向前发力为主。此外，直拍选手拉前冲发力时，中指可在拍后有一顶拍动作，横拍选手食指应有一向前甩的动作。

球离拍后，迅速放松，顺势挥拍至头部左侧，在眉或额位置，并用跳步使身体重心还原，如图 4-2 所示。

图 4-2　正手拉前冲弧圈球

二、教学方法

第一，徒手模仿拉弧圈球技术动作，掌握技术要领。

第二，老师使用多球，连续发不转球，学生练习拉不转球。

第三，学生连续拉对方挡过来的球。

第四，两人对拉固定路线练习，如对拉斜线。

第五，两点拉一点的练习。

第六，结合脚步动作，全台练习拉不固定点球。

三、易犯错误与纠正方法

第一，只用手臂发力，没有腰、髋、腿的配合，拉球费力，旋转不强，动作连续性差。

纠正方法：首先讲清动作要领，引导学生练习徒手动作，由慢到快，体会动作完成顺序，协调放松，加强动作连续性。

第二，拉加转弧圈球时，手臂伸得过直，拍面过分前倾，整个动作过分向上，缺乏向前的力量，易漏球和难发力等。

纠正方法：引导学生肘关节放松，球拍触球后放松收小臂，拍面不要过分前倾，注意通过脚步的调整向前上用力摩擦球，可以使用多球辅助纠正动作。

第三，拉球时不用手腕，导致拉球的速度、力量和旋转受到限制。

纠正方法：讲清手腕动作外展和内收的重要性，增强学生的本体感觉。

第四，拉前冲弧圈球时撞球过多，摩擦球太少，拉球不转，易下网。

纠正方法：引导学生拉球时增加摩擦球，球拍面运行的方向在球体的切线方向，制造出合适的弧线，使球越过球网，逐渐提高拉球成功率，直至形成正确动作，必要时采用多球练习以促进正确动作形成。

第五，拍面过于前倾，造成击球位置过高，易下网。

纠正方法：教师手把手引导学生体会正确的拍面角度和发力方向，并观察学生的动作结构，以便及时纠正错误动作，促进学生较快地掌握正确的动作。

第六，身体重心过高，引拍时无法获得充分的动力，拉球易失误。

纠正方法：及时判断对方来球的旋转和落点情况，准确做出相应的拉球动作，在台上练习时，保持重心下降，有意降低引拍位置，强化向前的力量和角度，重心及时跟进。

第二节 反手类中高级技术

一、动作要领

(一)反手快拨

两脚平行开立，站位近台，手臂自然弯曲并做外旋，使拍面前倾，手腕内收，将球拍引至腹前偏左的位置。当来球跳至上升期，前臂加速挥动并外旋，手腕做伸和外展，拍面稍前倾击球中上部，借来球反弹力量向右前方拨回来球。

(二)反手快点

站位近台。左方近网来球，以左脚向左前方上步；中间偏左来球，则以右脚向前上步。前臂以肘为轴由后向前挥动，根据来球选择强弱程度，手臂相应内旋或外旋，调整拍面角度。当来球跳至高点期时触球：下旋强时，前臂手腕向前上方发力，拍面稍后仰击球中下部；下旋弱时，前臂、手腕向前发力，拍面垂直击球中部。

(三)反手快带

两脚平行站立，上臂靠近身体，站位近台。前臂外旋使拍面前倾，向后引拍幅度较小至身体左前方。当来球跳至上升期，借助腰、髋的转动，前臂迅速伸入台内迎前击球，手腕保持相对固定不宜发力，球拍应略高于来球，击球中上部，以借力还击为主，也可根据来球旋转的强弱适当加力。

(四)横拍反手拉加转弧圈球

站位中台，右脚稍靠近球台。击球前向左后下方引拍，拍面前倾，在来球的下降前期用力摩擦球的中部或中上部，拍触球时前臂向外伸，手腕外展，发力顺序为腿、腰、肩、上臂、前臂、手腕、手指，最后传递到球拍，发力方向以上为主，略带向前(如果对方来球下旋较强，应多向上摩擦，下旋不强则应多向前发力)。

(五)横拍反手拉前冲弧圈球

动作要领和横拍反手拉加转弧圈球技术基本相同，只是在来球的高点期或上升期用力摩擦球的中上部，向前发力多于向上发力。

二、教学方法

第一，徒手模仿拉弧圈球技术动作，掌握技术要领。

第二，老师使用多球，连续不转球，学生练习拉不转球。

第三，学生连续拉对方挡过来的球。

第四，两人对拉固定路线练习，如对拉斜线。

第五，两点拉一点的练习。

第六，结合脚步动作，全台练习拉不固定点球。

第七，以上技术练习熟练之后，进行拉下转球的练习。

三、易犯错误与纠正方法

同正手类中高级技术。

第三节　乒乓球中高级战术

一、左推右攻

左推右攻打法是以近台正手攻球为进攻，以反手推挡为防守和助攻的主要手段，其风格是"快、准、狠、变、转"。

(一)动作要领

站位近台中偏左，判断准确及时移动抢占合理的击球位置，用适当的正反手击球手法回击来球。

重点、难点：灵活熟练地移动步法和正确击球手法的协调配合。

(二)教学方法

第一，结合单步步法徒手模仿练习。

第二，两人台上练习，甲平击发球，互换练习。

第三，两人台上练习，甲不定推挡左方或右方斜线。

(三)易犯错误与纠正方法

步法移动和手法配合不协调。

纠正方法：徒手结合单步移动做左推右攻练习。

二、推挡侧身攻

推挡侧身攻是用推挡压住对方反手或中路，然后侧身攻击的一种方法。

(一)动作要领

站位近台偏左，左右脚替换要及时适当，身体右转舒展适宜，击球手法要正确。

重点、难点：右脚向左脚后面移动熟练，侧身舒展适宜，保持正确的击球点。

(二)教学方法

第一，徒手结合步法模仿练习。

第二，两人台上练习，甲平击发球左方斜线，乙推挡甲左方斜线；甲推挡中路，乙侧身攻球。

第三，同上，甲平击发球左方斜线，乙推挡甲左方斜线；甲推乙中路直线偏左，乙侧身攻球，互换练习。

(三)易犯错误与纠正方法

右脚向后移动不适度，侧身不够，致使击球动作不协调。

纠正方法：徒手结合步法模仿推挡侧身攻动作，多实践。

三、发球抢攻战术

发球抢攻是比赛中力争主动、先发制人的一项具有攻击性的战术，是重要的得分手段。发球抢攻战术运用得当，常常能打乱对方的攻击思路，使其顾此失彼，处于被动，从而为得分创造机会。常用的发球抢攻战术主要有以下几种。

(一)正手发转与不转球后抢攻

这种战术要求发球动作相似，下旋球旋转强烈，落点以正手位、中路偏正手短球、半出台球，配合反手位的短球和长球。关键时刻，在对方运动员身体僵硬、动作变形时也可以发正手位底线不转的急长球，伺机抢攻、抢冲、抢拉。此时，我方运动员发球旋转为单一旋转，可以使对方回球的旋转简单化，便于控制。如我方运动员善于打下旋球，应以发不转球为主，对方回球后我方运动员可以上手抢攻；如我方运动员擅长打不转球，应以发下旋球为主。

(二)侧身位正手发侧上、侧下旋球后抢攻

这是近年来各种类型打法运动员普遍采用的发球技术，落点以发制对方中路偏左短球、左方大角球、中路偏左长球、中路偏右长球和短球为主。要点是发球动作相似，但上下旋的旋转差异较大，而且差异越大越好，利用对方运动员的判断失误，直接得分或伺机抢攻。

左手执拍的选手采用此套发球抢攻的战术，具有更大的威胁，一般多采用侧身发高抛球至对方右近网并拐出边线，待对方拉起来，可用反手狠压一板直线，也可用侧身正手反拉，或直接得分，或为后续进攻创造良机。

(三)反手发右侧上、下旋球后抢攻

一般发球至对方正手位、中路偏正手短球，配合中路长球，然后伺机抢攻、抢拉、抢冲。此战术的重点是发球动作相似，旋转差异大，以造成对手判断球失误，为我方发球抢攻战术创造机会。由于国际乒联实施无遮挡发球，发球的判断比较客观，因此，反手发球更符合规则的要求。

（四）反手发急球及急下旋球后伺机抢攻

当对方运动员从下旋转上旋的能力或抢攻下旋球的能力较强，我方运动员速度快，相持能力强时，宜采用本战术。

发对方反手位急长球为主，辅以正手位急长球或短球，左右配合，长短结合，从而达到钳制对方进攻的目的。要点是我方发球的速度快、力量大、线路长，落点以球能从边线飞出为最佳。

（五）下蹲发球后伺机抢攻

发球规则的变化，使得下蹲发球的使用率呈上升趋势。这种发球新颖、与众不同，比赛中可以达到很好的效果。本战术可以将左侧上旋、下旋球与右侧上旋、下旋球结合使用，落点有长短变化。对于常用搓球接发球的选手，应以发上旋球为主。要点是落点应灵活多变，以攻击对方的弱点或声东击西。

四、对攻战术

对攻是进攻类打法选手相互对抗时，双方利用速度、旋转、落点变化和力量轻重来抑制对方、争取主动的重要手段。

（一）攻两角战术

这种战术是靠给对方左、右两个大角度的球，使其顾此失彼，从而争取主动。一般用于对付动作较慢的选手。可以采用对角攻击调动对方，既可以采用两条斜线攻击也可以采用两条直线攻击对方的两个大角度。

（二）紧压对方反手，结合变线伺机抢攻

此战术是最基本的对攻战术之一，一般用于对付反手较弱或进攻能力不强的选手，先压住对方反手，然后伺机快速变线到对方正手空当，如果对方侧身搏杀，则可先配合变线，以达到牵制对方的目的。

（三）调右压左

这种战术意图就是先打对方正手，将其调动到正手位并被迫离台后，再打反手位。它主要是牵制擅长侧身进攻的选手，在对方的反手位进攻能力强时，压制对方的反手位就占不到便宜，因此采用此战术。

（四）加减力压对方反手、中路后迅速抢攻

此战术用于对付站位中台两面拉攻的选手，一般先用力加力推将对方压下去，再用减力挡将其吸引上来，然后伺机抢攻扣杀。

（五）连压对方中路或正手，伺机抢攻

这是对付两面攻或横拍反手攻较强的对手所采用的对攻战术。这类战术打法的运动员往往是反手进攻技术较好，正手相对较弱，中路弱点突出，所以先采用推挡或反手攻，压住对方的中路或正手，待其攻势较弱时，伺机侧身抢攻。

第四节　乒乓球双打

世界乒乓球锦标赛共有 7 个项目：男子团体、女子团体、男子单打、女子单打、男子双打、女子双打、混合双打，其中 3 项是双打；乒乓球世界杯有 4 个项目：男子单打、女子单打、男子双打、女子双打；奥运会乒乓球比赛中的团体比赛中双打占有非常重要的地位。因此，双打的配合和训练是十分重要的。

一、双打的配对

双打的两名运动员配合默契，能够相互取长补短，合二为一，充分发挥两人的竞技实力，这些是双打比赛获胜的基础。常见的配对有：左、右手直拍的运动员配对；两名进攻型打法的运动员配对；两名防守型的运动员配对等。

二、双打的战术

接发球的战术有以强对强、以弱对弱；以强对弱、以弱对强。虽然在双打比赛中选择接发球比较有利，但当我方运动员对对方运动员一点都不了解的情况下，此时可以选择发球，并由我方发球较好的运动员先发球，这样可以保证在比赛中发球运动员发球的次数相对较多。

双打比赛中两名运动员应该运用手势、暗语及肢体语言相互交流暗示，以便于两名对运动员之间能够保证步调一致，配合默契。双打的主要战术有：

(一)发抢段

第一，根据双打的规则，比赛中发球只能从本方右半区发到对方的右半区，这就给接发球方创造了抢攻的机会。第二，比赛中发球和抢攻的运动员不是同一个人，这就给发球抢攻增加了难度，只有在发球的旋转、落点和性能等达成默契，才能有效地实施发球抢攻。第三，应妥善处理对方的回球，伺机抢攻，争取主动。

(二)接发球段

双打比赛的规则有利于接发球运动员实施主动进攻。因此，接发球时应该尽可能地力争主动，遇到长球果断抢攻、抢拉、抢冲；遇到短球果断挑打、撇等。若不能进行抢攻时，则要控制好回球的落点和弧线，抑制对方发动进攻，为同伴创造进攻的机会。

(三)相持段

双打比赛一旦进入相持就必须调动对方，让其在频繁的换位和移动中消耗体力，降低回球质量，从而为我方的进攻创造机会。

三、双打的步法

（一）“八”字形移动

两名运动员击球后均向自己反手位一侧移动既可为同伴让出最佳的击球位置，又可以确保两名运动员正手实力的有效发挥。当两名双打运动员执拍手为左右搭配时，采用此种步法移动，如图 4-3 中图 1。

（二）“O”字形移动

两名运动员击球后均向自己的正手位一侧移动，然后画圆移动到自己的反手位一侧准备击球，同伴击完球后迅速从反手位移动到最佳位置击球。此方法的移动路线较左右手配对的运动员范围大，因此配合难度也大。当两名双打运动员执拍手相同，且站位基本一致时，采用此种步法移动，如图 4-3 中图 2。

（三）“T”字形移动

站位近台的运动员击球后，根据情况主要做左右移动完成跑位；站位中远台的运动员击球后，主要做前后移动完成跑位。两名双打运动员一名站位近台，另外一名站位中远台时，采用此种步法移动，如图 4-3 中图 3。

（四）“8”字形交叉移动

两名运动员击球后就近从侧面小环形移动，当对方打另一角时，双方交叉变线换位后再用小环形在另一角快速移动。当比赛中出现相持时，对方运动员有意识地交叉打两角时，采用此种步法移动，如图 4-3 中图 4。

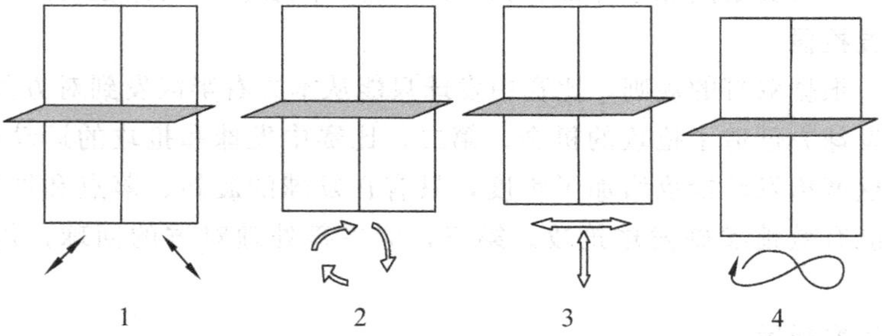

图 4-3　双打的步法

四、教学方法

第一，讲解技、战术要领，并示范正确的步法移动，学生模仿练习。

第二，两名学生在半台范围内进行各种技术和基本走位的练习。

第三，老师发多球，两名学生在半台范围内进行各种技术和基本走位的还击练习。

第四，规定对方将球击到我方的半台或全台，我方还击到对方的全台或半台，进行半台对全台、全台对半台的练习。

第五，将技术和战术结合起来进行全台对全台的练习。

【复习与思考】

1. 在比赛中，当遇到善于正手快攻结合弧圈球技术的对手时，该采用什么战术争取主动？

2. 正手类攻球的技术训练应该抓好哪些环节？

3. 双打时，采用的步法种类有哪些？如何在比赛中运用？

第五章　乒乓球比赛规则、裁判法与编排方法

通过前几章的学习，同学们基本掌握了乒乓球运动的基本技术，接下来就要把这些技术运用到比赛当中了。那么如何才能在公平的原则下进行比赛呢？这时乒乓球比赛规则就起到了作用。本章介绍乒乓球比赛的一些基本规则和裁判法，满足广大同学参与这项运动的需要，有利于同学们交流球技、增进友谊。

第一节　乒乓球比赛规则

一、定义

回合：球处于比赛状态的一段时间。

球处于比赛状态：从发球时球被有意向上抛起前，静止在不执拍手上的最后一瞬间开始，直到该回合被判得分或重发球。

重发球：不予判分的回合。

一分：判分的回合。

执拍手：正握着球拍的手。

不执拍手：未握着球拍的手。不执拍手臂：不执拍手的手臂。

击球：用握在手中的球拍或执拍手手腕以下部分触球。

阻挡：对方击球后，在比赛台面上方或向比赛台面方向运动的球尚未触及本方台区，即触及本方运动员或其穿戴(带)的任何物品，即为阻挡。

发球员：在一个回合中首先击球的运动员。

接发球员：在一个回合中第二个击球的运动员。

裁判员：被指定管理一场比赛的人。

副裁判员：被指定在某些方面协助裁判员工作的人。

运动员“穿或戴(带)”的任何物品：包括他在一个回合开始时穿或戴(带)的任何物品，但不包括比赛用球。

“越过或绕过”球网装置：除从球网和比赛台面之间通过以及从球网和网架之间通过的情况外，球均应视作已“越过或绕过”球网装置。

球台的“端线”：包括端线两端的无限延长线。

二、合法发球

第一，发球开始时，球自然地置于不执拍手的手掌上，手掌张开，保持静止。

第二，发球员须用手将球几乎垂直地向上抛起，不得使球旋转，并使球在离开不执拍手的手掌之后上升不少于 16 厘米，球下降到被击出前不碰到任何物体。

第三，当球从抛起的最高点下降时，发球员方可击球，使球首先触及本方台区，然后越过或绕过球网装置，再触及接发球员的台区。在双打中，球应先后触及发球员和接发球员的右半区。

第四，从发球开始，到球被击出，球要始终在比赛台面的水平面之上和发球员的端线以外；而且从接发球方视线看，球不能被发球员或其双打同伴的身体或他们所穿或戴(带)的任何物品挡住。

第五，球一旦被抛起，发球员的不执拍手臂应立即从球和球网之间的空间移开。球和球网之间的空间由球和球网及其向上的延伸来界定。

第六，运动员发球时，应让裁判员或副裁判员看清他是否按照合法发球的规定发球。

第七，如果裁判员对运动员发球合法性有怀疑，在一场比赛中第一次出现时，判重发球并警告发球方。

第八，此后，裁判员对该运动员或其双打同伴发球动作的合法性再次怀疑，将判接发球方得 1 分。

第九，无论是否第一次或任何时候，只要发球员明显没有按照合法发球的规定发球，无须警告，应判接发球方得 1 分。

第十，运动员因伤病而不能严格遵守合法发球的某些规定时，可由裁判员作出决定免予执行。

三、合法还击

对方发球或还击后，我方运动员必须击球，使球直接越过或绕过球网装置，或触及球网装置后再触及对方台区。

四、比赛次序

在单打中，首先由发球员发球，再由接发球员还击，然后发球员和接发球员交替还击。

在双打中，首先由发球员发球，再由接发球员还击，然后由发球员的同伴还击，再由接发球员的同伴还击，此后，运动员按此次序轮流还击。

在两名由于身体残疾而坐轮椅的运动员配对进行的双打中，发球员应先发球，接发球员应还击，此后可由任何一名运动员还击。然而，运动员轮椅的任何部分不能超越球台中线的假定延长线。如果超越，裁判员将判对方得1分。

五、重发球

出现下列情况应判重发球：

第一，如果发球员发出的球，在越过或绕过球网装置时，触及球网装置，此后成为合法发球或被接发球员或其同伴阻挡。

第二，如果接发球员或接发球方未准备好时，球已发出，而且接发球员或接发球方没有企图击球。

第三，由于发生了运动员无法控制的干扰，而使运动员未能成功发球、还击或遵守规则。

第四，裁判员或副裁判员暂停比赛。

第五，由于身体残疾而坐轮椅的运动员在接发球时，球出现下列情况：

其一，球触及接发球员的台区后，球朝着球网方向离开接发球员的台区。

其二，球停在接发球员的台上。

其三，在单打中，球触及接发球员的台区后，从其任意一条边线离开球台。

第六，可以在下列情况暂停比赛：

其一，由于要纠正发球、接发球次序或方位错误。

其二，由于要实行轮换发球法。

其三，由于警告或处罚运动员。

其四，由于比赛环境受到干扰，以致该回合结果有可能受到影响。

六、一分

除被判重发球的回合，下列情况运动员得一分：

第一，对方运动员未能正确发球。

第二，对方运动员未能正确还击。

第三，运动员在发球或还击后，对方运动员在击球前，球触及了除球网装置以外的任何东西。

第四，对方击球后，球没有触及本方球台区而越过本方台区或端线。

第五，对方阻挡。

第六，对方连击。

第七，对方用不符合规则规定的拍面击球。

第八，对方运动员或他穿或戴的任何东西使比赛台面移动。

第九，对方运动员或他穿或戴的任何东西触及球网装置。

第十，对方运动员不执拍手触及比赛台面。

第十一，双打时，对方运动员击球次序错误。

第十二，执行轮换发球法时，每个运动员都轮发一分球，直至该局结束。如果接发球方进行了13次合法还击，则判接发球方得一分。

七、一局比赛

在一局比赛中，先得11分的一方为胜方。10平后，先多得2分的一方为胜方。

八、一场比赛

一场比赛由奇数局组成。

九、发球、接发球和方位的次序

第一，选择发球、接发球和方位的权利应由抽签来决定。中签者可以选择先发球或先接发球，或选择先在某一方位。

第二，当一方运动员选择了先发球或先接发球，或选择先在某一方位后，另一方运动员必须有另一个选择。

第三，在获得每2分之后，接发球方即成为发球方，以此类推，直至该局比赛结束；或者直至双方比分都达到10分或实行轮换发球法，这时，发球和接发次序仍然不变，但每人只轮发一分球。

第四，在双打的第一局比赛中，先发球方确定第一发球员，再由先接发球方确定第一接发球员。在以后的各局比赛中，第一发球员确定后，第一接发球员应是前一局发球给他的运动员。

第五，在双打中，每次换发球时，前面的接发球员应成为发球员，前面的发球员的同伴应成为接发球员。

第六，一局中首先发球的一方，在该场下一局应首先接发球。在双打决胜局中，当一方先得5分时，接发球方应交换接发球次序。

第七，一局中，在某一方位比赛的一方，在该场下一局应换到另一方位。在决胜局中，一方先得5分时，双方应交换方位。

十、发球、接发球次序和方位的错误

第一，裁判员一旦发现发球、接发球次序错误，应立即暂停比赛，并按该场比赛开始时确立的次序，按场上比分由应该发球或接发球的运动员发球或接发球；在双打中，则按发现错误时那一局中首先有发球权的一方所确立的次序进行纠正，继续比赛。

第二，裁判员一旦发现运动员应交换方位而未交换时，应立即暂停比赛，并按该场比赛开始时确立的次序，按场上比分运动员应站的正确方位进行纠正，再继续比赛。

第三，在任何情况下，发现错误之前的所有得分均有效。

十一、轮换发球法

第一，如果一局比赛进行到 10 分钟仍未结束(双方都已获得至少 9 分时除外)，或者在此之前任何时间应双方运动员要求，应实行轮换发球法。

第二，当时限到时，球仍处于比赛状态，裁判员应立即暂停比赛。由被暂停回合的发球员发球，继续比赛。

第三，当时限到时，球未处于比赛状态，应由前一回合的接发球员发球，继续比赛。

第四，此后，每个运动员都轮发一分球，直至该局结束。如果接发球方进行了 13 次合法还击，则判接发球方得一分。

第五，轮换发球法一经实行，将一直使用到该场比赛结束。

知识窗

乒乓球运动诞生之时，对球台的大小和球网的高度无统一规定，计分方法有 10 分、20 分、50 分或 100 分；发球的方法也无严格要求和限制，只是发球时发球员必须站在本方球台后面，球从台面以上高度发出。有一点是必需的，那就是球拍将球击出后球是直接越过网落到对方台面上。在 20 世纪 20 年代欧洲开始举行了多次乒乓球邀请赛及全国锦标赛，为更好地推动此项运动的发展，英国乒乓球协会指定华尔登、罗斯、蒙塔古着手制订世界上最早的乒乓球比赛规则。

第二节　乒乓球比赛裁判法

一、比赛条件

第一，赛区空间应不少于 14 米长、7 米宽、5 米高。

第二，赛区应由 75 厘米高的同一深色的挡板围起，以与相邻的赛区及观众席隔开。

第三，在世界和奥运会比赛中，从比赛台面高度测得的照明度不得低于1000勒克斯，且整个比赛台面照度均匀，赛区其他地方的照明度不得低于500勒克斯；其他比赛中，比赛台面的照明度不得低于600勒克斯，且整个比赛照明度均匀，赛区其他地方的照明度不得低于400勒克斯。

第四，使用多张球台时的照明水平应是一致的，比赛大厅的背景照明不得高于比赛区域的最低照明度。

第五，光源距离地面不得少于5米。

第六，场地四周一般应为暗色，不应有明亮光源，或从窗户等透过未加遮盖的日光。

第七，地板不能颜色太浅或反光强烈或打滑，而且表面不得为砖、水泥或石头；在世界和奥运会比赛中，地板应为木制或国际乒联批准的某品牌和种类的可移动塑胶地板。

二、裁判人员的管理权限

(一)裁判长

每次比赛应指派一名裁判长，其身份和工作地点应告知所有参赛者及队长。

裁判长应对下列事项负责：

第一，主持抽签。

第二，编排比赛日程。

第三，指派比赛工作人员。

第四，主持裁判人员的赛前短会。

第五，审查运动员的参赛资格。

第六，决定在紧急时刻是否中断比赛。

第七，决定在一场比赛中运动员是否可以离开赛区。

第八，决定是否可以延长法定练习时间。

第九，决定在一场比赛中运动员能否穿长运动服。

第十，对解释规则和规程的任何问题作出决定，包括服装、比赛器材和比赛条件的可接受性。

第十一，决定在比赛紧急中断时运动员能否练习以及练习地点。

第十二，对于不良行为或其他违反规程的行为采取纪律行动。

经比赛管理委员会的同意，当裁判长的任何职责托付给一些其他人员时，这些人员中的每个人的特殊职责和工作地点应告知参赛者及队长。

裁判长或在其缺席时负责代理的副裁判长，在比赛过程中应自始至终亲临比赛场地。

如果裁判长认为必要，可在任何时间更换裁判人员，但不得更改被更换者在其职权范围内就事实问题做出的判定。

(二)裁判员

每场比赛均应指派1名裁判员和1名副裁判员。

裁判员应坐或站在球台一侧，与球网成一直线。副裁判员应面对裁判员坐在球台另一侧。

裁判员应对下列事项负责：

第一，检查比赛器材和比赛条件的可接受性，如有问题向裁判长报告。

第二，按规定，任意取一只球。

第三，主持抽签确定发球、接发球和方位。

第四，决定是否由于运动员身体伤残而放宽合法发球的某些规定。

第五，控制方位和发球、接发球的次序，纠正上述有关方面出现的错误。

第六，决定每一个回合得1分或重发球。

第七，根据规定的程序报分。

第八，在适当的时间执行轮换发球法。

第九，保持比赛的连续性。

第十，对违反场外指导或行为等规定者采取行动。

第十一，如果双方运动员或运动队所穿短袖运动衫类似且均不愿更换时，抽签决定某一方必须更换。

副裁判员应对下列事项负责：

第一，决定处于比赛状态中的球是否触及距离他最近的比赛台面的上边缘。

第二，有违反场外指导或行为规定时，通知裁判员。

裁判员或副裁判员均可判决：

第一，运动员发球动作不合法。

第二，合法发球在球越过或绕过球网装置时触及球网装置。

第三，运动员阻挡。

第四，比赛环境受到意外干扰，该回合的结果有可能受到影响。

第五，掌握练习时间、比赛时间及间歇时间。

执行轮换发球法时，副裁判员或另外指派的一名裁判人员均可当计数员，计接发球方运动员的击球板数。

裁判员不得否决副裁判员或计数员根据上述条款所作出的决定。

三、比赛的管理

(一)报分

第一，当球结束比赛状态，或在情况允许时，裁判员应立即报分。

其一，报分时，裁判员应首先报下一回合即将发球一方的得分数，然后报对方的得分数。

其二，一局比赛开始和交换发球员时，裁判员在报完比分后，应报出下一回合发球员的姓名，并用手势指明发球方。

其三，一局比赛结束时，裁判员应先报胜方运动员的姓名，然后报胜方得分数，再报负方的得分数。

第二，裁判员除报分外，还可以用手势表示他的判决。

其一，当判得分时，裁判员可将靠近得分方的手举起，使上臂水平，前臂垂直，手握拳向上。

其二，当出于某种原因，回合应被判为重发球时，裁判员可以将手高举过头表示该回合结束。

第三，报分，以及在实行轮换发球法时的报数，裁判员应使用英语或双方运动员及裁判员均能接受的任何其他语言。

第四，应使用机械或电子设备显示比分，使运动员和观众都能看清楚。

第五，当运动员因不良行为受正式警告后，应在记分牌该运动员得分处放置一个黄牌。

(二)练习

第一，在一场比赛开始前 2 分钟，运动员有权在比赛球台上练习，正常间歇不能练习。只有裁判长有权延长特殊的练习时间。

第二，在紧急中断比赛时，裁判长可允许运动员在任何球台上练习，包括比赛用的球台。

第三，运动员应有合理的机会检查和熟悉将要使用的器材，在替换破球或损坏的球拍以后，运动员可练习少数几个回合，然后继续比赛。

(三)间歇

第一，在局与局之间，有不超过 1 分钟的休息时间；每局比赛中，每得 6 分球后，或决胜局交换方位时，可用短暂的时间擦汗。

第二，一名或一队双打运动员可在一场比赛中要求一次暂停，时间不超过 1 分钟。

第三，在单项比赛中，暂停应由运动员或指定的场外指导者提出；在团体比赛中，应由运动员或队长提出。

第四，请求暂停只有在球未处于比赛状态时做出，应用双手做出“T”形表示。

第五，在一方获得合理的暂停要求后，裁判员应暂停比赛并出示白牌，然后将白牌放在提出要求暂停一方运动员的台区上。

第六，当提出暂停的一方运动员准备继续比赛(以时间短的计算)或 1 分钟暂停时间已到时，白牌应被拿走并且立即恢复比赛。

第七，运动员因意外事件而暂时丧失比赛能力时，裁判长若认为中断比赛不至于给对方带来不利，可允许中断比赛，但时间要尽量短些，在任何情况下都不得超过 10 分钟。

第八，如果失去比赛能力的状态早已存在，或在比赛开始前就有理由可以预见，或由于比赛的正常紧张状态引起，则不能允许中断比赛。如果失去比赛能力的原因在于运动员当时的身体状况或比赛进行的方式，引起抽筋或过度疲劳，这些也不能成为中断比赛的理由。只有因意外事故，如摔倒受伤而丧失比赛能力，才能允许紧急中断。

第九，如果赛区内有人受伤流血，应立即中断比赛，直到他接受了医疗救护并将赛区内所有血迹擦干净后再恢复比赛。

第十，除非裁判长允许，运动员在单项比赛中应留在赛区内或赛区附近，在局间法定休息和暂停间歇时间内，运动员应在裁判员的监督下，留在赛区周围 3 米以内的地方。

第三节　乒乓球比赛编排方法

一、比赛的项目

目前，国际公开锦标赛包括男子团体、女子团体、男子单打、女子单打、男子双打、女子双打、混合双打。单项比赛一般应采用淘汰制进行，但团体赛和单项预选赛可以按淘汰制或分组循环制进行。

二、比赛的组织

(一)单循环制

参加比赛的人，相互之间按程序轮流比赛，称为单循环赛。其特点是所有参加比赛的人(队)相互之间都要比赛一次，机会均等。但是一次比赛所需要的场地多、比赛时间长，如果比赛人(队)数比较多时，此方法就不适用了。

1. 比赛次序的确定

比赛采用固定左上角逆时针轮转编排法，下面就以 6 人(队)为例进行讲解：

1—6	1—5	1—4	1—3	1—2
2—5	6—4	5—3	4—2	3—6
3—4	2—3	6—2	5—6	4—5

如果参赛的人(队)数是奇数时，则末尾用“0”补，与“0”相遇的人(队)该轮轮空，下面以 5 个人(队)为例讲解：

1—0	1—5	1—4	1—3	1—2
2—5	0—4	5—3	4—2	3—0
3—4	2—3	0—2	5—0	4—5

为了不使“1”的位置总是在主场作战，可以在偶数轮把“1”与对手的位置互换，如“1—5”改为“5—1”。

2. 比赛轮数和场数的计算方法

参赛人(队)数为偶数时，轮数＝参赛人(队)数－1

参赛人(队)数为奇数时，轮数＝参赛人(队)数

比赛场数＝参赛人(队)数×[参赛人(队)数－1]/2

3. 确定名次的方法

胜一场得 2 分，负一场得 1 分，弃权为 0 分，积分多者名次列前；如果积分相同，两者之间的胜者名次列前；三者或三者以上积分相同，则依次以他们的净胜场、局、分来决定名次，如果出现两者净胜场、局、分相同时，以他们之间的胜负决定名次；如果三者净胜分也相同，则以抽签的方式决定名次。

(二)单淘汰制

单淘汰制的特点是在时间短、场地少的情况下能接纳较多的参赛者，但比赛的机会很不均等，除第 1 名外其他的名次有一定的偶然性。

1. 比赛次序的确定

参赛的人按 2 的乘方成对进行比赛，胜者进入下一轮，负者淘汰，直至最后一名胜者。8 进 4 的比赛称为 1/4 决赛，4 进 2 的比赛称为半决赛，2 进 1 的比赛称为决赛。

2. 轮空

如果第一轮比赛的参赛人数不是 2 的乘方数，则第一轮比赛有轮空。否则，就不会产生轮空。轮空数是参赛人数大一级的 2 的乘方数减去参赛人数。例如，27 个人参加比赛，轮空数为 32－27＝5 个。

3. 轮空位置

轮空位置应平均分布在上、下半区，或 1/4 区、1/8 区，轮空数为单数时

上半区多一个轮空位，且上半区的轮空位置在 1/4 区、1/8 区的顶部；下半区的轮空位置应在 1/4 区、1/8 区的底部。

(三)团体比赛

1.5 场 3 胜制(5 场单打)

一个队由 3 名运动员组成，比赛顺序：A—X、B—Y、C—Z、A—Y、B—X。

2.5 场 3 胜制(4 场单打和 1 场双打)

一个队由 2～4 名运动员组成，比赛顺序：A—X、B—Y、双打、A—Y、B—X。

3.7 场 4 胜制(6 场单打和 1 场双打)

一个队由 3、4 或 5 名运动员组成，比赛顺序：A—Y、B—X、C—Z、双打、A—X、C—Y、B—Z。

4.9 场 5 胜制(9 场单打)

一个队由 3 名运动员组成，比赛顺序：A—X、B—Y、C—Z、B—X、A—Z、C—Y、B—Z、C—X、A—Y。

5. 团体比赛程序

第一，所有出场运动员应来自团体报名表。团体比赛前由抽签的中签者优先选择 A、B、C 或 X、Y、Z。由队长将该队名单提交给裁判长或其代理人，并对每一名单打运动员确定一个字母所代表的相应位置。

第二，双打比赛的配对不必立即提交，直到前一场单打比赛结束。

第三，需要连场的运动员有资格在连场的比赛之间有最多 5 分钟的休息时间。

第四，所有比赛场次采用 3 局 2 胜制。

第五，当一个队赢得足够多数场次时，为一次团体比赛结束。

【复习与思考】

1. 简述乒乓球比赛中，何种情况可以得一分？

2. 试说明循环赛和淘汰赛的优点和缺点。

3. 在单打比赛中，有 7 名队员参赛，请使用单循环制编排法，排出次序表。

第二编 羽毛球

羽毛球运动是一项深受人们喜爱且具有广泛群众基础的体育运动。这项运动既有无限的乐趣，又有技术的千变万化，所以它有着很高的观赏性。经常从事羽毛球运动可以提高人体的灵活性、协调性和运动能力，改善呼吸系统和心肺功能，调节神经系统，更能起到增进健康、抗病防衰、调节精神的作用。同时羽毛球运动也是一项竞技运动，在竞赛中，能够培养大学生们的意志品质，强化进取精神，锻炼心理素质，从而用良好的心态、正确的人生观去面对学习和工作。

本编共分 6 章：第六章是羽毛球运动概述，使学生了解羽毛球运动的起源，世界及中国羽毛球运动的发展史和一些赛事。第七章讲述羽毛球运动的基本理论知识，为学习羽毛球的专项技术打下理论基础。第八章着重介绍羽毛球的各种技术与训练方法，针对各种错误动作，提出了翔实的纠正方法及练习方法，以期为“终身体育”打下基础。第九章主要学习一些基本的单、双打战术，并能将这些简单的战术运用到比赛中去。第十章详细介绍了最新的羽毛球比赛规则与裁判法。第十一章是羽毛球比赛的组织与编排方法。第十、十一章使学生在掌握羽毛球比赛规则的同时，熟悉羽毛球比赛的整个流程，最终能够胜任基层羽毛球比赛的裁判工作。

第六章 羽毛球运动概述

羽毛球运动是集娱乐、健身于一体的隔网对抗性运动项目，对于提高自身的耐力、力量、灵活性、柔韧性以及快速运动中处理球的准确性上有较大的促进作用。在高校体育教学中，羽毛球运动是一项深受大学生们喜爱的体育运动。通过本章的学习，使学生们了解羽毛球运动的起源与发展状况以及国内外的一些赛事简介等，为后续学习起到铺垫作用。

第一节 羽毛球运动的起源

羽毛球运动的起源众说纷纭，主要的说法有以下几种：

一、起源地——日本

相传羽毛球最早出现于14～15世纪的日本，与中国古代苗族的“毽球”类似。球拍是木制的，球是用樱桃核与羽毛组成，这就是现代羽毛球的雏形。由于樱桃核做的球托太重，球的飞行速度太快，所以该项运动时兴了一阵子就慢慢消失了。

二、出现地——印度

大约至18世纪时，印度的普那出现了一种与早年日本的“羽毛球”极为相似的游戏。球是用圆形硬纸板和羽毛组成(类似中国的毽子)，球拍是木质的，1840年英国驻印度普那的军官又发明了在酒瓶软木塞上插上羽毛，用酒瓶打来打去，后成为一种游戏，在驻印度军官中流行起来。

三、诞生地——英国

现代羽毛球运动诞生于英国，大约在1873年。球是用羽毛、软木做的，球拍是穿弦的，那时的羽毛球场地是两头宽、中间窄，像个葫芦形，直到1901年才改为和现在一样的长方形。

知识窗

羽毛球名字的由来

1873年，英国公爵鲍弗特在格拉斯哥郡伯明顿镇的庄园里宴请宾客，适逢下雨，地点改在了室内。有几位英国驻印度的退役军官建议玩“普那游戏”，从此，羽毛球运动便逐渐开展起来，“Badminton(伯明顿)”便成了羽毛球的名字。

第二节 国内外羽毛球运动的发展

一、世界羽毛球运动的发展

1875 年，英国成立了第一个军人羽毛球俱乐部，而第一部羽毛球比赛规则出现于印度。

1893 年，英国成立了世界上最早的羽毛球协会，对第一部羽毛球规则进行了修改与完善，并于 1899 年举办了全英羽毛球锦标赛。

1934 年，成立了国际羽毛球联合会，第一任主席是汤姆斯，总部设在伦敦，它是第一个世界性的羽毛球组织，也是国际奥委会承认的国际体育组织。该组织成立后，羽毛球运动得到了快速的发展，国际层面的比赛日渐增多。

1939 年，国际羽毛球联合会通过了各会员国共同遵守的《羽毛球竞赛规则》。

1948 年，国际羽联在英国举办了首届男子羽毛球团体锦标赛——汤姆斯杯赛。

1956 年，国际羽联在英国举办了第一届女子羽毛球团体锦标赛——尤伯杯赛。

1989 年，国际羽联在印度尼西亚举办了第一届羽毛球混合团体锦标赛——苏迪曼杯赛。

1978 年，在亚洲羽联筹委会上，成立了世界羽毛球联合会。

1981 年，国际羽毛球联合会与世界羽毛球联合会正式合并，通称为国际羽毛球联合会(简称国际羽联)。

1988 年，在汉城奥运会上，羽毛球被列为表演项目。

1992 年，在巴塞罗那奥运会上，羽毛球被列为正式比赛项目。从此羽毛球运动进入新的发展时期。

二、中国羽毛球运动的发展

20 世纪 20 年代初，羽毛球运动传入中国，主要在租界内的外国人中开展，以娱乐和健身为主。

20 世纪 20 年代末至 30 年代中期，羽毛球运动在上海、天津和广州等大城市中兴起，在技术层面上以学习欧洲人的技术为主，娱乐性大于竞技性。中华人民共和国成立之前，从未举办过全国性的羽毛球比赛。

中华人民共和国成立后，1953 年在天津举办了“四项球类”大赛，羽毛球项目被列为表演项目，这是中国首届羽毛球全国大赛，为中国以后的羽毛球运动的发展奠定了基础。

为了促进中国羽毛球运动的发展，1958 年 9 月成立了中国羽毛球协会，会上提出了羽毛球竞技方面的发展方向与目标。

1959 年，中国举办了第一届全国运动会，福建队以绝对优势取得了羽毛球团体总分第一名，从此，福建便成为中国羽毛球运动开展的重要基地。

1960 年后，一大批羽毛球名将回国，中国羽毛球技术水平出现了一个划时代的飞跃，汤仙虎、侯加昌等名将多次打败来访的曾蝉联 3 届男子世界冠军和 2 届汤姆斯杯冠军的印度尼西亚羽毛球队，表明了中国羽毛球运动水平已接近和赶上了世界强队的水平。

1981 年前，中国羽毛球队虽有实力打败世界强队夺取世界冠军，但由于当时中国未加入国际羽联，所以世界性的比赛都没有资格参加。直到 1981 年 5 月，中国恢复了在国际羽联的合法席位，中国羽毛球竞技运动才发生了历史性的改变。

1992 年，在巴塞罗那奥运会上，中国羽毛球健儿获得了女双第二、三名，女单和男双第三名的成绩。

1996 年，在美国亚特兰大奥运会上，女子双打葛菲和顾俊夺冠，实现了中国羽毛球在奥运会上金牌“零”的突破。

2000 年，在悉尼奥运会上，中国羽毛球健儿勇夺男单、女单、女双、混双 4 金。

2004 年，在雅典奥运会上，中国羽毛球健儿夺得女单、女双、混双 3 金。

2008 年，在北京奥运会上，中国羽毛球健儿夺得女单、男单、女双 3 金。

中国羽毛球健儿在三大杯赛中也取得了非凡的成绩，其中，中国共获得 6 次汤姆斯杯冠军、11 次尤伯杯冠军和 8 次苏迪曼杯冠军。

第三节　国内外羽毛球赛事介绍

一、国际重大赛事简介

国际重大羽毛球赛事有汤姆斯杯赛、尤伯杯赛、苏迪曼杯赛、世界羽毛球锦标赛和奥运会羽毛球赛。

(一)汤姆斯杯羽毛球赛

英国人乔治·汤姆斯(George Thomas)曾是英国著名的羽毛球运动员，多次获得英国羽毛球比赛冠军，1934 年国际羽联成立时他被选为主席。在他担任国际羽联主席的 5 年时间里，提出了一系列有关世界羽毛球发展的建议，其中的一项建议就是设立世界男子羽毛球团体赛，并捐赠一座奖杯，这就是“汤姆斯杯”的由来(图 6-1)。

汤姆斯杯由底座、杯身和杯盖三部分构成，高 28 厘米，杯盖的最上端有一个羽毛球运动员雕塑，底座上雕刻：“乔治·汤姆斯·巴尔特于 1939 年赠送国际羽毛球联合会组织的国际羽毛球冠军挑战杯”。

1948 年，国际羽联在英国举办了第一届汤姆斯杯赛，马来西亚成为第一个名称刻在汤姆斯杯上的国家。从 1982 年起，该项团体赛改为每 2 年举办一届，到 2012 年共举办了 27 届汤姆斯杯赛。

图 6-1　汤姆斯杯

图 6-2　尤伯杯

(二)尤伯杯羽毛球赛

英国人贝蒂·尤伯夫人(Betty Uber)是 20 世纪 30 年代著名女子羽毛球选手，曾多次夺得全英羽毛球锦标赛的冠军。尤伯夫人非常热爱羽毛球运动，退役后仍然关注着羽毛球运动的发展。在 1956 年的国际羽联理事会上，她自愿向国际羽联捐赠纪念杯一只，命名为尤伯杯(Uber Cup)(图 6-2)。

尤伯杯的造型是个地球仪，高 18 厘米，杯体的上端站着一名握着球拍的女运动员雕塑。底座上雕刻：“尤伯夫人于 1956 年赠送国际羽毛球联合会组织的国际女子羽毛球冠军挑战杯”。

1956 年，首届尤伯杯赛在英国举行，前 3 届由美国人夺冠。从 1984 年起改为每 2 年一届，到 2012 年共举办了 24 届尤伯杯赛。

(三)苏迪曼杯赛

1986 年国际羽联在理事会上提出了举行羽毛球混合团体锦标赛的建议。迪克·苏迪曼是印度尼西亚羽毛球协会的创始人，前国际羽毛球联合会副主席。苏迪曼杯是以“苏迪曼”的名字命名的，由印度尼西亚羽毛球协会代表本国人民向国际羽毛球联合会捐赠的一座奖杯。

苏迪曼杯的造型是一个羽毛球，并把羽毛球的造型雕刻成了举世闻名的古迹婆罗浮屠，是一座极富民族特色的奖杯。杯身由纯银铸成，外表镀有纯金，杯高 80 厘米、宽 50 厘米、重 12 千克。

苏迪曼杯赛实际上是世界羽毛球混合团体锦标赛，国际羽联规定逢双数年是汤姆斯杯赛和尤伯杯赛，单数年为苏迪曼杯赛。苏迪曼杯赛到 2011 年，共举办了 12 届。

(四)世界羽毛球锦标赛

为了适应世界羽毛球运动日益发展的需要，国际羽联在继汤姆斯杯赛、尤伯杯赛后推出了一种以个人单项为竞赛项目的国际比赛，即世界羽毛球锦标赛。

在国际羽毛球联合会与世界羽毛球联合会合并之前，他们已各自举办了两届彼此都认为是世界性的羽毛球单项比赛，1981 年两个联合会合并后决定今后世界羽毛球锦标赛每 2 年举行一届，即世界羽毛球单项锦标赛，在 1983 年正式举行了第三届世界羽毛球单项锦标赛，共进行了 5 个单项的比赛，即男、女单打，男、女双打和混双。

1988 年，国际羽联决定世界羽毛球锦标赛与新设立的苏迪曼杯同时同地举行。

(五)奥运会羽毛球赛

从 1970 年开始，国际羽联着手准备将羽毛球列为奥运会比赛项目，经过十几年的努力宣传与推广，直至在 1985 年 6 月举行的第 90 次国际奥委会会议上才决定将羽毛球列为奥运会的正式比赛项目，1988 年羽毛球为奥运会表演项目，1992 年成为奥运会正式比赛项目，比赛项目有男单、女单、男双、女双 4 个项目。1996 年亚特兰大奥运会上，混合双打也被列为正式比赛项目。

2006 年 5 月，世界羽联在年度大会上改革计分制度，将原来的 15 分制改为 21 分制，在 2008 年北京奥运会上采用了该赛制。

知识窗

中国最早获得的羽毛球男女团体世界冠军

1982 年 5 月，在英国伦敦举行的第 12 届汤姆斯杯赛中，中国男队以 5∶4战胜印度尼西亚队获得冠军。1984 年 5 月，在第 10 届尤伯杯赛中，中国女队以 5∶0的绝对优势获得冠军。

二、国内重大赛事简介

国家体育总局乒羽运动管理中心统一安排全国性的羽毛球赛事，具体赛事由省、市一级的体育局承办。主要包括全国运动会，城市运动会，全国羽毛球锦标赛，全国羽毛球甲、乙级联赛等。

地方性的比赛由各省、市体育局和各级羽毛球协会举办，如省级赛、邀请赛、对抗赛、热身赛等。这些地方性的比赛对加强中国各地区、各阶层羽毛球技术的交流、发展和提高，培养高水平的运动员及储备后备人才发挥了积极的作用。

【复习与思考】

1. 简述羽毛球运动的起源和发展？
2. 在国际上有哪些重大羽毛球赛事？
3. 简述中国羽毛球运动的发展史？

第七章　羽毛球运动基本理论知识

通过本章的学习，一是使大学生们对羽毛球运动的常用术语和一些基本的理论知识有所了解；二是使大学生们了解如何选择适合自己的羽毛球拍、羽毛球等用品，使在今后的学习中对提高技术水平有所帮助。

第一节　常用术语

一、技术术语

(一)步法

1. 步法

指脚步移动时的动作方法。

2. 起动

判断出来球方向后，用双脚前脚掌迅速蹬向来球方向。

3. 蹬步

由左(右)脚作为支撑腿，向来球方向用力蹬地获得力量所产生的脚步位移。

4. 跨步

指以一脚向来球方向跨出一大步，另一脚跟着移动的步法。

5. 跳步

为获得击球高度和争取击球时间而腾空跳起的步法。

6. 垫步

用于衔接各种步法，该步法幅度小、速度快。

7. 并步

以向右移动为例，在右脚向右跨出同时左脚也及时向右跟进，右脚落地时，左脚自然地向右靠半步。

8. 交叉步

指离球远的脚朝来球方向跨出一大步，并从前面超过另一脚形成交叉状，另一脚再向来球方向移出一步的步法。

9. 回位

完成击球动作后立即用各种步法向中心位置回动。

10. 步法慢

指场上脚步移动跟不上对方击球的速度。

(二)手法

1. 手法

击球时手臂、手腕的动作方法。

2. 手臂内旋

握拍手向身体内侧方向转动为手臂内旋(图 7-1)。

3. 手臂外旋

握拍手向身体外侧方向转动为手臂外旋(图 7-2)。

图 7-1　手臂内旋

图 7-2　手臂外旋

4. 手腕外展

拇指向桡骨侧靠拢为手腕外展(图 7-3)。

5. 手腕内收

小指向尺骨侧靠拢为手腕内收(图 7-4)。

图 7-3　手腕外展

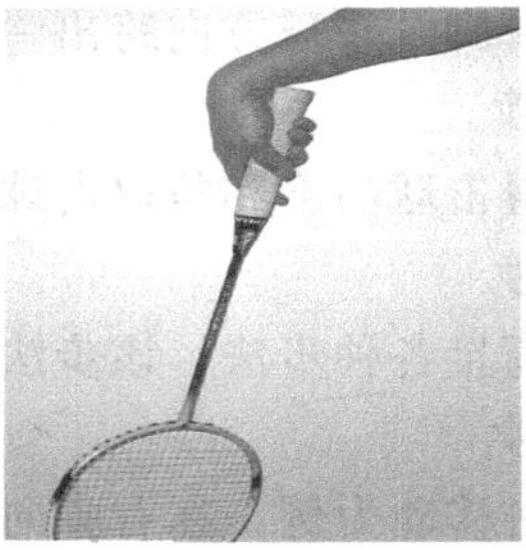

图 7-4　手腕内收

6. 手腕后伸

手腕由矢状面位置开始向后移动为手腕后伸(图 7-5)。

7. 手腕前屈

手腕由矢状面位置开始向前移动为手腕前屈(图 7-6)。

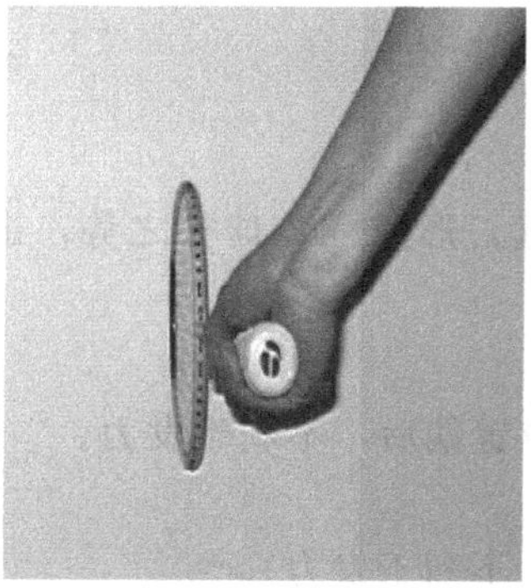

图 7-5 手腕后伸

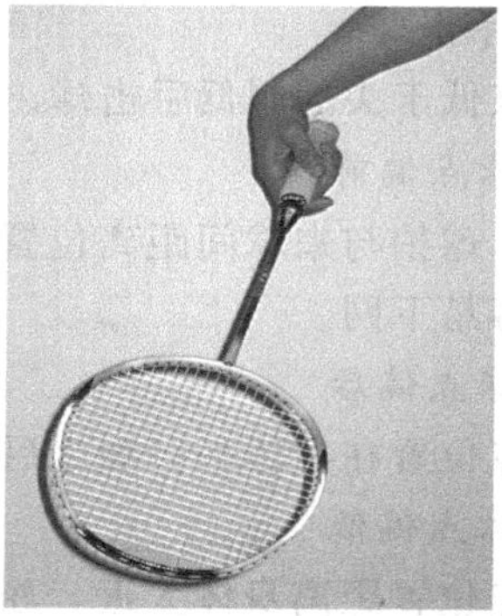

图 7-6 手腕前屈

(三)击球与击球点

1. 握拍

持拍手握拍的方式。

2. 持拍手

握球拍的手叫持拍手。

3. 非持拍手

没有握球拍的手叫非持拍手。非持拍手的功能主要是在发球时用来持球，在击球的过程中帮助身体保持平衡与协调，使全身协调用力将球击出。

4. 引拍

击球前的准备动作，目的是为后面的挥拍击球增加发力空间。

5. 击球

运动员挥动球拍时，球拍与球接触的一刹那叫击球。

6. 击球点

运动员击球时，球拍弦面接触到球托的那一点的时间、空间位置叫击球点，依击球点在击球者身体位置的方向可分为：

(1)正拍面击球

掌心一边的拍面击球的为正拍面击球。

(2)反拍面击球

手背一边的拍面击球的为反拍面击球。

(3)头顶击球

击球者用正拍拍面击反手区的上手球叫头顶击球。

(4)高手击球

击球点高于头的叫高手击球。

(5)低手击球

击球点低于头的叫低手击球。

7. 击球点偏前

身体、球拍与来球间距离位置相距太远，形成“够”球打之势，击球位置偏前，出球容易下网。

8. 击球点偏后

击球点位置在身体平行面之后，击球位置偏后，不利于发力。

9. 击球点偏低

击球点位置距离身体太近，屈臂击球，不利于发力。

10. 出手慢

挥臂速度慢于球行进的速度，形成“球等人”的状态。

二、战术术语

(一) 中心位置

中心位置是场地“大本营”，每次移动完成一次击球后，都要回到中心位置(图 7-7)，准备下一拍的击球。

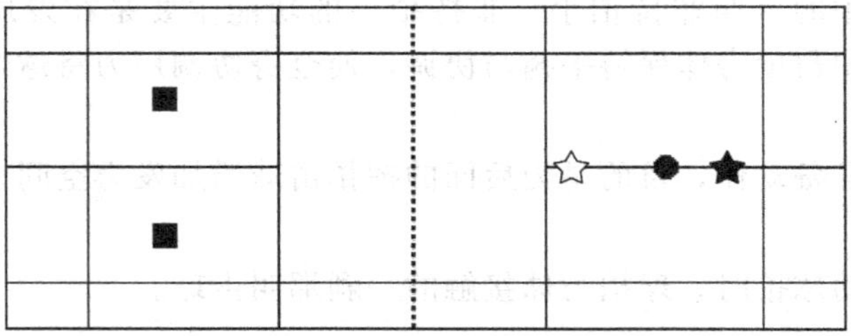

●单打中心位置　☆双打前场选手中心位置
★双打后场选手中心位置　■双打防守中心位置

图 7-7　中心位置示意图

1. 单打中心位置

球网至端线半场的中心稍后半步的位置。

2. 双打前场选手中心位置

在前发球线与场地中线交叉点附近。

3. 双打后场选手中心位置

在双打后发球线与场地中线交叉点向前一步的位置。

4. 双打防守中心位置

取半场场地的中部。

(二)站位

运动员站在场地上的位置叫站位，可分为以下两种。

1. 受限制的站位

发球和接发球时规则规定了站位的位置(左半区或右半区)，若与规则不符则站位违例。

2. 不受限制的站位

在比赛的过程中，双方运动员的站位不受限制，可根据战术及对方的技术特点需要，随时调整自己或同伴的站位位置。具体可分为左半区站位、右半区站位、前场站位、中场站位和后场站位。

(三)拉开

即把球击向对方不同的区域，使对方离开了中心位置。

(四)吊上网

即吊球后立即上网控制网前。

(五)杀上网

即杀球后迅速向前移动至网前，封住前场。

(六)追身球

即趁对方立足未稳时，把球击向对方身体。

(七)四方球

即把球击向对方左、右、前、后 4 个角上。

(八)重复球

即连续进攻对方同一个点，如重复击后场等。

第二节　击球技术要素

一、击球区域、击球线路与球的运行轨迹

(一)击球区域

将场地划分为前场，中场，后场，左、右场，在此范围内击球的区域叫击球区域(图 7-8)。

1. 前场

前发球线附近至球网的区域叫前场。

2. 后场

端线向场内 1 米左右的区域叫后场。

3. 中场

前、后场之间的区域叫中场。

4. 左、右场

以中线为界，面向球网站立，左边的叫左场区，右边的叫右场区。

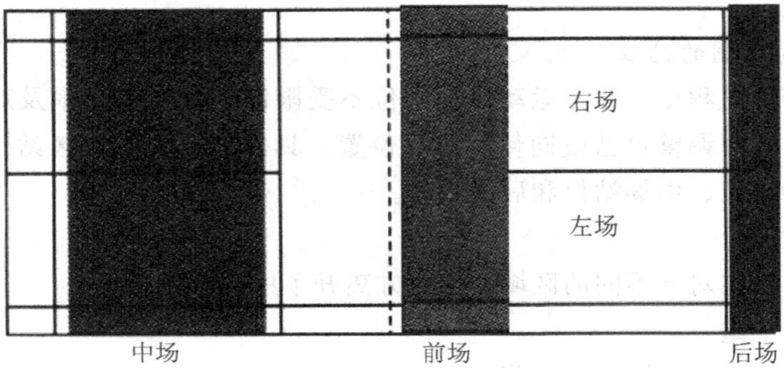

图 7-8　击球区域示意图

(二)击球线路

击球线路是指球被击出后所运行的方向。羽毛球运动技术细腻，组合复杂，在前场、中场和后场不同击球区域，右边线、中线和左边线不同击球地点，高手位、中高手位和低手位不同击球位置，正手、反手和头顶不同击球姿势，直线和斜线不同击球线路，选手大致能运用 300 多条击球线路。

1. 右边线击球线路

击球位置包括右场区前场、中场和后场边线附近，在此位置将球沿右边线平行线击至对方的左边线区域为“正手直线”，将球击向对方的右边线为“正手对角线”，将球击至对方球场中线附近称为“正手中路”(图 7-9)。

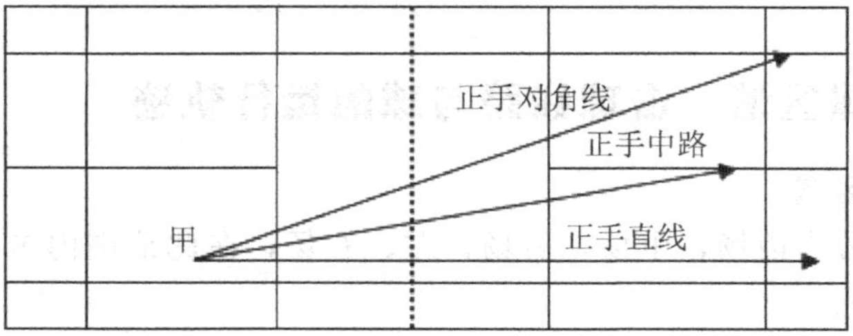

图 7-9　右边线击球线路示意图

2. 左边线击球线路

击球位置包括左场区前场、中场和后场边线附近，在此位置将球沿左边线平行线击至对方的右边线区域为“反手直线”，将球击向对方的左边线为“反手对角线”(图 7-10)。

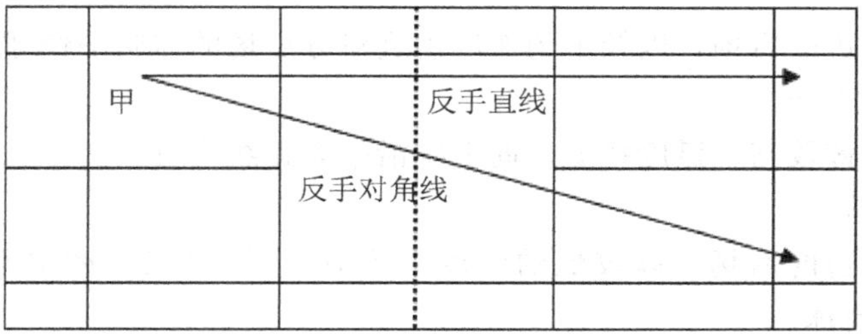

图 7-10　左边线击球线路示意图

3. 中线击球线路

将球沿中线击至对方中线为“直线球”，击向对方左、右边线为“斜线球”(图 7-11)。

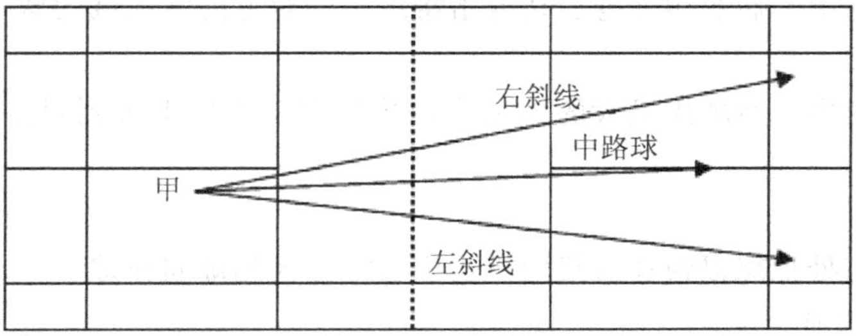

图 7-11　中线击球线路示意图

(三)球的运行轨迹

根据球的飞行弧度可分为以下几种：

1. 高弧度飞行

指出球轨迹向球场上空高弧度飞行。

(1)高远球

将在球场一边的后场球以高弧度的线路击到对方场地的后场的球叫高远球。

(2)挑高球

把在中场或前场的低于球网的球向上以较高的弧度击到对方的后场的球叫挑高球。

2. 平行弧度飞行

指出球轨迹沿地面与球网以平行弧度向前飞行。

(1)平抽挡

击球点在运动员身体的两侧或近身。

(2)平快球

从场地一边的后场，以较平的弧度击到对方后场的球叫平快球。

3. 低弧度飞行

指出球轨迹较高、弧度略低，向上空沿平高弧线飞行。

(1)平高球

从场地一边的后场，以较低的弧度击到对方后场(飞行途中不能给对方截到)的球叫平高球。

(2)推球

把靠近球网上部的球以低弧度击到对方的后场的球叫推球。

4. 向下弧度飞行

指出球轨迹由球场上空向下飞行。

(1)吊球

从场地的中、后场用轻劈、切或击将球击到对方前场区域的球叫吊球。

(2)杀球

从场地的中、后场用最大的力量将球快速向下直压下去到对方场区的球叫杀球。

(3)扑球

在近网高处把球以快速直线向下击到对方场区的球叫扑球。

5. 旋转飞行

指击球后，球体在空中改变运行方向，以旋转翻滚的轨迹飞行。

用拍面切击球的球托，使球翻滚旋转飞行过网的球叫搓球。

6. 斜线(对角线)飞行

指出球路线呈对角路线向前飞行。

将本方左(右)边网前的球击到对方左(右)边网前的球叫勾球。

二、基本技术组成

羽毛球基本技术由准备姿势和站位、握拍动作、发球技术、接发球技术、击球技术和步法技术等几大部分组成，如图 7-12 所示。

- （一）准备姿势和站位
  - 单打击球前准备姿势和站位
  - 单打接发球准备姿势和站位
  - 双打前场选手击球前准备姿势和站位
  - 双打后场选手击球前准备姿势和站位
  - 双打接发球准备姿势和站位
- （二）握拍动作
  - 正手握拍
  - 反手握拍
- （三）发球技术
  - 正手发球：正手发高远球、平高球、平射球、小球技术（多用于单打）
  - 反手发球：反手发平高球、平射球、小球技术（多用于双打）
- （四）接发球技术
  - 接发前场球：接发球挑球、推球、勾对角球、搓球、扑球、推扑身上球、拨半场球技术
  - 接发后场球：接发球击高远球、平高球、吊球、劈球、杀球、抽杀球和拦截球技术
- （五）击球技术
  - 前场击球：前场搓球、放小球、挑球、推球、勾对角球、扑球、拨半场和封网技术
  - 中场击球：中场击平抽平挡球、接杀挑高球、接杀平抽球、接杀勾对角小球、接杀放直线小球、接杀拨半场球和抽杀球技术
  - 后场击球：后场平高球、高远球、吊球、杀球、劈球和拦截球技术
- （六）步法技术
  - 前场步法：前场上网步法、起跳扑球移动步法
  - 中场步法：中场接杀球步法、起跳腾空抽杀球移动步法
  - 后场步法：后场后退步法

图 7-12 羽毛球基本技术组成

第三节 影响击球质量的基本因素

影响击球质量的基本因素有击球的力量、击球的弧度与节奏、击球的落点、击球动作的一致性、击球点与身体位置等。高质量的击球集球速快、落点准、线路巧、变化多为一体，最大限度地调动对手，给对手制造最大的障碍，迫使对手出现漏洞，或是跟不上节奏被迫失误，从而取得胜利。

一、击球力量

运动员挥拍时作用在球体上的力量叫击球力量。击球的力量决定着击球的速度，击球力量越大，球的速度越快。如果对手想要在球体落地前获得最佳的

击球位置就必须在判断、起动、移动、击球等一系列动作上都要快，否则就会使自己处于被动的地位。

击出力量大、速度快的球，需做到以下几点：

第一，协调全身各部位的动作，在击球的瞬间通过上下肢的配合使爆发力通过球拍作用于球体上。

第二，击球前引拍动作要充分，最大限度地伸长力臂，加大加速的空间。

第三，通过快速移动确立最佳击球点，用正拍面将球击出。

第四，击球后迅速收拍回动，做好击下一次球的准备。

二、击球弧度与节奏

击球弧度是指球被击出后球体在空中飞行的轨迹与地面形成的高低距离（图 7-13）。击球弧度的高低影响球速的快慢、飞行距离的长短和落点的位置，从而左右双方比赛进行的速度节奏。击球节奏是指从选手将球击出到对手回球后再次击球之间的时间。

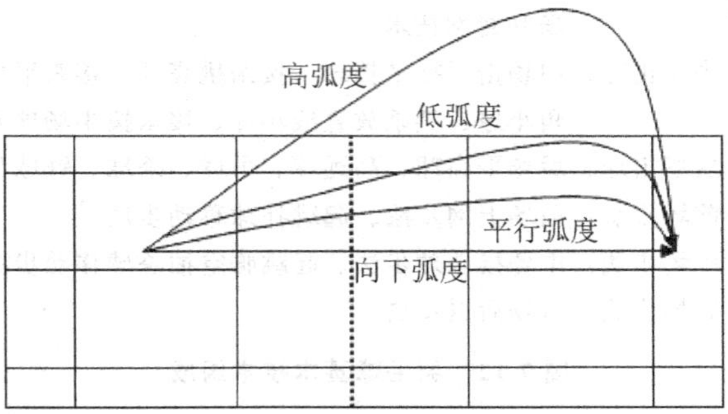

图 7-13　击球弧度示意图

羽毛球运动中击球弧度可分为高弧度球、低弧度球、向下弧度球和平行弧度球。

(一)高弧度球

出球角度与地面夹角越大，球向上飞行的弧度曲线度越大，球飞行至最高点后下落距离越短，球体飞行速度也越慢，比赛速度节奏随之减慢。

(二)低弧度球

出球角度与地面夹角越小，球飞行至最高点后下落的距离越长，球体飞行速度就越快，比赛速度节奏随之加快。

(三)向下弧度球

球体在空中飞行轨迹没有呈现抛物线，球体飞行距离最短，比赛速度节奏也最快。

(四)平行弧度球

球体在空中飞行略有一定曲线，但弧度较低，飞行距离长，比赛速度节奏较快。

三、击球落点

击球落点指将球击向对方场区的位置点(图 7-14)。击球落点这一因素直接影响球的“狠、准、活”三个方面。落点刁在另一个意义上讲可谓“狠”，落点到位可谓“准”，落点变化无穷可谓“活”。所以击球质量的好坏关键在于球的落点不仅要具有准确性，而且更要具有攻击性。

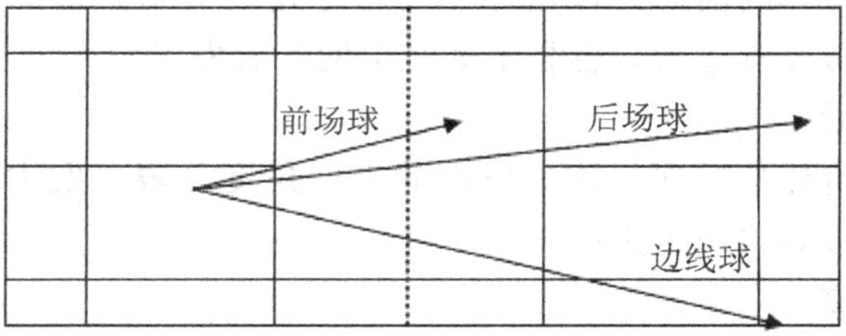

图 7-14　击球落点示意图

(一)击后场球

击球落点靠近端线，落点越深，后场球战术效果越好。

(二)击前场球

击球落点靠近球网，落点越深远，战术效果越好。

(三)击边线球

击球落点靠近边线，落点深远，战术效果好，反之则战术效果不好。

四、击球动作的一致性

击球技术由动作构成，技术的不同，其动作的具体方法也各有所异，但有些技术动作方法上有很多相似的地方，在击球中，使这些动作方法尽量相似的做法，就叫做击球动作的一致性。动作的一致性不仅增加了对方准确判断的困难，而且还可能给对方造成错觉，形成错误的判断，增加回球的困难，造成回球质量不高。例如，后场的击高远球、吊球、杀球三项技术，侧身、引拍动作都差不多，只是击球点的位置和击球时的挥臂动作有所不同；网前的搓、推、勾三项技术，在引拍、挥拍阶段两个动作基本一致，只在球拍触球的一刹那突然改变手腕、手指、挥臂的用力及拍形角度、拍面方向，而击出不同的球来。这样，对方在球击拍前很难判断击出的是什么性质的球，只有当球出拍后才能作出判断，增加了判断的难度和移动的困难，进而影响回球的质量。

五、击球点与身体位置

击球点与身体位置是否合适，直接影响着运动员击球的力量、速度、弧线、落点，影响着运动员击球的命中率。位置恰当，击球既省劲，力量又大，而且速度快、击球质量高；位置不恰当，击球既费劲，出球又乏力，而且速度慢、击球效果不好。根据身体的位置，击球点有击球点前、击球点后、击球点高、击球点低、击球点靠右和击球点靠左几种。

(一)击球点前

指击球点在身体的前面。该击球点的击球角度灵活，击球范围大，击球技术变化多。但如击球点过前，容易击球时下网造成失误。

(二)击球点后

指击球点在身体的后面。该击球点的击球角度受限，发力不充分，没有很强的腰背肌力量很难将球击出或击远。

(三)击球点高

指击球点在身体的制高点(即手臂伸直击球)。该击球点出球角度灵活，击球方向变化多，击球弧线由上至下威胁大。

(四)击球点低

指击球点距离身体太近(即屈臂击球)。该击球点出球角度受限，击球被动。

(五)击球点靠右

指击球点在身体的右侧。该击球点正拍面击直线球容易些，而击斜线球就不易掌握。

(六)击球点靠左

指击球点在身体的左侧。该击球点反拍面击直线球容易些，而击斜线球就不易掌握。

知识窗

选择合适的击球点

第一是判断要准；第二是步法要到位，只有做到了这两点才能保证调整到最合适的位置，击球点才有保障。

第四节　击球技术动作基本结构

羽毛球技术细腻，形式多样，技术方法各有不同，但各项击球技术动作结构有共同的规律。根据羽毛球击球技术的基本规律，我们把每个击球技术动作，从功能上分解为准备姿势、引拍、击球和回动四个部分。

一、上肢手法动作的基本结构

(一)准备姿势

准备姿势指击球前的预备状态，为下一个动作做好充分的准备。基本准备姿势是持拍手放在胸前，肘关节弯曲，球拍头向上，便于接任何位置的来球。双打时，站在靠前的球员应把拍举得更高些，以便在高处快速封网、拦截。任何情况下，握拍手垂在下面都是不可取的。准备姿势要求动作隐蔽、一致，这样，对手不易看清虚实从而难于提前做出判断。

(二)引拍

击球员击球的第一步动作是引拍，它为挥拍击球做好前期准备，其动作方向往往与挥拍击球方向相反或不一致。引拍与挥拍两个动作之间可以停顿，如同引弓射箭，它是一个势能的积累。例如，后场高手球的引拍动作，身体右转侧身对网、肘关节弯曲、肩关节外展等，都是为增加挥拍的工作距离，引拍动作幅度大。但前场球的击球力量小，引拍的动作相对可小一些。

(三)击球

这是运动员击球的发力过程。参与挥拍击球的不仅仅是手臂和手腕，上下肢和躯干都得连贯、协调地一起发力。击球过程中，第一，手腕的鞭击动作，是增加挥拍击球动作力量的关键；第二，伸直手臂击球，是为了争取尽可能高的击球点，取得快速回击和更广的有利进攻角度；第三，通过控制挥拍速度、击中球时拍面角度，使击出的球以不同的飞行弧线落到对方的某个区域。

(四)回动

击球后随挥拍惯性，球拍有一定的随后动作，应迅速收回至击球前准备姿势，做好下次击球准备。回收动作及时而干净利落，利于下次击球的积极准备。如果回收动作不到位，会影响下次击球的准备时间和引拍动作。

二、下肢步法动作的基本结构

无论前场、中场或是后场，羽毛球运动中的下肢步法都由取位准备、判断起动、移动击球和回位步法四部分组成。

(一)取位准备

在对方击球前，根据彼此的击球特点做好取位的准备。取位要积极合理，主动状态下，身体准备时重心应高一些；被动状态下，身体准备时重心应适当降低。

(二)判断起动

对手击球的瞬间，应立即判断出来球的方向，并迅速向来球方向起动。起动时要充分利用前脚掌，发挥踝关节力量迅速蹬地，使身体获得充分的起动加速度。准确判断是快速起动的前提，起动速度的快慢，又直接影响步法移动速度的快慢。判断起动的关键是掌握好节奏，起动节奏过快或过慢都会影响击球的质量。

(三)移动击球

移动击球是指由起动位置向击球位置移动并完成击球。移动击球时应注意：第一，并步、交叉步、大跨步、小垫步和跳跃步等合理搭配使用，步幅到位。第二，脚步尽量保持水平移动，不宜抬腿过高，否则影响平面移动速度。第三，根据来球距离合理地选择步法移动方式，可以一步移动到位击球，如选择二步移动步法，则不但消耗体能，还浪费移动时间。第四，击球时应争取运用跳步或是蹬跨步，以提高击球点。

(四)回位步法

击球动作完成后，支撑脚一触地，应迅速调整身体重心，并向中心位置回动。回位不及时，会影响击下拍球的步法移动速度。在回位过程中，回位步法节奏应同击球节奏协调一致。击球节奏快，回位也要快；击球节奏放慢，回位速度也可相应放慢。最好的回位步法时间节奏，是当对手击球的瞬间正好是你回至中心位置、准备开始再次起动之时。

第五节　羽毛球用品常识

一、羽毛球拍

(一)羽毛球拍的分类与选择

根据材质可分为钢杆木拍框(价格便宜，拍重，弹性差)、钢杆铝合金拍框(中、低档球拍，质量较差)、碳素杆铝合金拍框(中档球拍)和全碳素外加钛、纳米成分一体成型(质量较高，价格也相对比较高，为专业运动员用拍)。

在挑选球拍时，应根据个人的身体条件和爱好选购不同档次和型号的球拍。有人认为，拍子越轻越好，那是误区，正确的挑选方法是重量要合适，挥动拍子时，如手有震感，说明拍子有弹性，也可用手掰一下拍框顶，如有微微弯曲，说明拍杆部分有弹性。对于不同打法类型的选手来讲，进攻型打法的选手选择拍头较重的拍子以增加攻击威力；防守控制型打法的选手选择拍头较轻的拍子以利于更灵活地挥拍防守。

根据比赛规则，羽毛球拍的长度不超过68厘米，宽不超过23厘米。

(二)羽毛球拍拍弦的选择

专业的羽毛球拍，一般都没有上拍弦，而是让人们根据自己的情况来配制适宜的弦并控制上弦的松紧度。拍弦的材质有羊肠弦、尼龙弦、牛筋弦和化纤羊肠合成弦四种。羊肠弦弹性好，但易磨损，因而易断；尼龙弦美观，但弹性稍差，受气温的影响也较大，冬天发脆易断；牛筋弦较结实，价格也低，但弹性差；化纤羊肠合成弦是目前正式比赛中专业选手所选用的拍弦，具有既牢固可靠，又弹性颇佳的特点，这种弦制作工艺复杂，价格昂贵。

关于羽毛球拍拍弦磅数的问题，应根据自己的技术水平进行选择，一般来说有以下几个分段：

初级磅数：19～21磅(女)、20～22磅(男)，适合初学者。

中级磅数：22～24磅(女)、23～25磅(男)，适合已经有一定基础，能正确发力挥拍击球者。

高级磅数：25～30磅(女)、26～32磅(男)或更高，适合对击球已经有专业感受者。

磅数越高，对于击球动作要求就更高，磅数选择不对，会对手腕、前臂造成伤害。选择磅数的时候，应该正确考虑自己的条件，不是磅数越高越好。

(三)手胶

手胶是缠在球拍握把上用以提高摩擦力的物品的统称(图7-15)。目前手胶主要有两类，PU手胶和毛巾手胶。羽毛球运动需要手指、手腕的细腻动作，一根好的手胶不但可以提供适当的阻尼使球拍握得更牢，还可以带给球员柔软舒适的手感，吸收打球时球员手部的汗水使球员保持手部干燥不易打滑。PU手胶因其较长的使用寿命、不易滋生细菌、吸汗后手感的保持和低廉的价格而深受广大业余爱好者的欢迎。毛巾手胶虽然价格相对较贵并且使用寿命短，但因其手感柔软，吸汗能力强，还是有很多人坚持使用。

图7-15　手胶

缠羽毛球手胶的步骤为：取下手胶的封边胶，将手胶理平

（方便缠绕）；检查羽毛球拍柄，如果还有塑料膜，需将塑料膜去掉（注意：是塑料膜而不是内柄皮）；右手握拍者顺时针方向缠绕，左手握拍者逆时针方向缠绕；左手握住拍柄，左手大拇指将手胶压在拍柄上，从手胶的宽边开始缠；宽度视个人喜好而定，一般覆盖上一圈的一半宽，均匀缠绕直至拍杆连接处；撕掉窄边的胶，沿手胶缠绕方向用封边胶条固定手胶的末端即可（图 7-16）。

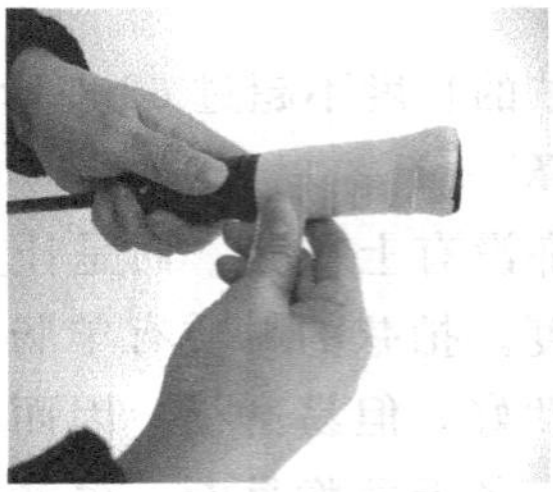

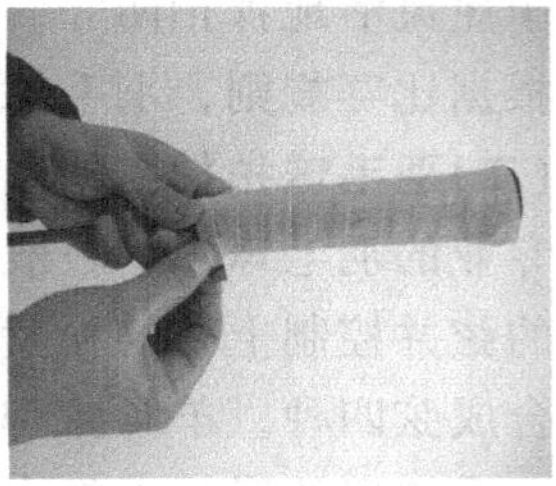

① ② ③

图 7-16　缠手胶

二、羽毛球

（一）羽毛球的分类

1. 红头羽毛球

家庭用球，也叫室外羽毛球。球托用红色橡胶，打起来比较省力，弹力好，用不了多大劲即能打出很远。

2. 白头羽毛球

比赛用球，也叫室内羽毛球，球托内为软木，外包白色羊皮，选料、制作都比较严格（图 7-17）。

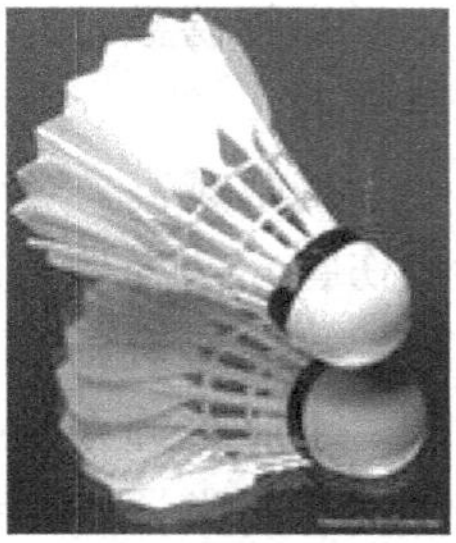

图 7-17　白头羽毛球

3. 全塑羽毛球

一个球为一个整体，其制造工艺很简单，不必编线捆绑，也不会发生掉毛问题，成本也比较低，但没有前两种那么好使。

（二）白头羽毛球的选择

每个羽毛球由 16 根羽毛组成。最适合制作羽毛球用的羽毛为鹅翎，因为鹅翎翎管坚硬、挺直、抗打耐用、下落速度符合标准。鸡鸭翎质量稍差，其翎管细、管壁薄，常常会出现弯曲现象。挑选羽毛时，羽毛越白越好（专门染色的除外）。羽毛长度要在 60～70 毫米，要长短一致，间隔均匀，毛翎要粗细相同，不可有倒毛、断梗、虫蛀等毛病，否则球打出去会不走正路。

球托软木直径应为 25～28 毫米，其形状要圆，木质要软，羊皮膜包扎要细、要牢固。对于球托的弹力，可用手捏一捏球托，也可以将球在球拍上轻轻向上托几下。

(三)羽毛球重量的选择

羽毛球筒上通常都标有羽毛球的重量，如 4.6 克、4.7 克、4.8 克、5.0 克、5.5 克等，数字越大代表速度越快。根据比赛规则，羽毛球的重量应为 4.74～5.50 克。

(四)羽毛球的保养

由于地域、季节、存放地点等条件的不同，都会影响羽毛球的使用寿命。因此，不要将羽毛球长时间放置在过于干燥或潮湿的地方，同时注意避光；球筒一旦打开，最好在短期内使用。气候干燥时，毛杆相对干脆，所以，为了节省用球，减少损耗，就需要对羽毛球事先进行处理。最常见最有效的方法就是在打球之前先把球熏一会儿。在自己家里熏球可以用暖水瓶，把球筒两端的盖子都打开，球头朝下，把球筒竖立在没有瓶塞的暖瓶上，让水蒸气通过。时间不要长，1 分钟左右就好(图 7-18)。

图 7-18　熏球

除了熏球之外，节省用球还有很多方法。在发球之前，把羽毛捋顺，可以延长球的使用寿命；动作规范、击球点正确，也会降低球的损耗；在运动热身阶段尽量使用之前剩下的残球，可以节省很多用球等。

三、羽毛球鞋

很多人都没有认识到，一双好的羽毛球鞋对这项运动到底有多重要。随着球员在场上不停地快速移动，双脚要承受平时几倍的压力，伴随着每一次的起动，球员的双脚要做出扭、转、跳跃、急停、换向等极高机动性的动作。这所有的一切都是靠羽毛球鞋的支撑才得以完成。

有别于普通运动鞋，羽毛球鞋是专为羽毛球运动的特点而设计的。较薄的鞋底、很强的侧面支撑能力，使双脚尽可能地接近地面。这种设计在保证了允许踝关节快速地弯曲、双脚运动方向频繁转变的前提下，尽可能降低了双脚受伤的可能性。轻量化的设计可以使双脚移动速度更快，专门的鞋底材料可以保证双脚在球场上的抓地力。

一般来说，羽毛球鞋要比平常的鞋大半码到一码，因为激烈的羽毛球运动中双脚的血液循环要比平时快得多，双脚充血也较平常严重。

知识窗

如何保养球拍

球拍不用时可将其套上球拍套放置于凉爽干燥处，以免受潮和变形。打球时避免拍框与障碍物碰撞，以防拍杆或拍框断裂。拍弦断裂时，应立即将拍弦全部剪断，以免由于受力不均造成拍框的变形。

【复习与思考】

1. 羽毛球基本技术由哪几部分组成？
2. 简述影响击球质量的基本因素。
3. 如何根据自己的特点来选择羽毛球拍？
4. 如何保养羽毛球和羽毛球拍？

第八章　羽毛球基本技术

通过本章的学习，使学生们了解羽毛球的基本技术有哪几项，对照图示，使学生对所学动作有直观的了解。同时，本章对各种技术的易犯错误与纠正方法、教学与训练方法做了翔实的介绍，有利于学生们课后的自学与练习。

第一节　握拍法

握拍是羽毛球运动第一个必须掌握的动作，从开始发球到成“死球”往往会经过多个回合，握拍的方法会随着不同的技术而变化调整，其目的是易于发力并符合动作的一致性和突变性。因此，羽毛球握拍方法正确与否，对于掌握和提高羽毛球技术水平有着重要的影响，初学者必须认真掌握好正确的握拍法。基本的握拍法有两种，即正手握拍法和反手握拍法，本篇均以右手握拍为例。

知识窗

无论是正手握拍法还是反手握拍法，它们的特点都是：第一，握拍要放松，只是在击球的瞬间才握紧球拍；第二，握拍要灵活，要根据不同的击球动作灵活地改变握拍的动作，只有这样才能得到好的击球效果。

一、正、反手握拍法

(一)正手握拍的动作要领

先用非持拍手拿住拍柄，使拍面与地面垂直，然后用持拍手的虎口对着拍柄窄面的小棱边，拇指的内侧和食指的第二指关节贴在拍柄的两个宽面上，食指和中指稍分开，中指、无名指和小指并拢握住拍柄，掌心不要紧贴，放松握拍，拍面基本与地面垂直。正手发球、右场区各种击球及左场区头顶击球等，一般都采用这种握拍法(图 8-1)。

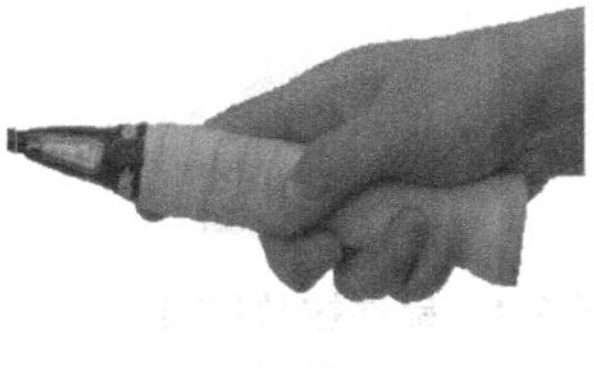

正手握拍正面

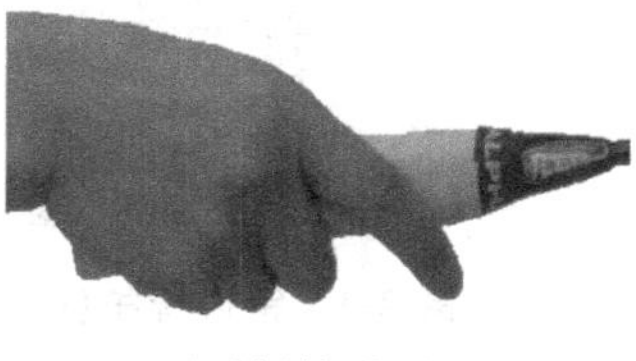

正手握拍反面

图 8-1　正手握拍法

（二）反手握拍的动作要领

在正手握拍的基础上，拇指向上提、食指向下滑使拍柄稍向外转，拇指在拍柄内侧的宽面上或内侧棱上，其他四指并拢握住拍柄，掌心保持空隙。球拍斜侧向身体左侧，拍面稍后仰。一般说来，击身体左侧的来球，大都先转体（背对网），然后用反手握拍法击球（图 8-2）。

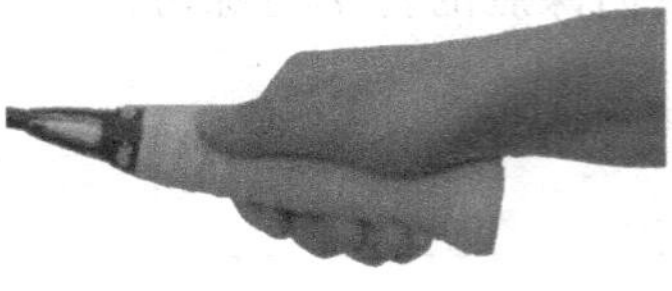

反手握拍正面

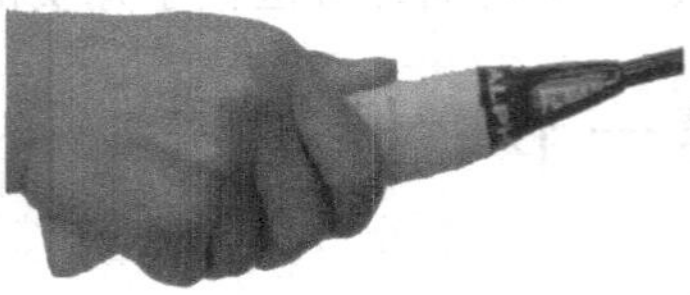

反手握拍反面

图 8-2 反手握拍法

二、易犯错误与纠正方法

第一，握拍手的虎口没有对着拍柄窄面内侧的小棱边。

纠正方法：教师帮助学生转动手腕，使学生的握拍手向左或向右转动，调整至虎口对准拍柄窄面内侧的小棱边。

第二，虎口对准拍面或五指并拢死劲“一把抓”握拍，如握“苍蝇”拍（图 8-3）。

纠正方法：根据教师的正确动作，学生相互纠错，调整握拍手各手指间的距离。

第三，食指伸直放在拍柄的小棱边上（图 8-4）。

纠正方法：食指的第二指关节应自然弯曲地贴在拍柄的宽面上。

第四，掌心紧贴拍柄没有空隙。

纠正方法：握拍手的肌肉要放松，加大掌心与拍柄之间的距离。

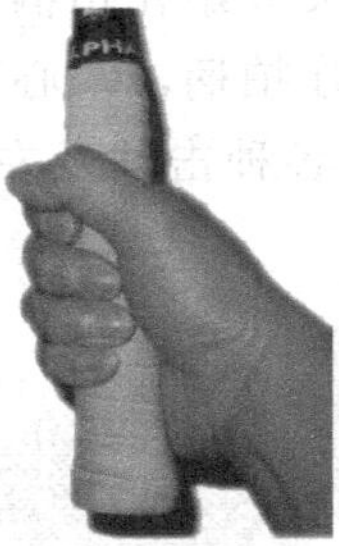

图 8-3 错误握拍（一）

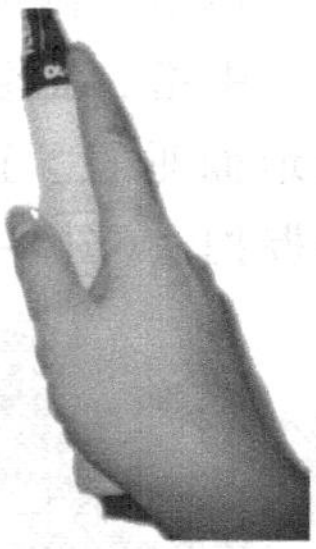

图 8-4 错误握拍（二）

第五，握拍太紧，手腕僵硬。

纠正方法：教师语言提示让学生放松手腕与手臂的肌肉。

第六，握拍位置太靠前，形成拍柄末端外露。

纠正方法：让学生将握拍手下滑调整至正确位置。

三、教学与训练方法

(一)徒手握拍练习

练习目的：熟练掌握正反手握拍动作，增强手指力量。

练习方法：第一，向左(右)碾动球拍，当教师喊“停”时，迅速用正确的手法握拍。

第二，向左(右)小幅度抛转球拍，当教师喊“停”时，迅速用正确的手法握拍。

第三，反复进行松紧握拍的转换练习。

第四，反复进行正反手握拍的转换练习。

第五，拍头挂重物转拍练习。

练习要点：正反手握拍的转换要正确、及时。

(二)拾球练习

练习目的：熟悉球性，增强球感。

练习方法：球置于地上，用正手握拍法将球用球拍拾起(图 8-5)。

图 8-5　拾球练习

练习要点：体会正手握拍法发力及手腕的灵活转动。

(三)自由对打

练习目的：巩固握拍动作，放松击球。

练习方法：在击球练习时，教师巡视，提醒并时时检查握拍方法的正确性。

练习要点：握拍要松，体会只有在击球时才握紧球拍。

第二节　发球与接发球

一、发球

发球是羽毛球运动的一项重要的基本技术，是一场比赛的开始。发球质量的好坏，直接影响整个比赛的局势和场上运动员的心态。因此，学习和掌握好发球技术是比赛能否最终获胜的条件之一。

就发球姿势来讲，发球可分为正手发球和反手发球，单打比赛多采用正手发球，双打比赛多采用反手发球。就发球的飞行轨迹来讲，发球可分为后场高远球、平高球、平射球和网前小球。一般来说，发高远球、平高球、平球和网前球均可采用正手发球法(图 8-6)。反手发球由于受挥拍距离较短的限制，无法发高远球，只能发平高球、网前球。

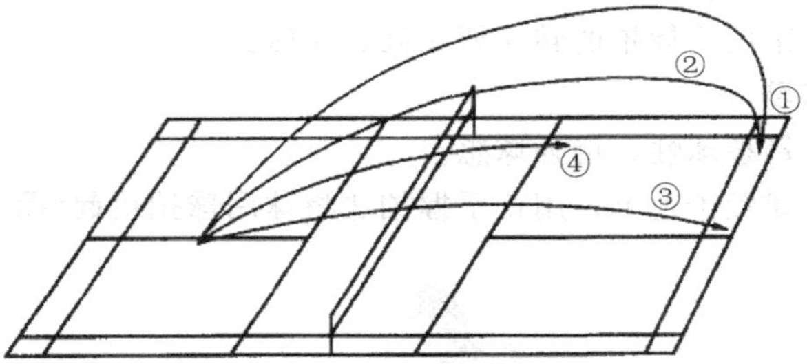

①发高远球　②发平高球　③发平射球　④发网前小球

图 8-6　正手发球法示意图

不管采用哪种发球方式，均要求发球动作要协调，球的落点及弧度要准确、多变。因为发球是进攻的开始，发球质量的好坏直接影响到比赛的主动与被动。

(一)正手发球

1. 正手发高远球

指用正拍面将球发得又高又远，当球飞至最高点时垂直下落至端线附近的一种发球动作。由于该发球的落点在端线附近，可调动对方离开中心位置，防止对方起跳杀球，增加对方下一拍的难度。单打比赛中一般采用该发球动作。

(1)动作要领

①准备姿势

发球者站在离前发球线 1 米左右，左脚在前，脚尖对网，右脚在后，脚尖稍向右，重心在右脚上。左肩侧对球网，右手正手握拍，持拍自然屈肘举至身体的右后侧，左手拇指、食指和中指夹住球，举在胸前(图 8-7、图 8-8 中图 1)。

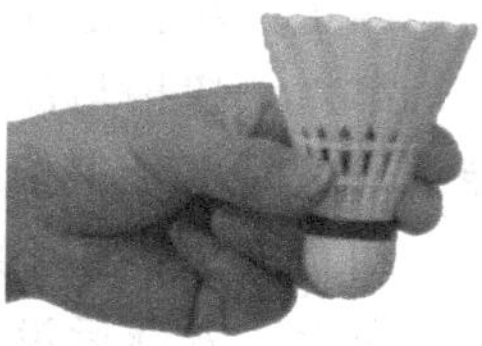

图 8-7　持球

②引拍

左手放球使球下落，右手大臂带动小臂，从右后方沿着身体向前并向左上方挥动，身体重心移至左脚(图 8-8 中图2)。

③击球

当球落到右手臂向前下方伸直能触到球的一刹那，握紧球拍，前臂迅速内旋带动手腕，快速向前上方完成闪腕动作(图 8-8 中图 3)。

④随前动作

击球之后，球拍顺势向左上方挥动缓冲(图 8-8 中图 4)。

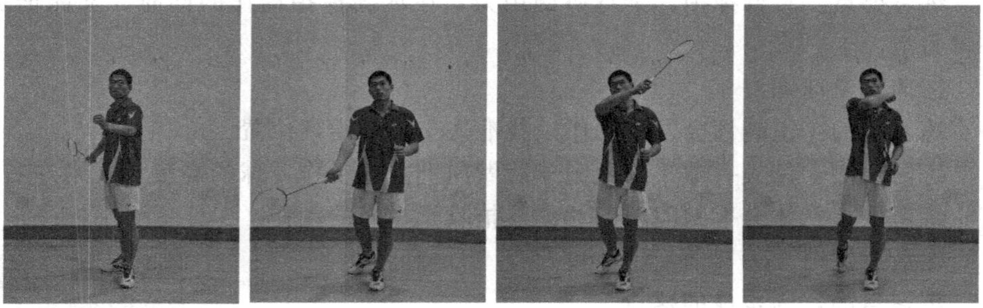

1　2　3　4

图 8-8　正手发高远球

(2)易犯错误与纠正方法

第一，挥拍路线不是自右后经右前下方再向左上方画弧，而是横扫，致使球拍往右上方挥动，造成用力不协调。

纠正方法：多做徒手练习，练习时动作由慢到快。

第二，握拍太紧，造成手臂僵硬而无法完成闪腕动作。

纠正方法：让整个手臂肌肉自然放松，在完全放松的状态下握拍，在触球的刹那提醒握紧球拍。

第三，将球抛起，造成击球点不准。

纠正方法：教师语言提示并多做放球动作练习。

第四，两脚平站，身体正面对网站立，造成发球动作不协调。

纠正方法：左脚尖对网，右脚尖向右，两脚一步距离成丁字步站立。

第五，挥拍时肘关节伸得太直，造成以肩为轴直拍直臂击球而无法发力。

纠正方法：击球时，要利用前臂内主旋带动手腕由屈至伸，发力击球。

第六，挥拍与放球时间不协调，击球点离身体太近或太远，太左或太右，导致击球时不是正拍面击中球。

纠正方法：徒手练习放球动作，加强放球与挥拍的配合。

第七，发球后没有随惯性挥向左肩上方而是挥向右肩上方。

纠正方法：徒手练习随惯性挥向左肩上方动作。

(3)教学与训练方法

①徒手挥拍练习

练习目的：正确领会发球动作的要领，掌握发球动作的构成。

练习方法：第一，徒手挥拍练习：模仿教师的发球动作集体练习。

第二，对着镜子做徒手挥拍练习：两人一组，相互纠错。

第三，拿网球拍或小哑铃做挥拍练习。

练习要点：直臂挥拍，全身协调用力，在巩固挥拍动作的同时，又能增加手臂力量。

②向上击球练习

练习目的：正确领会发力动作，找准人与球的距离位置。

练习方法：每人一球，向上抛球后做向上击球动作，球的高度为 3 米左右。

练习要点：体会手腕闪腕的动作及拍收于左肩的动作。

③放球练习

练习目的：固定球的落点。

练习方法：在做好准备姿势后，用拇指、中指、食指 3 个手指持球于右前方后自然放球。

练习要点：不能将球抛出，球的落点应在左脚的右前上方(图 8-9)。每次球的落点不能有变化，否则会影响挥臂的轨迹。

图 8-9 球的落点

④吊线发球练习

练习目的：体会球与球拍的接触点。

练习方法：一人将球用线吊在球拍上，球的高度在击球者的腰部以下，持球站在击球者的右前方。击球者将球保持在自己的右前方，用正确的挥拍动作将球击出。

练习要点：检查挥拍动作、击球点、接触面是否按正确的动作来完成。

⑤对墙发球练习

练习目的：巩固挥臂轨迹，体会蹬地、转体的全身用力感觉，不能出现违例动作。

练习方法：击球者面对墙站立，用正确的动作将球往墙上发。

练习要点：体会动作的连贯性与协调性。

⑥两人一组对发练习

练习目的：将球发至对方场区，体会手腕闪腕动作，使球发得又高又远。

练习方法：第一，沿边线反复进行发高远球练习(图 8-10)。

第二，隔网对角相站做对发高远球练习，左、右半场交换发球(图 8-11)。

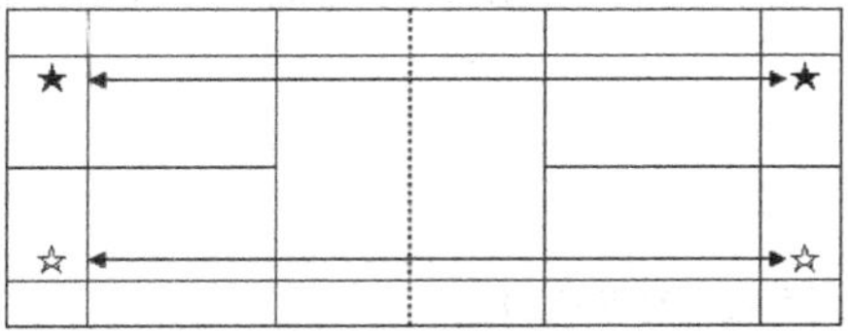

图 8-10　对发练习(一)

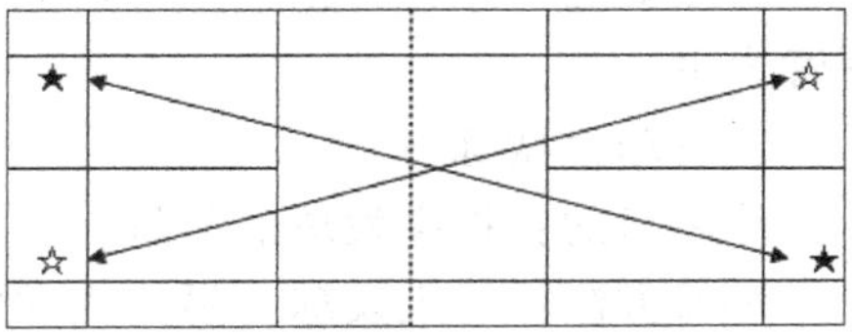

图 8-11　对发练习(二)

练习要点：控制好球的飞行路线及落点。

⑦发球准确性练习

练习目的：能随心所欲地控制发球的落点。

练习方法：在对方场区画出圆圈，将球发至圈内，可逐步缩小圆圈并变换位置。

练习要点：体会手腕细腻的变化动作，控制好发球的力量。

2. 正手发平高球

即用正拍面或反拍面发弧度比高远球低一点的球。球的飞行高度为对方跳起击不到球为宜。由于球速比后场球快，能增加对方接发球的难度。

(1)动作要领

①准备姿势与引拍

同正手高远球。

②击球

在击球的瞬间，前臂加速带动手腕发力，拍面稍向前上方推进。

③随前动作

收拍于胸前。

(2)易犯错误与纠正方法

第一，挥臂击球时，前臂没有快速地向前摆动，导致球过网弧度过低。

纠正方法：徒手练习挥臂动作，加快挥臂的速度。

第二，随前动作中才制动，制动应在击球后。

纠正方法：加强徒手练习。

(3)教学与训练方法

①徒手挥拍练习

练习目的：正确领会发球动作的要领，掌握发球动作的构成。

练习方法：第一，徒手挥拍练习：模仿教师的发球动作集体练习。

第二，对着镜子做徒手挥拍练习：两人一组，相互纠错。

第三，拿网球拍或小哑铃做挥拍练习。

练习要点：直臂挥拍，全身协调用力，在巩固挥拍动作的同时，又能增加手臂力量。

②发球拦截练习

练习目的：提高发球的质量。

练习方法：一人发球，另一人在中场做拦截(图 8-12)。

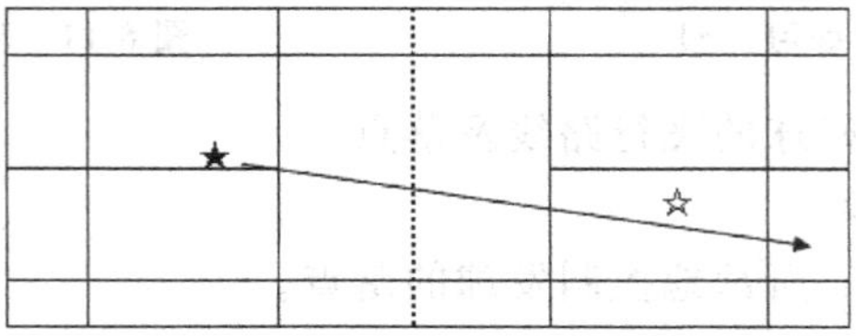

图 8-12　发球拦截练习

练习要点：挥臂速度要快速，发过网的球不能让拦截者拦到。

3. 正手发平射球

即用正拍面或反拍面发弧度比平高球还要低一点的球。这种球是贴网而过，所以要想发平射球，只有在对方无准备的情况下使用，如果意图被对方识破，很容易造成对方扑球而失分。

(1)动作要领

①准备姿势和引拍

同正手发高远球。

②击球

在击球的瞬间，利用前臂带动手腕的爆发力快速将球向前方击出，击球时前臂内旋动作不明显，手腕动作由伸展至微屈即可。

③随前动作

收拍于胸前。

(2)易犯错误与纠正方法

第一，路线与发球者太近，易被对方攻击。

纠正方法：加快击球的速度。

第二，出现“过腰”“过手”的违例动作

纠正方法：练习时教师应时时提醒。

(3)教学与训练方法

同发平高球。

4. 正手发网前球

即运用正、反拍面摩擦击球，使球擦网而过，落在对方前发球线附近的一种发球。由于它的飞行弧度低，距离短，可以限制对方杀球进攻，是单、双打中较为常见的一种发球技术。

(1)动作要领

①准备姿势

与正手发高远球相同，只是发球站位比正手发高远球更靠近前发球线，如图 8-13 中图 1。

②引拍

握拍尽量放松，上臂动作要小，重心在左脚上，右脚跟提起，如图 8-13 中图 2。

③击球

由前臂带动手腕，触球时使拍面从右后向左斜切击球，控制用力，使球刚好越网而过，落在对方前发球线附近，如图 8-13 中图 3。

④随前动作

不必向左上方挥动，可以在击到球后便制动，如图 8-13 中图 4。

1　2　3　4

图 8-13　正手发网前球

(2)易犯错误与纠正方法

第一，引拍和击球动作过大，造成球的方向和远近高低控制不精确。

纠正方法：击球时，应利用手腕和手指发力。

第二，击球时，球拍不是切击球，而是像发高远球一样击中球托，造成球过网后继续向前飞行。

纠正方法：吊线球练习，体会从右后向左斜切击球的动作。

第三，击球点过腰违例。

纠正方法：吊线球练习，体会击球点的位置。

(3)教学与训练方法

①徒手挥拍练习

练习目的：正确领会发球动作的要领，掌握发球动作的构成。

练习方法：第一，徒手挥拍练习：模仿教师的发球动作集体练习。

第二，两人一组徒手挥拍练习，相互纠错。

练习要点：体会手臂、手腕的动作。

②两人一组对发练习

练习目的：熟练掌握切击动作，控制好击球的力量。

练习方法：第一，两人对角站立练习发球，并相互纠错。

第二，二人对角三点发球(图 8-14)。

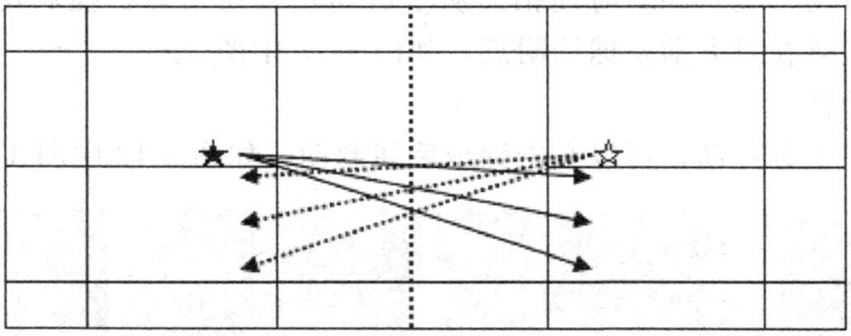

图 8-14　两人对角三点发球示意图

练习要点：发出的球尽量贴网而过。

③四人一组发、扑练习

练习目的：提高发球的质量。

练习方法：两人发球练习，另两人在网前进行扑球(图 8-15)。

练习要点：控制好球的过网高度，尽量不让同伴扑到球。

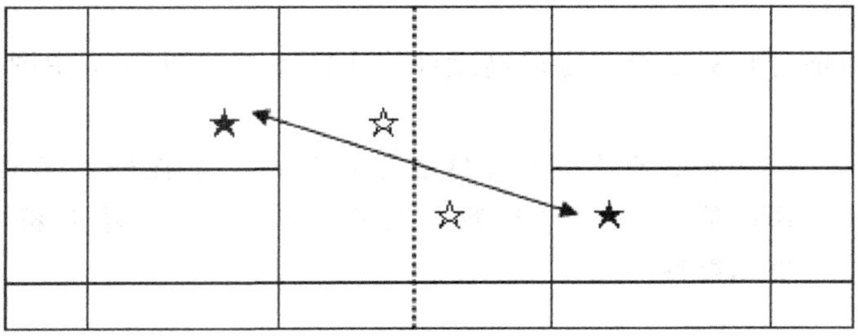

图 8-15 发、扑球示意图

(二)反手发球

反手发球的特点是动作小、出球快、动作的一致性好，不易被对方判断出来，主要包括反手发网前球和反手发平快球两种，多用于双打比赛中。

1. 反手发网前球

(1)动作要领

①准备姿势

发球站位可在前发球线后 10～15 厘米及中线附近，面向球网，两脚前后开立(右脚或左脚在前均可)，上体稍前倾，身体重心在前脚上。

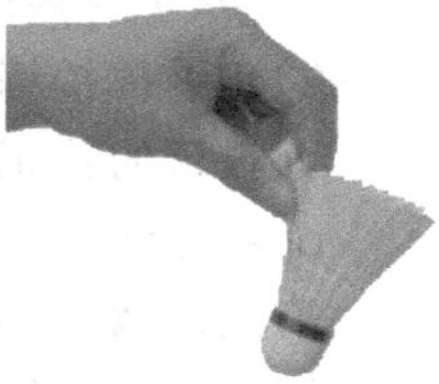

图 8-16 持球

②引拍

右手臂屈肘，用反手握拍将拍头向下，拍面在身体左侧腰下。左手拇指与食指、中指控制球的两三根羽毛，球托朝下，球体或球托在球拍前对准拍面(图 8-16)。

③击球

击球时，球拍微向后引拍，前臂带动手腕并利用拇指的顶力将球朝前推送或横切，如图 8-17 中图 1 和图 2。

1 2 3

图 8-17 反手发网前球

④随前动作

击完球后前臂顺势摆至一定的高度即停止摆动，如图 8-17 中图 3。

知识窗

发好网前球的关键在于：第一，掌握好发球的力度和方向；第二，在不“过腰”“过手”的前提下，尽量提高击球点，使球贴网而过。

(2)易犯错误与纠正方法

第一，握拍僵硬造成手腕不能灵活转动，“拇指顶力”动作无法做出来。

纠正方法：放松握拍，多做手腕转动的练习。

第二，出现“过腰”和“过手”的违例动作。

纠正方法：多做徒手练习，练习过程中教师进行语言提示。

第三，过网点较高，容易让对方扑杀球。

纠正方法：徒手练习体会“切球”动作。

(3)教学与训练方法

①徒手挥拍练习

练习目的：正确领会发球动作的要领，掌握发球动作的构成。

练习方法：第一，徒手挥拍练习：模仿教师的发球动作集体练习。

第二，两人一组徒手挥拍练习，相互纠错。

练习要点：体会“拇指顶力”的动作。

②两人一组对发练习

练习目的：熟练掌握前臂带动手腕并利用拇指的顶力将球朝前推送或横切的动作。

练习方法：同正手发网前球。

练习要点：发出的球尽量贴网而过。

③四人一组发、扑练习

练习目的、练习方法、练习要点同正手发网前球。

2. 反手发平快球

(1)动作要领

同反手发网前球，只是在击球的瞬间要充分利用前臂带动手腕的爆发力和拇指的顶力突然发力击中球托的后部，让球以较快的速度和较平的弧度飞向对方的后场。

(2)易犯错误与纠正方法

第一，站位太靠前，易造成发球下网。

纠正方法：纠正站位。

第二，出现“过腰”和“过手”的违例动作。

纠正方法：持球手不能上提，应让球自然下落。

第三，用力不完全，造成球落在中场。

纠正方法：素质练习，加强手腕的爆发力。

(3)教学与训练方法

同反手发网前球。

二、接发球

接发球是羽毛球比赛中防守的第一环节，在对方发球前注意力应高度集中，针对对方发球的质量进行防守性击球或进攻性击球。

(一)单打与双打的站位与准备姿势

1. 单打

(1)站位

单打站位一般是在离前发球线 1.5 米处。在左发球区则站在中线与边线的中间位置；在右发球区则站在靠近中线的位置(图 8-18)。

(2)准备姿势

左脚在前，全脚掌着地，右脚在后，前脚掌着地，双膝微屈，身体重心放在前脚上。身体半侧面向球网，右手持拍，拍头上仰举在胸前，左手自然屈肘于左侧，双眼注视对方准备接球(图 8-19)。

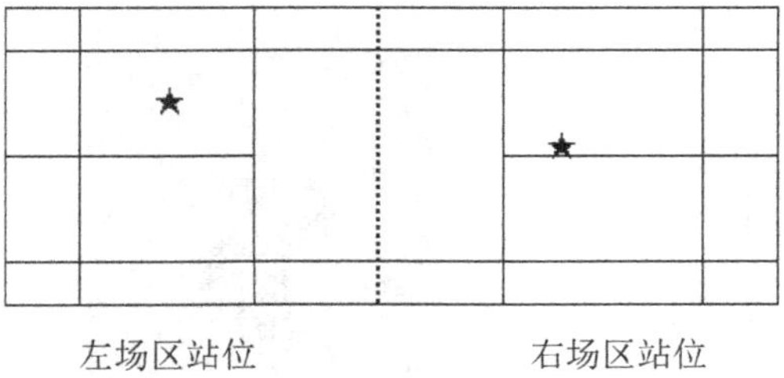

图 8-18 单打站位示意图

图 8-19 单打准备姿势

2. 双打

(1)站位

因为双打发球区比单打发球区短 0.76 米，所以当两人前后站位时，前面运动员的站位应靠近前发球线的位置，当两人并排站位时应站在前发球线和双打后发球线的中间位置。根据比赛过程中攻守转换的实际情况，双打站位应及时转换，转换是有一定规律的，如由平行站位转换成前后站位(图 8-20)；由前后站位转换成平行站位(图 8-21)。

①平行站位

此站位适用于两人实力相当时采用，是防守型的站位。其缺点是当球打在两人中间时容易出现让球或一人上网时容易出现空当(图 8-22)。

②前后站位

此站位是一种进攻型站位，对对方打出的远近不同的球都能进行反击，但前排队员不能随意出手，否则就会影响后排队员的进攻(图 8-22)。

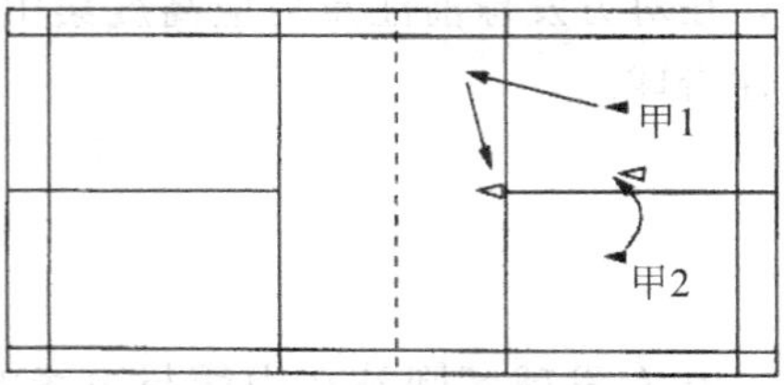

图 8-20　平行站位转换前后站位示意图

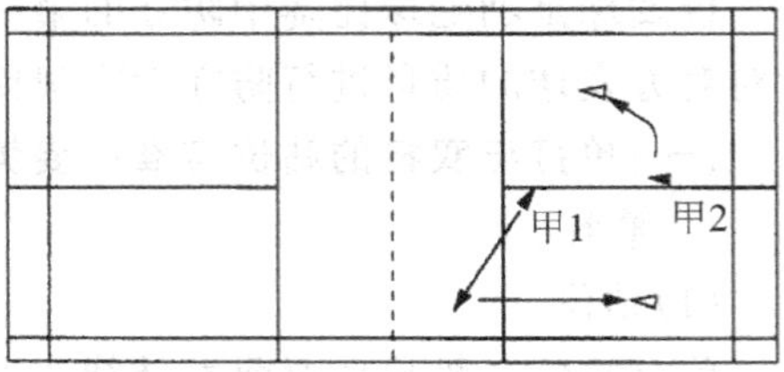

图 8-21　前后站位转换平行站位示意图

③对角站位

此站位是上两种的改良型站位，它的特点是不易让对方发现自己的防守弱点，但缺点是一旦队员击球后回动的距离过长、速度稍慢，就不能回到原来的位置。

(2)准备姿势

双打接发球准备姿势同单打基本相同，但双膝要屈得更低一点，球拍也要举得更高些，以便能直接起跳杀球(图 8-23)。

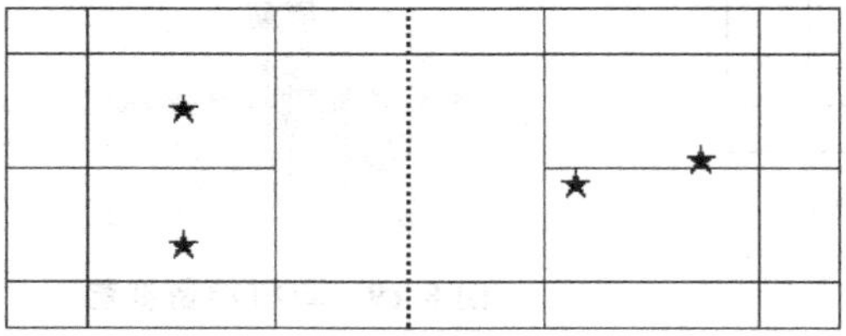

双打平行站位　　双打前后站位

图 8-22　双打站位示意图

图 8-23　双打准备姿势

(二)易犯错误与纠正方法

第一，重心放在了右脚上，使上体后仰。

纠正方法：教师提醒学生将重心放在前脚上。

第二，拍子放在体侧，造成来球时举拍过迟。

纠正方法：教师口头提醒及学生相互纠错。

(三)教学与训练方法

练习目的：熟练掌握单、双打的准备姿势及双打站位的转换。

练习方法：第一，原地做单、双打的准备姿势，可两人面对面相互纠错。

第二，听教师口令或手势做双打站位的转换练习。

练习要点：重心掌握准确，双打站位转换速度要快。

三、接发各种来球

当对方发出不同弧度与距离的球时，接发球者应用不同的技术进行接发球。

第一，对方发高远球或平高球时，可用高远球、吊球或杀球还击(图 8-24)。

一般来说，接发高远球是一次进攻的机会，还击得好，就能掌握主动。一些初学者常因后场技术没掌握好，还击球的质量较差，以致遭到对方的攻击。

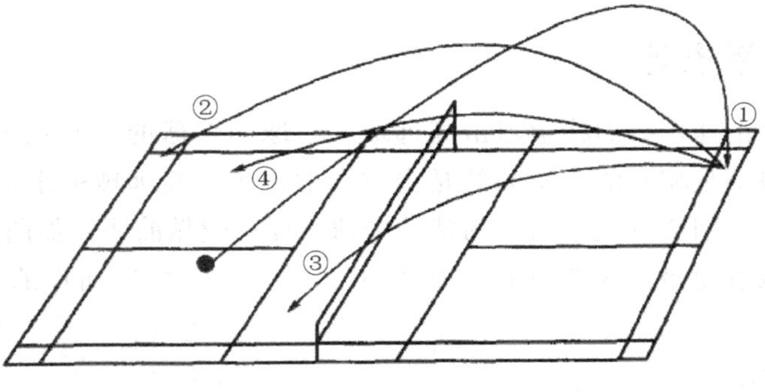

①发后场高远球 ②接发球击高远球 ③接发球击吊球
④接发球击杀球

图 8-24 接发高远球示意图

第二，对方发网前球时，可用平高球、高远球、放网前球、平推等进行还击；如对方发球质量不好，也可用扑球还击(图 8-25)。

要洞察对方发网前球的意图，如果是要发球抢攻，而自己的防守能力又不强，那么，就放网前球或平推球还击，落点要远离对方的站位，控制住球，不让对方进攻。当对方连续发球抢攻时，接发球一定要冷静、沉着，若疏忽麻痹，回球质量稍差，就可能让对方抢攻得手。

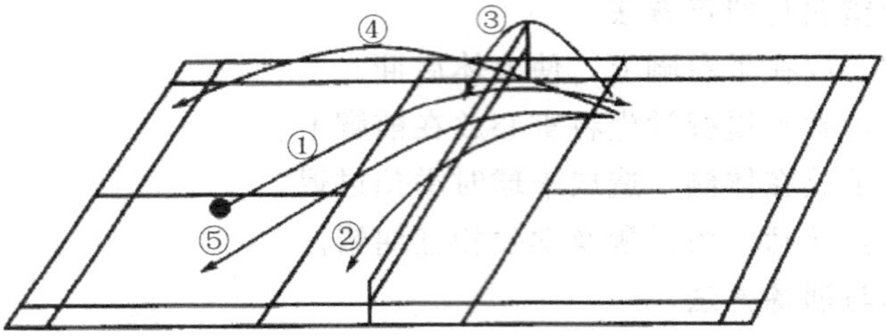

①发网前小球　②接发勾对角小球　③接发球搓、放小球
④接发球推球、挑高球　⑤接发球扑球

图 8-25　接发网前球示意图

第三节　击球技术

所谓击球技术就是把对方打过来的各种弧度及速度的来球，回击到预想的战术位置上去。按击球的拍面不同，又可分为正拍面击球法和反拍面击球法；按击球动作的特点，可分为高手击球、低手击球、网前击球三种。

一、高手击球

关于高手击球，我们将学习击高远球、吊球和杀球的一些技术，这三种技术的准备姿势都是相同的，不同的是击球点的位置。高远球的击球点应保持在右肩前上方，如图 8-26 中图 1，吊球的击球点要稍微靠前些，如图 8-26 中图 2，而杀球的击球点比吊球再靠前些，如图 8-26 中图 3。挥拍动作的不同表现在：

1　2　3

图 8-26　高手击球的击球点

高远球和杀球是以肩为轴，前臂带动手腕，吊球则是以肘关节为轴；杀球时手腕要有下压的动作，而吊球时手腕要有点击或切削的动作。

(一)击高远球

经过高空飞行到对方后场端线附近的高远球可分为正手击高远球、反手击高远球和头顶击高远球三种手法。

1．正手击高远球

正手击高远球的关键在于：第一，要以肩为轴，通过大臂带动前臂，最后闪腕发力；第二，要直臂击球；第三，在击球的瞬间产生爆发力。

(1)动作要领

①准备姿势

准确判断出来球的方向和落点，侧身左肩对网，左脚在前，右脚在后，重心在右脚上，右臂屈肘自然举拍于右肩上方，左手自然高举，眼睛看球，如图8-27中图1。

②引拍

球落下时，右臂以肩关节为轴，向前转动成肘关节朝前并高于肩部，拍头向下，球拍贴背与地面垂直，形成引拍的最长距离，如图8-27中图2。

③击球

右脚蹬地，转髋与收腹协调用力，击球点在右肩上方，大臂带动前臂，前臂内旋加速向前上方甩腕，在手臂伸直的最高点上以正拍面击中球的底部，如图8-27中图3。

④随前动作

击球后，右手臂顺惯性将球拍挥至左下方并收拍至体前，同时重心顺势向前，右脚向前一小步成准备姿势，如图8-27中图4。

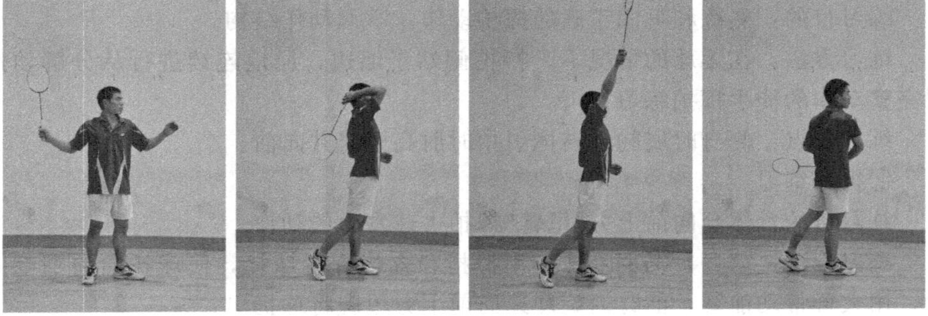
1　2　3　4

图8-27　正手击高远球

(2)易犯错误与纠正方法

第一，打不到球。

纠正方法：如果是由于挥拍路线不对而打不到球的，纠正方法是练习者面向墙做前臂向上挥动带动手腕和球拍往前上方挥动。

如果是由于击球点掌握不准而打不到球的，用吊线球做击固定球的练习。

第二，击球时大臂肌肉过紧，动作僵硬，造成击球无力。

纠正方法：击球时大臂要放松，利用前臂内旋，带动手腕发力击球。

第三，两脚平站，身体正面对网，以致无法做侧身转体的一连串发力动作。

纠正方法：正确判断来球的方向和落点，积极移动到位，使球保持在自己的右前上方，右脚在后侧身对网。

第四，没有移动至球下就开始侧身，找不到人与球之间的准确距离，造成击不准或击不到球。

纠正方法：向上击球，积极移动，击球时应使球保持在自己的右前上方后再侧身。

第五，击球时是以肘关节为轴或是向下拉臂，造成击球力量不够，击不到位。

纠正方法：用前臂内旋和屈腕的力量，向前上方“甩臂”挥拍击球的正确方法击球。

第六，屈臂击球，没有在最高点上击球。

纠正方法：吊线球练习，体会在最高点上击球。

第七，击球后，球拍不是顺惯性收拍于体前，而是将球拍朝右下方挥动，收拍于身体右侧。

纠正方法：徒手练习击球后的随前动作。

(3)教学与训练方法

①原地挥拍练习

练习目的：熟练和巩固正确的挥拍动作，掌握动作结构。

练习方法：在无球的情况下，持拍侧站于墙边，原地连续进行从分解动作到完整动作的徒手挥拍练习。

练习要点：侧身时展胸，转体引拍时肘高于肩并向前。

②扔球练习

练习目的：体会向前上方“甩臂”挥拍击球发力的动作。

练习方法：第一，扔羽毛球：用拇指和食指捏住球托，使球托向前羽毛向后，用大臂带动前臂，前臂内旋加速向前上方甩腕将球扔出。

第二，扔网球练习。

练习要点：掌握好每个动作环节的节奏，动作要连贯。

③吊线球练习

练习目的：体会球与球拍的接触点。

练习方法：一人将球用线吊在球拍上方并站在高处，球的高度在击球者的右前上方以击球者能直臂击到球为准。击球者用正确的挥拍动作将球击出。

练习要点：检查挥拍动作、击球点、接触面是否按正确的动作来完成。

④自抛击球练习

练习目的：掌握引拍、直臂击球、大臂带动前臂、前臂内旋加速向前上方甩腕的动作。

练习方法：左手拿球，先做好侧身、引拍动作后，左手把球垂直向上抛出后用正确的挥拍动作击球。

练习要点：球抛直，击球时注意体会动作的连贯性。

⑤向上击球后做击高远球动作

练习目的：体会侧身动作与其他动作的连贯。

练习方法：第一，自己向上击高球后，积极移动到球下，找到正确的击球点后侧身做击球动作。

第二，一人将球向上高高击起，另一人移动后做对墙击高远球练习。

练习要点：移动后将球保持在自己的右前上方后再侧身击球。

⑥两人隔网击高远球练习

练习目的：体会动作的完整性。

练习方法：第一，两人隔网定点击高远球练习：直线对打高远球；对角线对打高远球(图 8-28)。

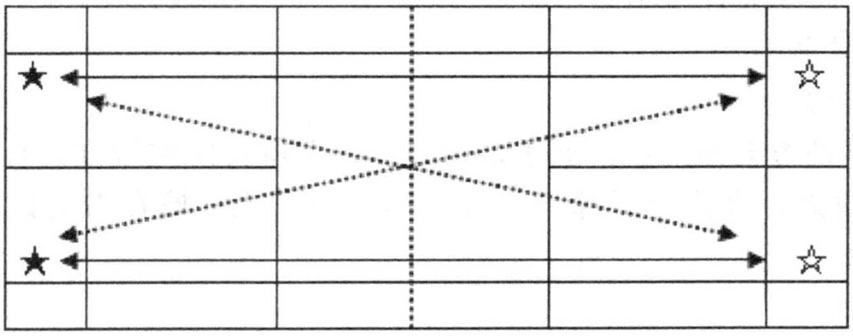

图 8-28　两人隔网正手击高远球示意图(一)

第二，一人固定将球击至对方左右两端线附近；另一人来回移动击高远球(图 8-29)。

第三，双方移动后击高远球练习(图 8-30)。

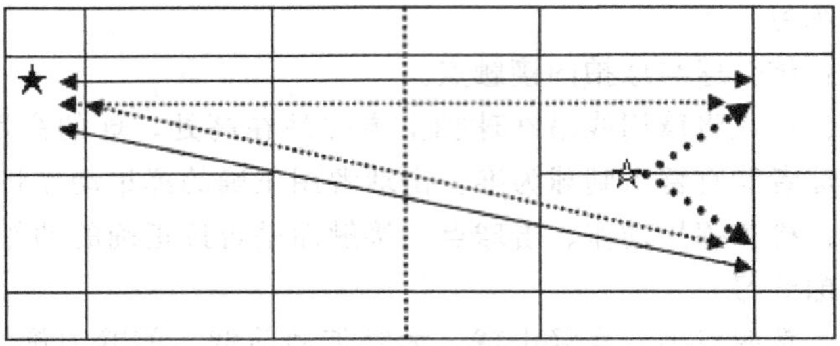

图 8-29　两人隔网正手击高远球示意图(二)

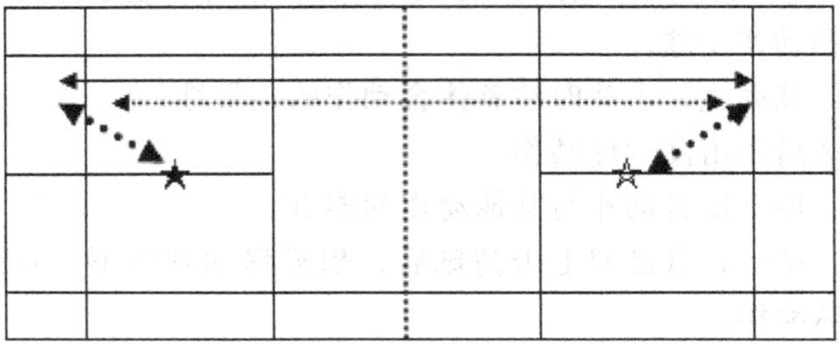

图 8-30　两人隔网正手击高远球示意图(三)

练习要点：完成击球后必须快速回到中心位置，准备下一拍的击球。

2. 反手击高远球

当对方将球击到本方左后场区时，可用反手击高远球，该动作的关键在于击球时用拇指内侧顶住球拍柄，最后发力时，用拇指的侧压力与闪腕的配合加上蹬地转体的力量将球击出。

(1)动作要领

①准备姿势

判断来球的方向和落点，迅速移动到位，身体转向左后方，右脚前交叉跨到左侧底线附近，身体背对球网，重心移至右脚上，球在右肩的前上方，如图 8-31中图 1。

②引拍

移动过程中转换握拍法，肘部上抬略高于肩，球拍放至左胸前，拍面朝上，如图 8-31 中图 2。

③击球

前臂迅速上摆，以肘关节为支点，前臂带动手腕，通过手腕的闪动，拇指顶压拍柄，自下而上地甩臂以正拍面击球托的后下部将球击出，如图 8-31 中图 3。

④随前动作

完成击球后，右脚蹬跨回收，身体顺势转体面向网，恢复正手握拍，准备下一拍的击球。

1　　2　　3

图 8-31　反手击高远球

(2)易犯错误与纠正方法

第一，步法移动不到位，击球点控制不好，影响全身的协调用力。

纠正方法：判断来球，加强移动练习。

第二，以肩为轴从右前向左"横扫"，无法产生"鞭打"的力量。

纠正方法：用手腕的屈收"闪"动发力。

第三，直臂击球，造成发力不足，方向控制不准确。

纠正方法：在引拍阶段要先做屈肘动作。

第四，转体回动速度过慢，无法完成下一拍的准备。

纠正方法：加强下肢力量及腰腹力量的训练。

(3)教学与训练方法

①原地挥拍练习

练习目的：熟练和巩固正确的挥拍动作，掌握动作结构。

练习方法：在无球的情况下，持拍原地连续进行从分解动作到完整动作的徒手挥拍练习。

练习要点：侧身、转体、引拍动作要连贯。

②吊线球练习

练习目的：体会球与球拍的接触点。

练习方法：一人将球用线吊在球拍上方并站在高处，球的高度在击球者的右前上方以击球者能直臂击到球为准。击球者身体转向左后方，用正确的挥拍动作将球击出。

练习要点：检查挥拍动作、击球点、接触面是否按正确的动作完成。

③向上击球后做反手击高远球动作

练习目的：身体背对球网，体会侧身动作与其他动作的连贯。

练习方法：第一，自己向上击高球后，积极移动到球下，找到正确的击球点后侧身做击球动作。

第二，一人将球向上高高击起；另一人移动后做对墙反手击高远球练习。

练习要点：移动后将球保持在自己的右前上方后再侧身击球。

④两人隔网击高远球练习

练习目的：体会动作的完整性。

练习方法：第一，两人隔网，一人定点发(击)高远球；另一人做反手击高远球(图 8-32)。

第二，一人固定将球击至对方左右两端线附近；另一人来回移动做正、反手击高远球(图 8-33)。

第三，双方移动后一人做击高远球；另一人做反手击高远球(图 8-34)。

练习要点：完成击球后必须快速回到中心位置，准备下一拍的击球。

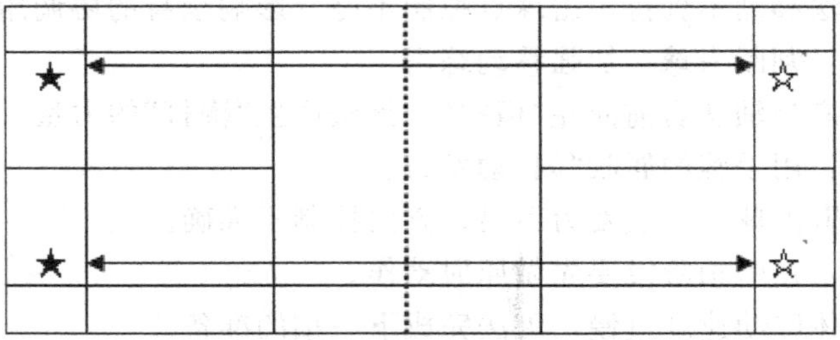

图 8-32　两人隔网反手击高远球示意图(一)

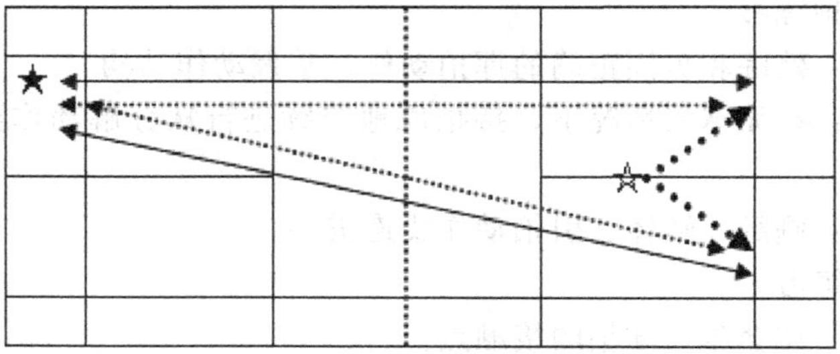

图 8-33　两人隔网反手击高远球示意图(二)

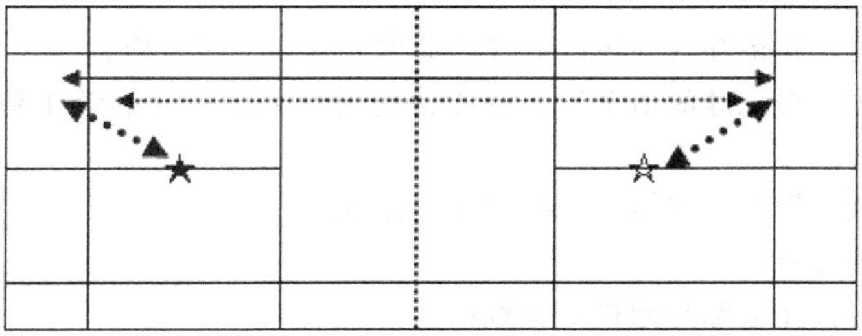

图 8-34　两人隔网反手击高远球示意图(三)

3. 头顶击高远球

该动作的关键在于球拍绕过头顶击球，击球时手腕向前用力而不是向前上方用力，同时要充分利用腰腹肌的力量将球击出。

(1)动作要领

①准备姿势

同正手击高远球。

②引拍

击球点在头顶偏左上方，击球前上体稍向后仰并向左侧倾斜，上臂带动前臂使球拍绕过头顶。

③击球

击球时，前臂带动手腕突然向前闪动发力形成鞭打动作将球击出。

④随前动作

落地时，左腿向左后方摆幅度大一点，顺惯性向中心位置回动。

(2)易犯错误与纠正方法

第一，移动不到位，身体重心偏离击球点，造成击球点不准。

纠正方法：开始移动时要先做一个大的侧身步，反复进行移动的练习。

第二，前臂内旋动作不明显，影响了击球的质量。

纠正方法：加强徒手练习，在击球时教师语言提示。

第三，左脚后撤步太小，影响回动的速度。

纠正方法：做徒手后撤步练习。

(3)教学与训练方法

①移动练习

教学目的：移动到位，找准击球点。

教学方法：听教师口令做后撤步移动练习。

教学要点：上体侧身稍向左后仰。

②原地挥拍练习

练习目的：熟练和巩固正确的挥拍动作，掌握动作结构。

练习方法：在无球的情况下，持拍原地连续进行从分解动作到完整动作的徒手挥拍练习。

练习要点：侧身、转体、引拍动作要连贯。

③吊线球练习

练习目的：体会球与球拍的接触点。

练习方法：一人将球用线吊在球拍上方并站在高处，击球者用正确的挥拍动作将球击出。

练习要点：检查挥拍动作、击球点、接触面是否按正确的动作完成。

④两人隔网击高远球练习

练习目的：体会动作的完整性。

练习方法：第一，两人隔网，一人定点发(击)高远球；另一人做头顶击高远球(图 8-35)。

第二，一人固定将球击至对方右两端线附近；另一人来回移动做头顶击高远球(图 8-36)。

第三，双方移动后做头顶击高远球(图 8-37)。

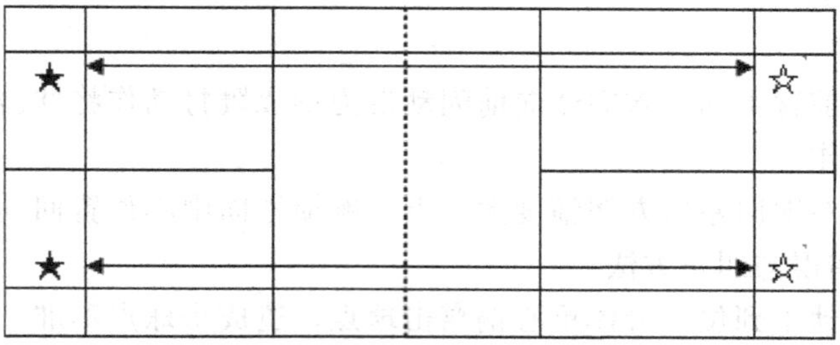

图 8-35　两人隔网头顶击高远球示意图(一)

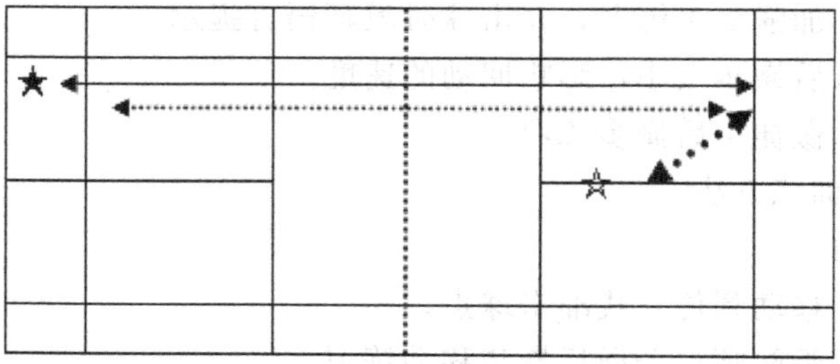

图 8-36　两人隔网头顶击高远球示意图(二)

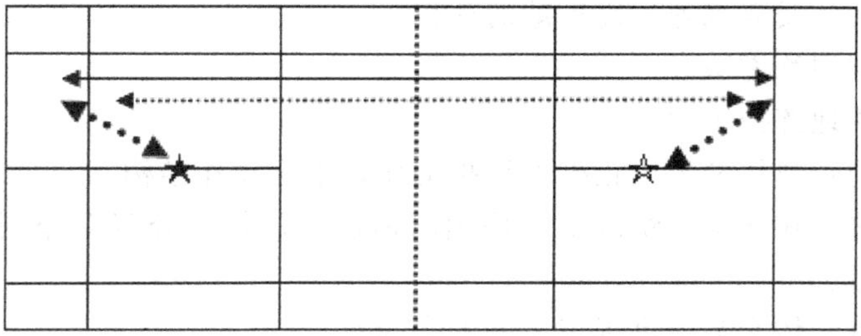

图 8-37　两人隔网头顶击高远球示意图(三)

练习要点：完成击球后必须快速回到中心位置，准备下一拍的击球。

以上三种击球法是高手击球中最基本的技术，对初学者来说是必须掌握的，平高球、平射球、吊球等都是在这三种技术的基础上演变出来的。

(二)吊球

把对方击来中、后场的高球，用向下的弧度轻劈、轻切或轻击到对方近网两点的球称为吊球。吊球的落点比较近网，可以起到迷惑对方，调动对方前后移动以争取场上的主动权的作用。吊球按其技术可分为正手吊球、反手吊球和头顶吊球三种手法。对于初学者来说，首先要学好正手吊球技术，然后再学习反手吊球与头顶吊球技术。

1. 正手吊球

击球的准备动作和引拍与正手击高远球相似，只是击球时拍面稍向内倾斜，手腕做快速切削下压的动作，击球托的后部。按球飞行弧线和击球动作正手吊球可分为劈吊、拦截吊和轻吊三种。

(1)劈吊

①动作要领

准备动作与正手击高远球相似，击球点比正手击高远球稍向前。击球时突然减速并改变拍面的角度，击球的刹那做快速切削球托的后下部，使球向对角网前飞行。

②易犯错误与纠正方法

第一，劈吊对角线时不是切击球托的右侧后下部，而是正击，造成吊球不到位。

纠正方法：教师示范动作，学生原地体会切击的动作。

第二，手腕下压动作不明显。

纠正方法：教师语言提示，学生反复练习下压动作。

第三，击球前期动作没有同击高远球动作相一致，让对手识破球的落点而有所准备。

纠正方法：反复练习击高远球的动作。

③教学与训练方法

第一，原地挥拍练习。

练习目的：熟练和巩固正确的挥拍动作，掌握动作结构。

练习方法：在无球的情况下，持拍原地连续进行从分解动作到完整动作的徒手挥拍练习。

练习要点：体会与击高远球不同的击球点。

第二，吊线球练习。

练习目的：体会球与球拍的接触点。

练习方法：一人将球用线吊在球拍上方并站在高处，球的高度在击球者的右前上方以击球者能直臂击到球为准。击球者用正确的挥拍动作将球击出。

练习要点：前期动作与击高远球相同，体会击球点及切击的动作。

第三，两人隔网做吊球练习。

练习目的：体会动作的完整性。

练习方法：第一，两人隔网，一人定点发(击)高远球，另一人做吊球(图 8-38)。

第二，一人固定将球击至对方右后场附近，另一人来回移动做吊球(图 8-39)。

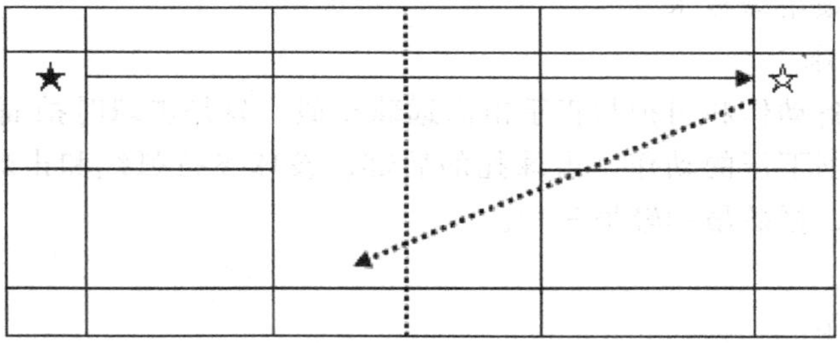

图 8-38　两人隔网做吊球示意图(一)

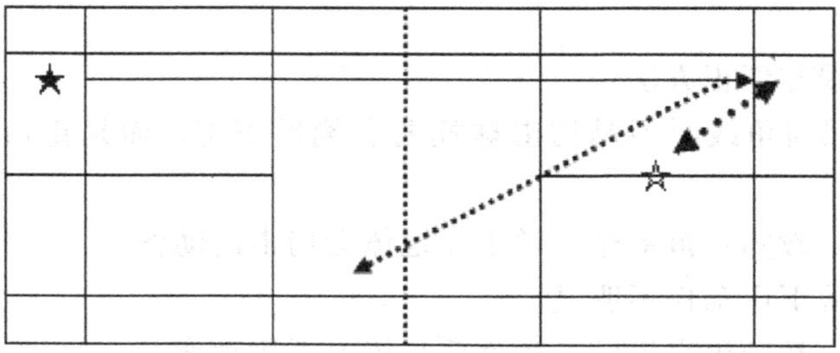

图 8-39　两人隔网做吊球示意图(二)

练习要点：完成击球后必须快速回到中心位置，准备下一拍的击球。

(2)拦截吊

①动作要领

当对方击来后场平高球时，右臂向上摆至最高点，在途中借助球本身的速度和力量，轻轻点击球托的后下部，缓冲减慢球速，使球以较平的弧线越网后垂直下落。

②易犯错误与纠正方法

第一，击球力量过大，造成球的落点远离球网，没有起到拦截的作用。

纠正方法：语音提示及反复练习下压动作。

第二，击球前期动作没有同击高远球动作相一致，让对手识破球的落点而有所准备。

纠正方法：反复练习击高远球的动作。

③教学与训练方法

同劈吊。

(3)轻吊

①动作要领

准备动作与击高球相同。击球时，右臂向上摆至最高点，拍面正对来球，在触球瞬间突然减速，轻点和轻切来球，使球贴网而下。

②易犯错误与纠正方法

第一，击球力量过大，造成球的过网点较高，易被对方识破并扑杀。

纠正方法：反复练习并控制好吊球的力量。

第二，击球前期动作没有同击高远球动作相一致，让对手识破球的落点而有所准备。

纠正方法：反复练习击高远球的动作。

③教学与训练方法

同劈吊。

2. 反手吊球

(1)动作要领

反手吊球准备动作与反手击高远球相同，只是击球时握拍的方法、拍面的方向和力量的运用有所区别。反手吊直线球时，前臂快速由左肩上往右上外旋挥动，手腕内收闪动，用球拍反面切削球托的后中部，并有前推的动作，以防吊球落网，球的落点在对方右场区前发球线附近。反手吊斜线球时，用球拍反面切削球托的左侧部，球的落点在对方左场区前发球线附近。

(2)易犯错误与纠正方法

挥臂击球时前臂没有外旋挥动，而是前后摆动；或击球时手腕没有内收做切击动作，而是伸腕。

纠正方法：反复练习，体会动作的细节。

(3)教学与训练方法

①原地挥拍与吊线球练习

同劈吊。

②两人隔网做吊球练习

练习目的：体会动作的完整性。

练习方法：第一，两人隔网，一人定点发(击)对角线高远球；另一人做反手吊球(图 8-40)。

第二，一人固定将球击至对方左后场附近；另一人来回移动做反手吊球(图 8-41)。

练习要点：完成击球后必须快速回到中心位置，准备下一拍的击球。

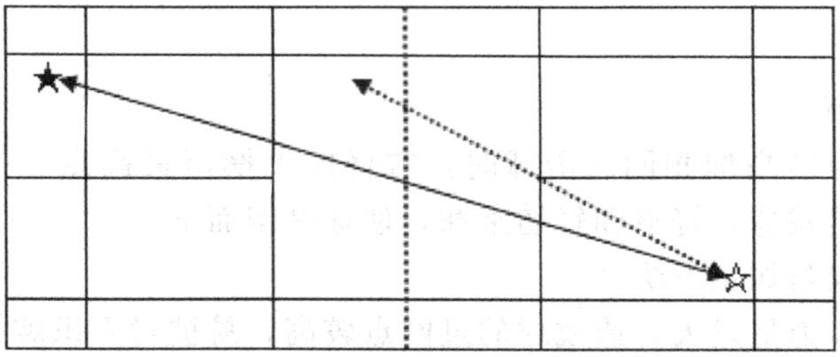

图 8-40　两人隔网做吊球示意图(一)

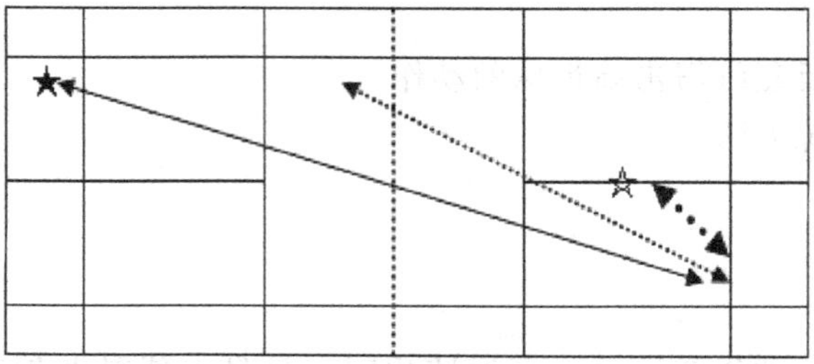

图 8-41　两人隔网做吊球示意图(二)

3. 头顶吊球

(1)动作要领

头顶吊球也能做劈吊与轻吊，它的准备动作与击头顶高远球相同。只是击球点要稍靠前些。头顶吊直线球时，拍面向直线的方向减速挥动，击球托的正中部位，使球朝直线方向飞行，过网后即下落。头顶吊斜线球时，拍面向对角的方向减速挥动，击球瞬间手腕做弧形外展闪动，以斜拍面切击球托左侧部位，使球向对角网前飞行，过网后即下落。

(2)易犯错误与纠正方法

击球时，手腕的外展、弧形、切击动作不明显。

纠正方法：反复练习，体会三个动作的要领。

(3)教学与训练方法

同劈吊。

(三)杀球

杀球是主动进攻与得分的重要手段。所谓杀球就是把对方击来的中后场高球，用较大的力量和较快的速度，以向下的弧度将球回击到对方的中后场区。

杀球是否凶猛有效，关键在于：第一，要选择适当的击球点，如果击球点太靠前，则杀球容易下网。如果击球点太靠后，则不利于发力，击出的球没有杀伤力，不能给对方造成威胁。所以击球点是掌握杀球技术的关键。第二，要全身协调用力，只有将全身的力量集中在一起才能杀出具有威胁的球来。

杀球的分类如图 8-42 所示。

- 杀球
  - 根据击球点在场区的位置
    - 后场杀球
      - 正手杀球
      - 反手杀球
      - 头顶杀球
    - 中场杀球
  - 根据杀球力量的不同
    - 重杀
    - 点杀
  - 根据出球距离和落点的不同
    - 长杀(落点在双打后发球线附近)
    - 短杀(落点在中场附近)

图 8-42　杀球的分类

1. 正手杀球

(1)动作要领(图 8-43)

①准备姿势

与正手击高远球基本相同，不同的是要侧身屈膝重心下降，准备起跳。

②引拍

起跳时，身体左转，右肩上提，肘部领先，球拍上举，身体后仰成反弓形，拉长挥臂的工作距离。

③击球

前臂全速往前上挥动，手腕充分后伸。当球下落至右肩前上方时，前臂内旋，手腕快速闪动发力，用拍面正面击球托的后部，击球的一刹那要紧握球拍(击球瞬间用正拍面向正前下方击球为杀直线球；用正拍面向斜前下方击球为杀斜线球)。

④随前动作

杀球后，前臂顺势回收于体前，右脚在前，左脚在后，迅速回动到中心位置。

图 8-43　正手杀球

(2)易犯错误与纠正方法

第一，不能准确预测击球点。

纠正方法：反复练习向上抛球后做击球动作，找到自己的击球点。

第二，击球点太低，造成落网。

纠正方法：徒手练习杀球动作，提高击球点。

第三，击球瞬间球拍与水平面的夹角大于 90°。

纠正方法：徒手练习，正确体会动作要领。

第四，击球时，没有充分利用腹肌的力量击球，造成击球力量不足。

纠正方法：合理利用腹肌的力量去增加击球的力度。

(3)教学与训练方法

①原地挥拍练习

练习目的：熟练和巩固正确的挥拍动作，掌握动作结构。

练习方法：在无球的情况下，持拍原地连续进行从分解动作到完整动作的徒手挥拍练习。

练习要点：侧身、转体、引拍动作要连贯。

②扔球练习

练习目的：体会前臂全速往前上挥动，手腕充分后伸挥拍击球发力的动作。

练习方法：用拇指和食指捏住球托，使球托向前、羽毛向后，前臂内旋，手腕快速闪动发力将球扔出。

练习要点：掌握好每个动作环节的节奏，动作要连贯。

③吊线球练习

练习目的：体会球与球拍的接触点。

练习方法：一人将球用线吊在球拍上方并站在高处，球的高度在击球者挥拍至右肩上方最高点击到球托为准。击球者用正确的挥拍动作将球击出。

练习要点：检查挥拍动作、击球点、接触面是否按正确的动作完成。

④两人隔网做杀球练习

练习目的：体会动作的完整性。

练习方法：第一，两人隔网，一人定点发(击)高远球；另一人做杀球(图 8-44)。

第二，一人固定将球击至对方右后场附近；另一人来回移动做杀球(图 8-45)。

练习要点：完成击球后必须快速回到中心位置，准备下一拍的击球。

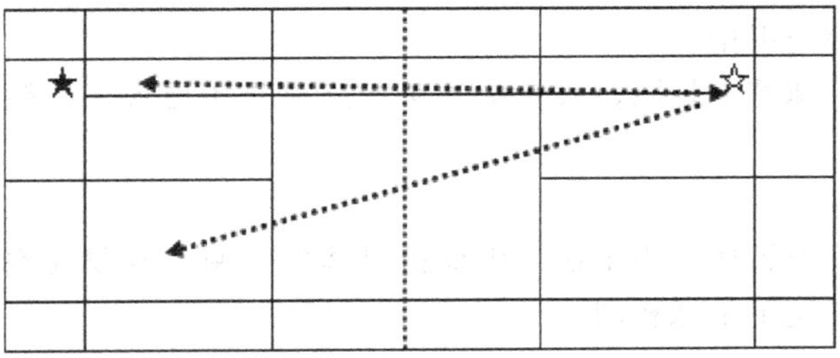

图 8-44　两人隔网做杀球示意图(一)

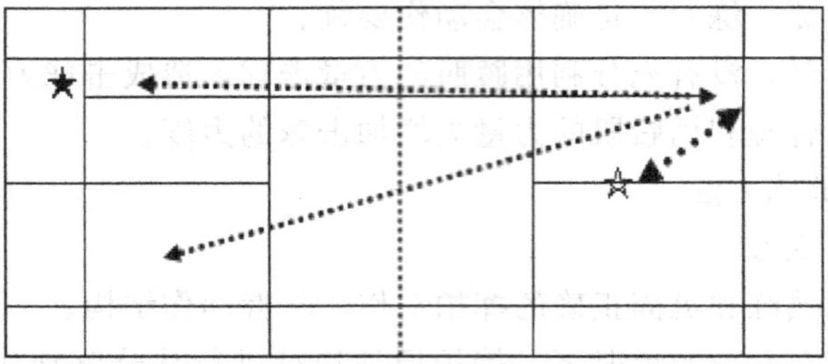

图 8-45　两人隔网做杀球示意图(二)

2. 反手杀球

(1)动作要领

①准备姿势

向左后转身的过程中反手握拍。

②引拍

前臂往前胸收。

③击球

球拍从左前下方摆至右前上方，并带动上臂及前臂做鞭打动作，球拍向上后方挥动，击球瞬间，握紧球拍快速外旋和后伸，击球托的后部(击球瞬间拍面向正前下方击球为反手杀直线球；向斜前下方击球为反手杀斜线球)。

④随前动作

杀球后，前臂顺势回收于体前，迅速回动到中心位置。

(2)易犯错误与纠正方法

同正手杀球。

(3)教学与训练方法

同正手杀球。

3. 头顶杀球

(1)动作要领

①准备姿势与引拍

与头顶高远球基本相同，只是头顶杀球起跳步子更大，起跳后身体后仰的幅度也更大。

②击球

击球时，凌空转体，为了在空中保持身体的平衡，两腿在空中分开幅度大些。其他动作与正手杀球相同。

③随前动作

击球后，左脚后撤，快速回到中心位置。

(2)易犯错误与纠正方法

同头顶击球。

(3)教学与训练方法

同正手杀球。

二、低手击球

低手击球一般是在防守时所采用的击球技术，所以它是属于防守性的技术动作。虽然该技术不像高手击球技术那样具有进攻性的威胁，但如运用得当，在比赛中会起到守中有攻的作用，所以初学者不能轻视这些技术。低手击球一般可分为抽球、半蹲快打和接杀球三种。

(一)抽球

抽球主要是为了对付对方的长杀球或突然回击的平高球，使自己被动地退到底线附近去接球时所采用的一种击球技术。它是一种反控制性技术，特点是球速快、飞行弧度低、落点远，在双打比赛中运用较多，按其技术可分为正手抽球和反手抽球两种。

1. 正手抽球

(1)动作要领

①准备姿势

右脚在前，左脚在后，两脚间距比肩稍宽，上体前倾，球拍置于胸前，如图 8-46 中图 1。

1

2

图 8-46 正手抽球

②引拍

右脚向右侧跨出一小步，身体顺势转向右后方，左脚用并步或交叉步向右后场移动一小步，右脚再向右后场跨一大步成弓步。右臂随步法向右侧上摆，前臂稍外旋，如图 8-46 中图 2。

③击球

击球时主要靠前臂外旋带动手腕，手腕由后伸至伸直，闪动挥拍。

④随前动作

击球后，球拍顺势向左侧摆，右脚蹬地向中心位置回动。

(2)易犯错误与纠正方法

第一，引拍动作后摆不充分，无法加长向前挥拍的工作距离，造成发力不足。

纠正方法：加强引拍动作的练习。

第二，直臂直腕靠大臂发力击球，造成击球动作不隐蔽，发力不充分。

纠正方法：多做徒手练习，击球时略屈肘。

第三，手腕未能充分发力，没有手腕后伸至伸直做闪腕发力的动作。

纠正方法：徒手多练习手腕伸腕或展腕的动作。

(3)教学与训练方法

①原地挥拍练习

练习目的：熟练和巩固正确的挥拍动作，掌握动作结构。

练习方法：在无球的情况下，持拍原地连续进行从分解动作到完整动作的徒手挥拍练习。

练习要点：体会动作要领，尤其是手腕动作。

②多球练习

练习目的：在移动中做抽球练习，保持动作的正确性。

练习方法：第一，教师在网前从上往下抛出各种路线的球，学生做抽球练习。

第二，教师用拍击出各种路线的球，学生做抽球练习。

练习要点：移动积极，控制好手腕的角度与击球的力度。

③两人对抽练习

练习目的：体会动作的完整性。

练习方法：两人在前场对抽，反复练习。

练习要点：力量由轻到重，加快手腕闪动速度。

2. 反手抽球

(1)动作要领

①准备姿势

同正手抽球。

②引拍

左脚向左后场跨一步，右脚再向左后场跨一大步，身体向左转，背对网。右臂屈肘，肘部稍上抬，前臂内旋，手腕内屈，将球拍向左后方拉起，增长挥拍的距离，如图 8-47 中图 1。

③击球

击球时，利用大臂带动前臂外旋，手腕则外展到伸直至内收闪腕，如图 8-47 中图 2，并利用蹬地转髋的力量挥拍击球托的后下部将球击出，如图 8-47 中图 3。

④随前动作

击球后，球拍回收至胸前并向中心位置回动。

1　　2　　3

图 8-47　反手抽球

(2)易犯错误与纠正方法

同正手抽球。

(3)教学与训练方法

同正手抽球。

(二)半蹲快打

半蹲快打主要用于双打比赛中，是由守转攻最具威胁性的技术，这种技术是将对方击来的位于肩部或面部附近的球，采用半蹲的方式，将球调整至肩上方进行还击。半蹲快打分为正面半蹲快打、正侧面半蹲快打、头顶半蹲快打三种。

1. 正面半蹲快打

(1)动作要领

①准备姿势

两脚平行站立或右脚稍前站在中场，两膝成半蹲式，右手持拍上举。

②引拍

当来球位于右肩上方时，右臂向右侧提起，前臂外旋，手腕后伸。

③击球

击球时前臂由外旋至内旋并向前带动手腕闪动爆发式击球托的后部。

④随前动作

击球后，随惯性回收成准备姿势。

(2)易犯错误与纠正方法

第一，准备姿势两脚前后开立，不利于还击左右落点稍远的球。

纠正方法：两脚平行站立。

第二，引拍动作未能充分后摆，造成发力不足。

纠正方法：击球前充分引拍。

第三，击球点在体后，造成击球无力。

纠正方法：以肘为轴，以前臂带动手腕做小幅度快速挥拍练习。

第四，击球时手腕没有发力闪动的动作，只是向前推动。

纠正方法：徒手练习手腕动作。

第五，回动太慢，来不及做下一拍的准备。

纠正方法：看教师手势做回动练习。

(3)教学与训练方法

同正手抽球。

2. 正侧面半蹲快打

(1)动作要领

同正面半蹲快打，不同的只是击球点在右侧，右脚向右侧跨一步击球即可。

(2)易犯错误与纠正方法

同正面半蹲快打。

(3)教学与训练方法

同正手抽球。

3. 头顶半蹲快打

(1)动作要领

同正面半蹲快打，不同的只是击球点在头顶左上方，左脚向左侧跨一步，上体左倾，球拍向头后引至左侧方击球即可。

(2)易犯错误与纠正方法

同正面半蹲快打。

(3)教学与训练方法

同正手抽球。

(三)接杀球

接杀球是将对方扣杀过来的球还击到对方场区去，在实战中是由守转攻的一个重要环节。接杀球看起来很被动，但如果对方杀球质量不高或自己有较好的接杀球技术，常可创造转守为攻的机会或直接得分。要想掌握好接杀球技术，除自身技术全面外，还得有准确的判断力和快速的反应力。接杀球分为挡球、抽球、推球等几种技术，这些技术我们在前文和后文都有相关介绍，故在此不再重复。

三、网前击球

网前击球是调动对方、寻找战机的重要手段，放网前球、搓球、挑高球、推球、勾球和扑球等网前技术属于进攻性技术，威胁性大，常能直接得分或为下一拍创造进攻的机会。因网前技术讲究的是细腻，力量控制要求得当，所以在学习过程中要细心体会击球时手腕、手指的细微感觉。

(一)放网前球

将本方网前的球击到对方近网区叫放网前球，这种技术一般用在移动来不及的被动情况下，但高质量的放网前球技术能转变局面，由被动变主动。它分正手放网前球和反手放网前球两种。

1. 正手放网前球

(1)动作要领

①准备姿势

右脚在前，左脚在后，两脚间距比肩稍宽，上体前倾，球拍置于胸前。

②引拍

右脚向右侧前方大跨一步成弓箭步，正手握拍，球拍向右前上方斜举，前臂外旋，手腕后伸，如图 8-48 中图 1。

③击球

击球时，前臂稍外旋，手腕由后伸至稍内收转动，如图 8-48 中图 2，右手

1

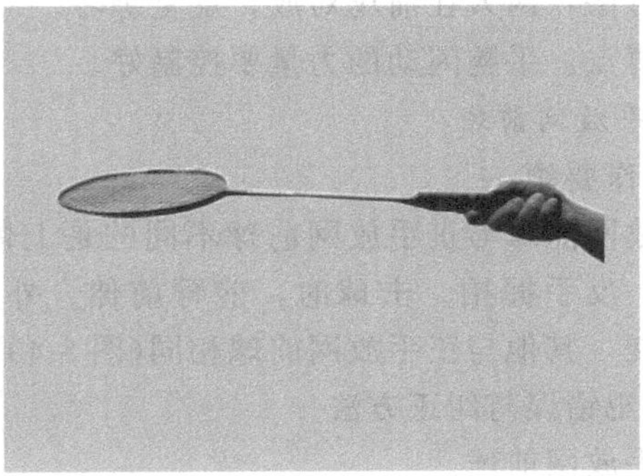

2

图 8-48 正手放网前球

松握拍，在手腕和手指的控制用力下，轻击球托底部，使球过网后垂直下落。

④随前动作

击球后，球拍回收至胸前，右脚回收，准备下一拍的击球。

(2)易犯错误与纠正方法

第一，握拍太紧，手臂伸得太直，手腕不能灵活发力。

纠正方法：放松握拍，手腕由后伸至稍内收转动。

第二，击球点太低。

纠正方法：判断来球并快速起动。

第三，力量过大，造成球过网太高被对方扑杀。

纠正方法：要严格控制球托的力量。

(3)教学与训练方法

①原地挥拍练习

练习目的：熟练和巩固正确的挥拍动作，掌握动作结构。

练习方法：在无球的情况下，持拍原地连续进行从分解动作到完整动作的徒手挥拍练习。

练习要点：体会动作要领，尤其是手腕动作。

②多球练习

练习目的：保持动作的正确性。

练习方法：第一，教师或同学在网前抛球，学生做放网练习。

第二，教师用拍击出各种路线的球，学生做抽球练习。

练习要点：移动积极，控制好手腕的角度与击球的力度。

③两人对放练习

练习目的：体会动作的完整性。

练习方法：两人在前场对放，反复练习。

练习要点：手腕闪动的力量要控制好。

2. 反手放网前球

(1)动作要领

反手放网前球与正手放网前球不同的是上体向左转体，右肩对网，反手握拍。击球时，前臂前伸、外旋，手腕由内收至外展，其他与正手放网前球相同(图 8-49)。

图 8-49　反手放网前球

(2)易犯错误与纠正方法

同正手放网前球。

(3)教学与训练方法

同正手放网前球。

(二)搓球

用拍面切击球的球托，使球翻滚旋转飞行过网的球叫搓球。搓球时应注意挥拍力量与拍面的角度，速度快的远网球，搓球的力量要大一些，反之力量就要小一点。如果力量控制不好，就会使球下网或过网点较高，使自己处于被动状态。搓球分为正手搓球和反手搓球两种。

1. 正手搓球

(1)动作要领

①准备姿势

同正手放网前球。

②引拍

同正手放网前球。

③击球

球拍上举，前臂外旋，手腕由后伸至稍内收，触球的瞬间加速挥拍，用“搓切”的动作击球的右下底部，使球旋转翻滚过网。

④随前动作

右脚收回，球拍收至胸前，准备下一拍的击球。

(2)易犯错误与纠正方法

搓球部位不正确，球不会旋转翻滚，不能体现“搓”的感觉。

纠正方法：反复练习手腕由后伸至稍内收的动作。

其他易犯错误与纠正方法同正手放网前球。

(3)教学与训练方法

同正手放网前球。

2. 反手搓球

(1)动作要领

①准备姿势

同正手搓球。

②引拍

反手握拍，前臂稍上举，手腕前屈至网高处，手背约与网高，拍面低于网高。

③击球

搓球时，拍面应有一定的斜度，用前臂的外旋和手腕内收至外展的力量，搓击球托的右后侧底部，使球侧旋滚动过网。

④随前动作

同正手搓球。

(2)易犯错误与纠正方法

同正手搓球。

(3)教学与训练方法

同正手放网前球。

(三)挑高球

把在中场或前场的低于球网的球向上以较高的弧度击到对方的后场的球称为挑高球。这是在比较被动的情况下采用的一种防守性的技术，其技术难点在于步法移动要快，以肘关节为轴，手腕由后伸到闪动击球托速度要快。挑高球分为正手挑高球和反手挑高球两种。

1. 正手挑高球

(1)动作要领

①准备姿势

同正手放网前球。

②引拍

右脚向来球方向跨出一步，前臂充分外旋，手腕后伸到最大限度，如图 8-50 中图 1。

③击球

击球时，以肘关节为轴，屈臂内旋，握紧球拍，用食指与手腕的力量，从右下方向前上方挥拍击球托的右侧下部，如图 8-50 中图 2 和图 3。

④随前动作

右脚收回，球拍收至胸前，准备下一拍的击球。

(2)易犯错误与纠正方法

直臂发力击球，动作僵硬，发力不充分。

1

2

3

图 8-50　正手挑高球

纠正方法：击球时，屈肘靠前臂内外旋转来带动手腕、手指协调发力。

其他易犯错误与纠正方法同正手放网前球基本相似。

(3)教学与训练方法

同正手放网前球。

2. 反手挑高球

(1)动作要领

①准备姿势

同正手挑高球。

②引拍

右脚向左跨出一大步，右肩对网，反手握拍，屈肘引拍至左肩旁，如图 8-51 中图 1。

③击球

击球时，以肘为轴，肘关节上抬高于球拍，前臂由内旋至外旋，手腕由展腕至收腕，用拇指的指腹压住拍柄内侧的宽面，用力将球击出，如图 8-51 中图 2 和图 3。

④随前动作

同正手挑高球。

1　　2　　3

图 8-51　反手挑高球

(2)易犯错误与纠正方法

同正手挑高球。

(3)教学与训练方法

同正手放网前球。

（四）推球

把靠近球网上部的球以低弧度击到对方的后场称为推球。推球时的击球点一般在网顶20厘米左右，球的飞行弧度较低平，速度较快。推球分为正手推球和反手推球两种。

1. 正手推球

（1）动作要领

①准备姿势

右脚在前，左脚在后，两脚间距比肩稍宽，上体前倾，球拍置于胸前。

②引拍

用后交叉步右脚蹬跨到右网前，球拍向右侧上举，前臂稍外旋，手腕后伸同时球拍也稍往后摆，拍面正对来球。

③击球

推球时，拍面更为后仰，前臂内旋，手腕由后伸直并且闪腕，食指加力向前压下，球拍快速地由右经前向左挥动。

④随前动作

推球后，在回动过程中右脚回收，球拍顺势收于胸前。

（2）易犯错误与纠正方法

第一，击球点太低，造成推球的弧度高或下网。

纠正方法：推球时尽量抢高点击球。

第二，推球时，球拍后摆过大，影响出拍速度。

纠正方法：引拍时，手腕后伸，手臂不要后摆。

（3）教学与训练方法

同正手放网前球。

2. 反手推球

（1）动作要领

①准备姿势

同正手推球。

②引拍

用前交叉步移动跨至左网前，反手握拍，前臂随步法伸至左前上方并向左胸收引，手腕稍外展，松握球拍。

③击球

推球时，前臂往前伸的同时外旋，手腕由稍外展到伸直闪腕，中指、无名指、小指突然紧握球拍，拇指顶压拍柄，击球点在左前方，推击球托的后部。

④随前动作

推球后，在回动过程中右脚回收，球拍顺势收于胸前。

(2)易犯错误与纠正方法

同正手推球。

(3)教学与训练方法

同正手放网前球。

(五)勾球

勾球是将本方左(右)边网前的球击到对方左(右)边网前的球。其技术难点在于勾球时主要靠前臂、手腕和手指的力量，要控制好力量和拍面的角度使球掠网而过。勾球分正手勾球和反手勾球两种。

1. 正手勾球

(1)动作要领

①准备姿势

同正手搓球。

②引拍

用并步加蹬跨至右前网，其他与正手搓球相同。

③击球

击球时，前臂稍有内旋，并往左拉收，手腕由微伸至内收闪腕，手腕要控制好拍面角度，击球托的右侧下部，使球沿着网的对角飞行至对方网前角落(图 8-52)。

图 8-52　正手勾球

④随前动作

击球后还原成准备姿势。

(2)易犯错误与纠正方法

第一，手臂前伸，引拍动作僵直，无法控制勾球的角度和力度。

纠正方法：引拍时，手臂肌肉要放松，略屈肘。

第二，勾球时过于强调手指手腕的动作，忽视了手臂带动回收的作用，造成失误。

纠正方法：要利用肘部回收带动手腕、手指发力击球。

第三，引拍时，前臂和手腕没有外旋或内旋的动作，易被对方识破动作的意图。

纠正方法：正手勾球引拍时前臂和手腕要有外旋，反手勾球引拍时前臂和手腕要有内旋。

(3)教学与训练方法

同正手放网前球。

2. 反手勾球

(1)动作要领

①准备姿势

同反手搓球。

②引拍

用并步加蹬跨至左网前，降低重心，反手握拍，上臂前伸，球拍平举。

③击球

击球时，肘部突然下沉，前臂稍外旋，手腕由外展突然后伸并内收闪腕，拇指与中指向右转动拍柄，其他手指突然握紧拍柄，切击球托的左侧下部，使球飞至对角处(图 8-53)。

图 8-53　反手勾球

④随前动作

击球后还原成准备姿势。

(2)易犯错误与纠正方法

同正手勾球。

(3)教学与训练方法

同正手放网前球。

(六)扑球

在近网高处把球以快速直线向下击到对方场区的球叫扑球。扑球时判断要准确，上网、出手速度要快。扑球分正手扑球和反手扑球两种。

1. 正手扑球

(1)动作要领

①准备姿势

同正手搓球动作。

②引拍

左脚先蹬地，随后右脚向右网前蹬跃，身体在向右网前腾空跃起。前臂前伸稍外旋，腕关节后伸，放松握拍。

③击球

击球时，前臂带动手腕，手腕由后伸稍内收闪动至外展。如果球离网顶较近，可采用从右向左将球压下的“滑动”式扑球方法，收拍要迅速，以免球拍触网犯规。

④随前动作

击球后，要控制身体重心，球拍随手臂往右侧下回收，做好下一拍的准备姿势。

(2)易犯错误与纠正方法

第一，动作太大，挥拍时间过长，造成触网犯规。

纠正方法：控制好力量挥拍扑球。

第二，手腕没有闪动的动作，造成出界。

纠正方法：减少上臂发力，利用手腕的屈腕闪动来发力扑球。

第三，扑球不过网或从端线出界。

纠正方法：上网要快，击球点要高，拍面的角度要根据击球点的高低和离网的远近来做相应的调整。

(3)教学与训练方法

同正手放网前球。

2. 反手扑球

(1)动作要领

①准备姿势

同反手搓球。

②引拍

左脚先蹬地，随后右脚向左网前蹬跃，身体在向左网前腾空跃起。在蹬跃的过程中，反手握拍上举至左前上方。

③击球

击球时，手臂伸直并外旋，手腕内收至外展，手指握紧拍柄，拇指顶压拍柄上端发力。假如来球靠近网顶，可将手腕外展由左向右拉切击球，以防触网。

④随前动作

击球后，落地缓冲，回收球拍于体前。

(2)易犯错误与纠正方法

同正手扑球。

(3)教学与训练方法

同正手放网前球。

第四节　基本步法

步法是羽毛球运动的一项很重要的基本技术，“三分技术，七分步法”的说法说明了步法是羽毛球运动的“灵魂”，羽毛球步法就是在本方场地上进行快速、合理并又有一定规律的上网、后退和两侧移动的方法。它在实战中具有十分重要的地位和作用。

羽毛球步法在实际运用时，可根据场上移动的方向和场区的位置分为前场上网步法、后场后退步法和两侧移动步法。这些步法的结构均包括起动、移动、完成击球和回动四个环节。

一、前场上网步法

(一)动作要领

1. 一步移动步法(蹬步)的动作要领

起动后左前脚掌用力蹬地，右脚向来球方向跨出一大弓箭步击球(图 8-54)。击球后立即往中心位置退步回位。

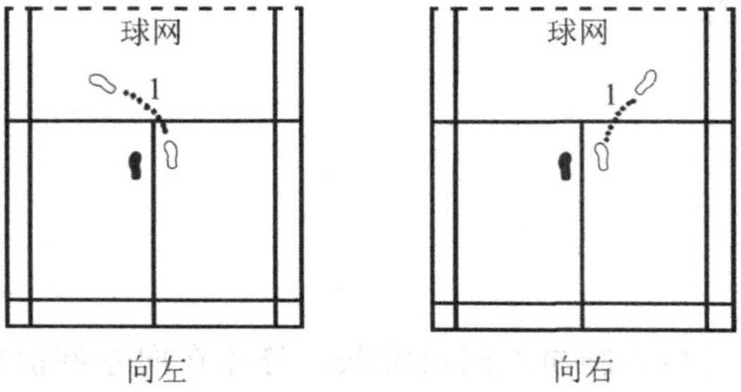

图 8-54 一步移动步法示意图

2. 二步移动步法(跨步)的动作要领

起动后左脚向身体侧前方迈出第一小步，同时用力蹬地，右脚交叉跨出第二大步击球(图 8-55)。击球后，右脚立即往中心撤回第一步，左脚紧跟其后退回第二步回位。

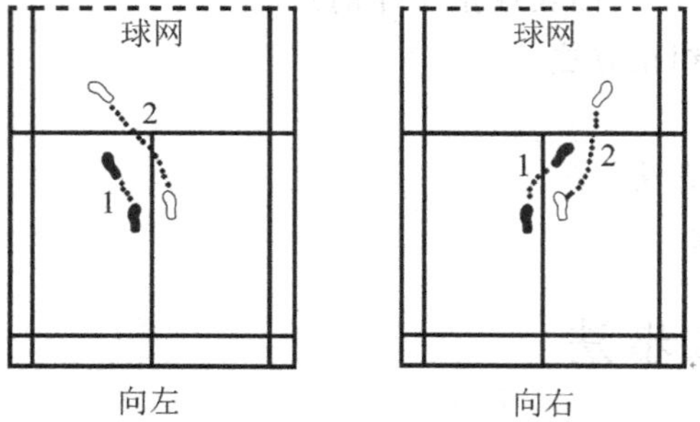

图 8-55 二步移动步法示意图

3. 三步移动步法(垫步)的动作要领

起动后右脚迅速向身体侧前方迈出第一小步，左脚紧接着向前迈出第二小步，同时左脚掌用力蹬地，右脚再向前跨出第三大步，准备击球(图 8-56)。击球

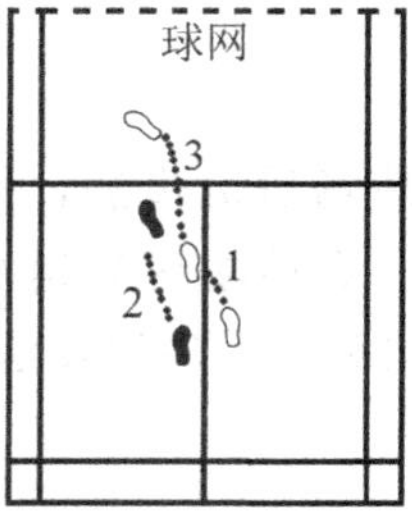

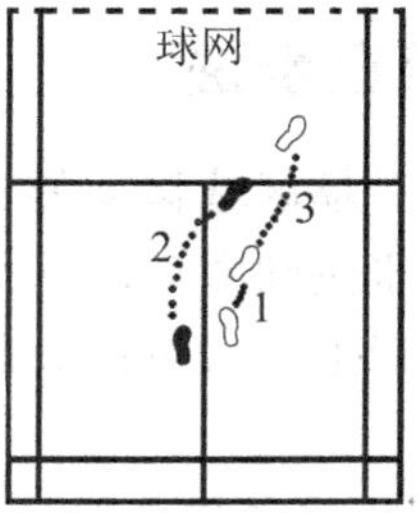

图 8-56 三步移动步法示意图

后，右脚向中心退回一小步，左脚交叉退回第二步，双脚同时再做一小步回位。

(二)易犯错误与纠正方法

第一，起动慢。

纠正方法：准备姿势时，身体的重心应放在前脚掌，上体前倾以利于快速起动。

第二，回动慢。

纠正方法：在击球的瞬间要保持身体的平衡，击球时双脚的间距不能过大，重心不能过低。

第三，回动意识差。

纠正方法：教师语言提醒并反复练习回动的动作。

第四，步法调整不灵活。

纠正方法：反复练习各种步法。

第五，步法与击球动作配合不好，不协调。

纠正方法：无球练习时多强调最后一步是右脚在前，反复进行练习。

第六，缺乏回中心位置的习惯。

纠正方法：看手势反复做起动、到位挥拍击球回动的练习。

(三)教学与训练方法

1. 无球练习

练习目的：熟练掌握移动步法的要领。

练习方法：第一，跟着教师的示范进行分解动作的练习。

第二，看手势进行各种步法的练习。

第三，熟练后进行综合步法的练习。

练习要点：移动速度要快，回动的速度也要快，并保持好身体的重心。

2. 有球练习

练习目的：针对各种来球能熟练运用移动步法。

练习方法：通过连续击打各个方向的来球，进行综合步法的练习。

二、后场后退步法

由中心位置向后场区域移动的步法称为后场后退步法，根据来球区域不同分为右后场区后退步法和左后场区后退步法。右后场区后退步法主要是正手后退步法；左后场区后退步法包括头顶后退步法和反手后退步法。

(一)动作要领

1. 正手后退步法的动作要领

正手后退步法分并步(图 8-57)和交叉步(图 8-58)两种。实战中可根据场上情况和个人特点灵活使用。

判断准来球后，先调整重心至右脚，然后右脚蹬地迅速向右后撤一小步，同时上体右转，左肩对网，接着，左脚用并步靠近右脚(或从右脚交叉后撤一步)，右脚再向后移至来球位置。在移动的同时，必须完成挥拍击球前准备动作，待球在右肩上方下落时，做正手原地或起跳击球。击球后，身体重心随右脚前移迅速用小步跑或并步回到中心位置。

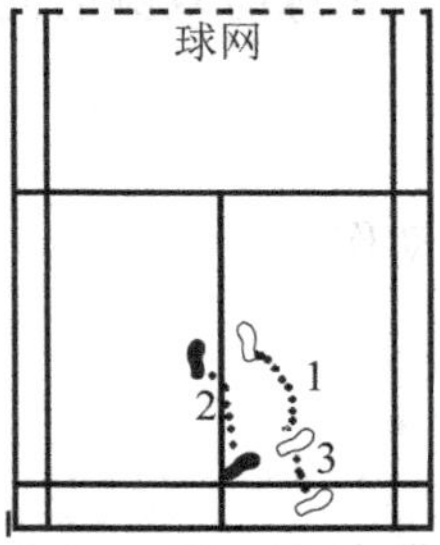

图 8-57 正手并步后退步法

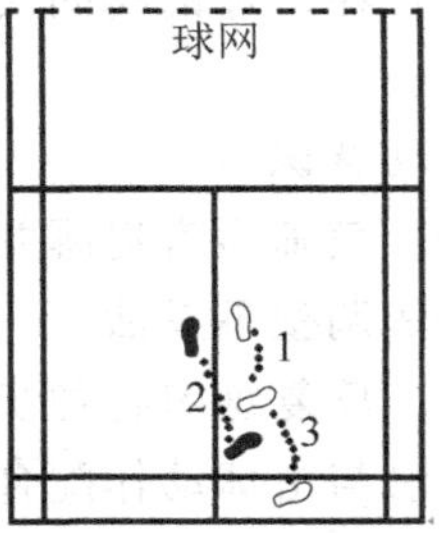

图 8-58 正手交叉步后退步法

2. 头顶后退步法的动作要领

头顶后退步法是对方来球向左后场区，用头顶击球技术还击时所采用的后退步法。头顶后退步法也可用并步(图 8-59)或交叉步(图 8-60)移动后退。

判断准来球后，右脚蹬地撤向左后方，同时，髋关节及上体向右后方转动(转动的幅度比正手后退要大些)，且稍有后仰。接着，左脚用并步或交叉步后撤，右脚再退至来球位置用头顶击球技术击球。击球后，迅速回到中心位置。

3. 反手后退步法的动作要领

反手后退时，应根据离球距离的远近来调整移动步子。

如离球较近，可采用二步后退步法(图 8-61)。一种是左脚先向左后方撤一步，接着上体左转，右脚向左后方跨一步，背对网；另一种是右脚先向左脚并一步，然后，左脚向左后方跨一步，同时上体左转，右肩对网做反手击球。如离

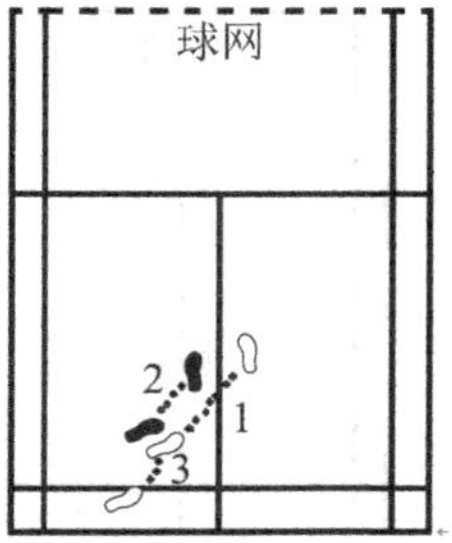

图 8-59　头顶并步后退步法示意图

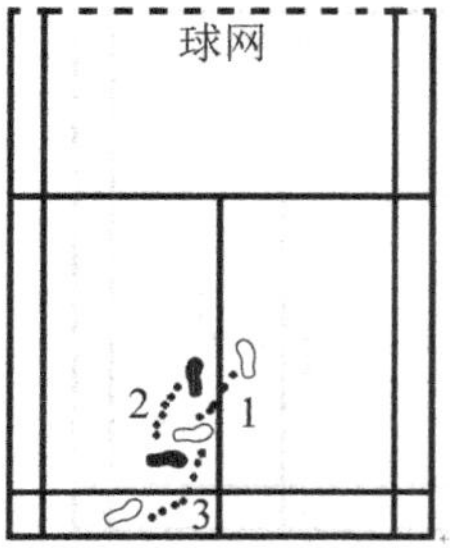

图 8-60　头顶交叉步后退步法示意图

球较远，则要采取三步(图 8-62)或五步后退步法。三步后退时，右脚先向左脚并一步，左脚再向左后方撤一步，同时上体左转，右脚再向左后方跨一步至来球位置，背对球网，做反手击球。如三步移动还未到来球位置，则左脚右脚再向后移动一步即成五步后退步法。

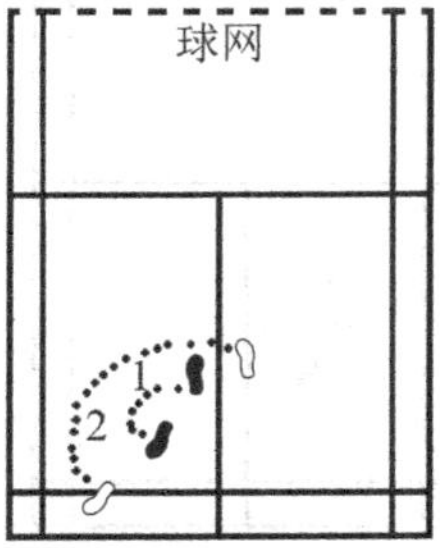

图 8-61　反手二步后退步法示意图

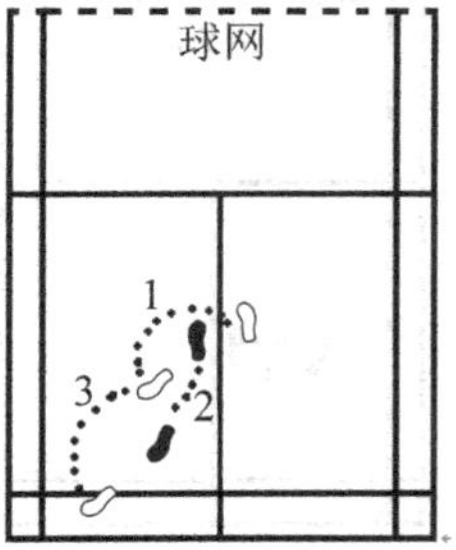

图 8-62　反手三步后退步法示意图

(二)易犯错误与纠正方法

同前场上网步法。

(三)教学与训练方法

同前场上网步法。

三、两侧移动步法

两侧移动步法多用于接对方的扣杀球和半场低平球。

(一)动作要领

1. 向右移动步法的动作要领

判断准来球后，上体稍倾倒向左侧，用左脚掌内侧用力蹬地，右脚同时向右侧跨大步，髋关节随之右转，上体稍倾倒向右侧，重心在右脚上(图 8-63)。若距来球较近，可采用上述动作；若距来球较远，则需左脚先向右脚垫一小步再起蹬，右脚同时向右侧跨一大步(图 8-64)。

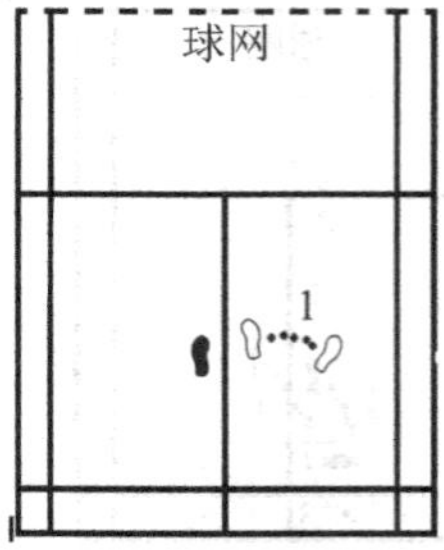

图 8-63　向右一步移动步法示意图

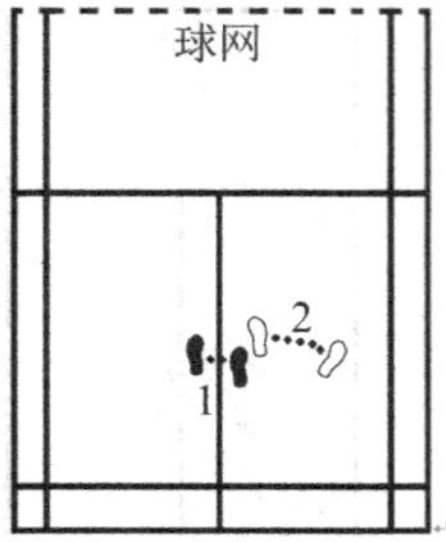

图 8-64　向右二步移动步法示意图

2. 向左移动步法的动作要领

判断准来球后，上体稍倾倒向右侧，用右脚掌内侧用力蹬地，左脚随髋关节的转动同时向左侧跨大步(图 8-65)。若来球较远，左脚先向左侧移一小步，紧接着右脚往左侧方向起蹬并转身，向左跨大步(图 8-66)。

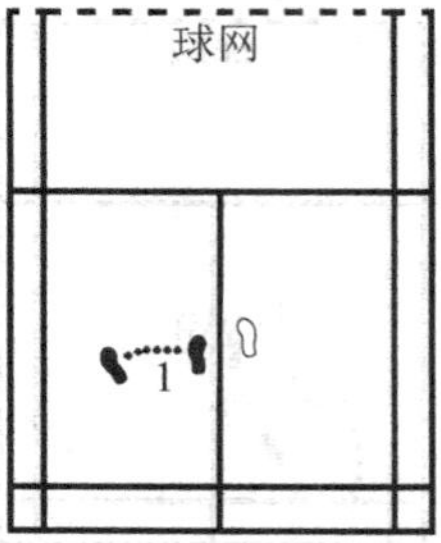

图 8-65　向左一步移动步法示意图

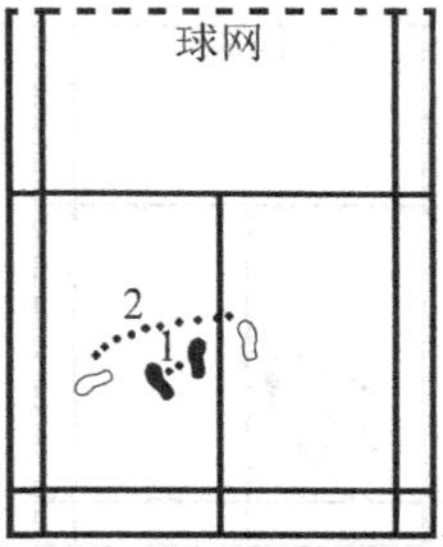

图 8-66　向左二步移动步法示意图

(二)易犯错误与纠正方法

同前场上网步法。

(三)教学与训练方法

同前场上网步法。

【复习与思考】

1. 简述正手发高远球的动作要领。
2. 正手发高远球的错误动作有哪些？如何纠正？
3. 单打准备姿势与双打准备姿势有哪些不同？
4. 详述正手击高远球的动作要领。
5. 正手击高远球的错误动作有哪些？如何纠正？
6. 网前击球技术包括哪些？请简述动作要领。
7. 前场上网步法和后场后退步法有哪些？动作要领是什么？

第九章　羽毛球基本战术

在羽毛球实战中，技术基本功是基础，战术运用是关键，学生们在掌握了一定的羽毛球基本技术后，战术的运用与变化尤为重要。通过本章的学习，使学生们掌握并运用一些简单的战术，使在比赛中能够制约对手，争取主动，最大限度地发挥出自身的技术特点，最终赢得比赛。

第一节　单打战术

一、发球抢攻战术

发球是比赛的第一拍，也是比赛的开始，更是进攻的开始。在熟练掌握了多种发球技术后，运动员可根据对方运动员的站位，将球发至对方场地的任意一点，通过发球抢攻，可以打乱对方事先安排的战略部署，让对方措手不及，争取比赛的主动性。

(一)发后场高远球

该战术主要目的是通过发后场高远球使对方在端线处击球而无法获得进攻杀球的机会(图 9-1)，如对方后场技术不好的话，就很难将球回击到后场，这样发球者就很容易获得第三拍进攻的机会。将球发至对方 3 或 4 号位，就能将对方牵制在端线附近，便于我方打对方的网前球，如果将球发至对方反手的 4 号位，将更有利于我方的进攻。

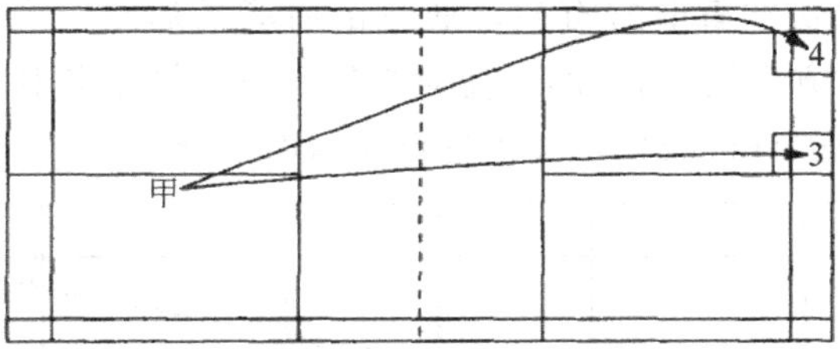

图 9-1　发后场高远球示意图

(二)发网前球

该战术主要目的是限制对方在第二拍进攻，同时发球者可通过判断对方的回球线路来争取创造第三拍的抢攻机会(图 9-2)。将球发至对方的 1 号位，球的飞行线路最短，我方容易封住对方攻击我方后场的角度；发 2 号位容易使对方离开中心位置而出现空当，有利于我方的第三拍进攻。发网前球一定要注意发球的质量，如过网点较高会给对方提供第二拍扑球进攻的机会。

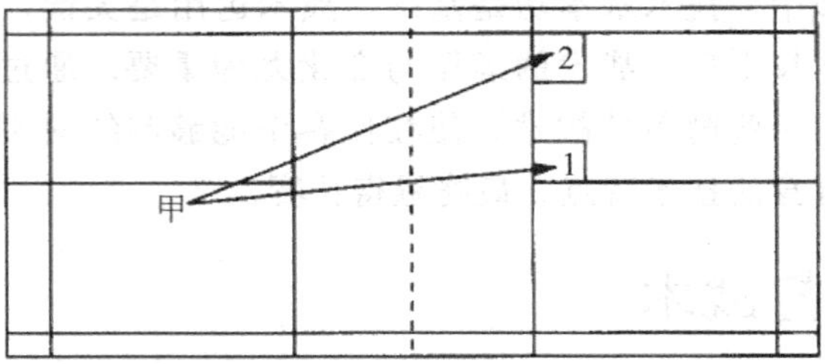

图 9-2　发网前球示意图

(三)发平射球

该战术主要是通过对着对方的身体发球，如果对方反应慢或注意力不集中，往往来不及后退而被动回击，这样就给发球者创造了杀球或扑球的进攻机会。

二、接发球抢攻战术

接发球抢攻虽然被动，但它是接发球中最具威胁又最容易得分的一种战术，但前提是对方发球质量不高，而接发球者又能及时地抓住时机，使自己接发球抢攻得分。在运用接发球抢攻战术时，应耐心等待时机，不能心急，一般得进行多拍抢攻的线路组织后方能获得抢攻的机会，一旦机会来了就要讲究成功率，要一攻到底，非常流畅地完成抢攻任务。

(一)压后场战术

这种战术对付初学者非常有效。通过击后场高远球、推后场球和平高球，反复将球回击到对方后场(图 9-3)，使对方处于被动的还击中，如果对方技术不全面的话，我方就能寻得战机，伺机进行攻球而得分。

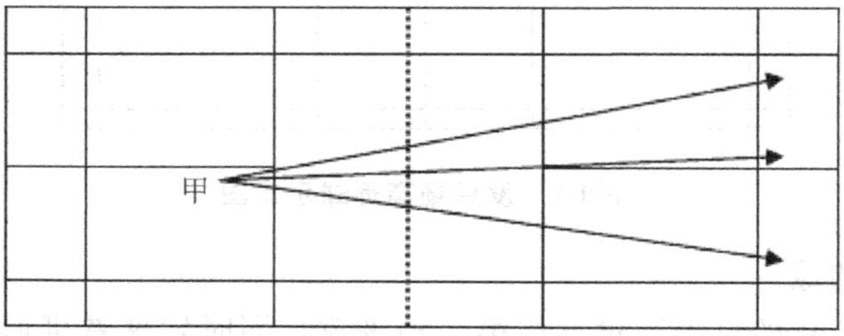

图 9-3　压后场战术示意图

(二)四方球战术

此战术就是运用各种技术把球回击到对方场区的四个角上，调动对方前后左右地进行来回奔跑(图 9-4)，使其在击下一拍时来不及回到场上中心位置而造成防守时出现位置空当，此时我方抓住时机进行攻球得分。

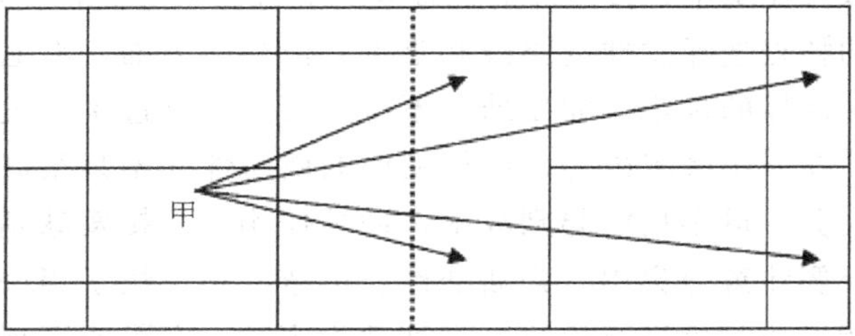

图 9-4　四方球战术示意图

(三)逼反手战术

在比赛过程中如果发球方反手技术差的话，可用此战术(图 9-5)。一般来讲，反手技术差的人往往会用正手击头顶球的技术来进行弥补，在左场区用正手击头顶球技术时身体的位置往往向左偏移较多，这样就使得右场正手区出现空当，成为进攻的目标而造成失分。

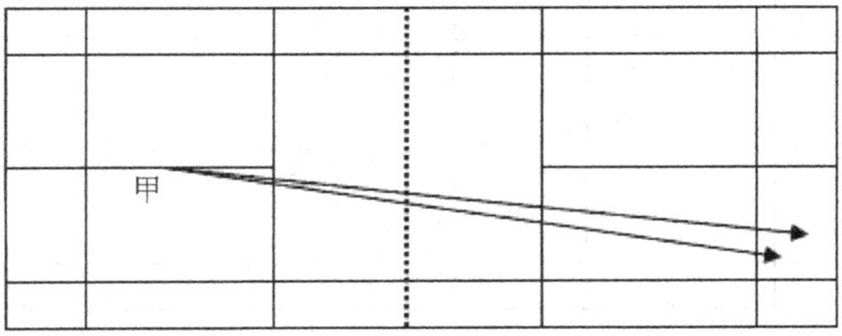

图 9-5　逼反手战术示意图

第二节　双打战术

一、发球战术

在双打比赛中，一般采用发网前球技术。因为双打发球区比单打的要短一些，如果发后场球的话容易让接发球方起跳杀球而使我方处于被动状态。发网前球时一定要注意发球的质量，发球质量不高也会造成被动。高质量的发球，有利于掌控整个比赛的主动权，为第三拍创造抢攻机会，对获得比赛的胜利有着重要的意义。

二、接发球战术

在羽毛球双打比赛中，接发球的处理至为关键。一方面，发球方看似主动，可以根据对手的特点选择发球的路线和落点；但另一方面，羽毛球的规则对于发球做了很多限制性的规定，如发球时不可过腰、不可过手、发球必须是连续动作、发球必须在一定区域内等，使得发球的威胁性并不是很高，一般不会造成对手的直接失分，最多只能起到战术调动的作用。而接发球则不同，接发球方在接球时，只要注意力集中，判断准确、击球刁钻、快字当头，当对方发球质量不高时就能抓住时机进行抢攻，变被动为主动，有可能直接得分，而恰当选择接发球线路，也会在战术上占据主动。

(一)接发网前球

接发球质量的关键是抢到球飞行过程中的最高点。对方发网前球，一般可以扑或者轻压对方的两腰(即对方的两边中场)，逼迫对方起球。也可以扑压对方的身体，或用搓放网前、勾对角等网前小球来处理，推压两个底角也是很好的选择，可以大范围调动对手，以更有效地攻击对手(图 9-6)。

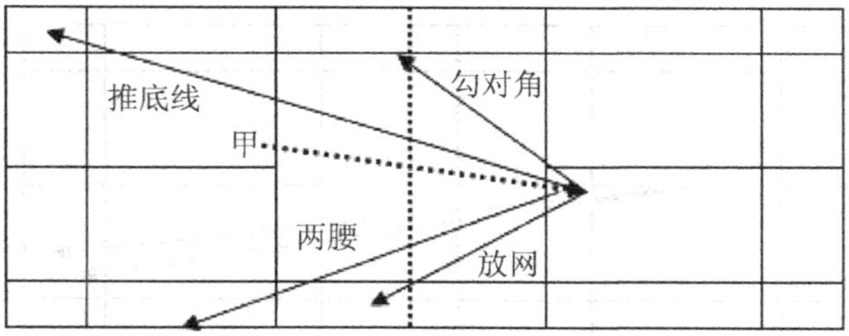

图 9-6　接发网前球战术示意图

(二)接发后场球

接发后场球以杀球为主，最好是攻击发球队员，杀追身球，因为这时发球队员一般正在移动中，而且持拍方式还不是最佳防守方式。如果没有能够判断出对方的球路而没有及时起动，则最好用平高球打到对方的两个底角。特别被动的情况下要用高远球尽量把球打到对方的后场，进行防守(图 9-7)。

(三)攻直线战术

攻直线战术是双打比赛中最基本的战术之一。所谓攻直线，就是无论对方的回球是在哪个场区，在进攻中都采用直线攻击。其优点是很容易执行，前后

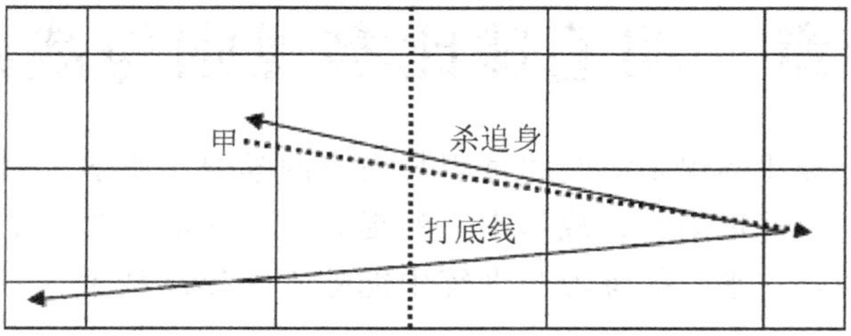

图 9-7　接发后场球战术示意图

场队员之间分工明确，不容易产生误解和分歧。缺点是过于简单直接，容易防守，也容易被对方抓住机会。

(四)攻中路战术

攻中路战术也是双打比赛的基本战术之一。所谓攻中路，就是攻击两人的结合部，以造成两人的撞拍或让球。尤其适用于对方两人的配合不够默契时。即使对方配合默契，但在站位间距过大或者过紧时，采用攻中路战术都会有很好的效果。

在对方的回球是半场高球时，攻中路战术是最好的选择。吊球的落点也以中路为首选，这样两人都有时间反应，造成让球或者抢球的机会会更大。而且对方起球的角度比较小，便于网前队员的封网。

(五)攻人战术

即集中火力攻击对方防守较弱的选手，使其没有反应时间改变球路摆脱进攻。在这个战术中，进攻的串联及回球的速度非常重要，速度够快的话，对方的回球就会越来越没有质量，最终丢分。在攻人战术中，集中攻击一个人也会造成另一个人的失位或精力不够集中，这时突然转移攻击目标，经常会收到很好的效果。

【复习与思考】

1. 单打发球抢攻战术有哪些？
2. 单打接发球抢攻战术有哪些？什么是“四方球战术”？用图示说明。
3. 双打接发球时，当对方发网前球时，我方应采用哪些技术进行回击？
4. 双打接发球时，当对方发后场球时，我方应采用哪些技术进行回击？

第十章　羽毛球比赛规则与裁判法

通过对羽毛球比赛规则演变的过程与内容的学习，使学生们了解羽毛球比赛规则是随着羽毛球运动技、战术水平的提高而变化的。掌握了最新的羽毛球比赛规则的知识，在平时的练习与训练中能够不断提高技术水平，增强欣赏羽毛球比赛的能力。

第一节　羽毛球比赛规则

一、定义

运动员：参加羽毛球比赛的人。

一场比赛：由双方各一名或两名运动员进行的比赛，是羽毛球比赛决定胜负的基本单位。

单打：双方各一名运动员进行的比赛。

双打：双方各两名运动员进行的比赛。

发球方：有发球权的一方。

接发球方：发球方的对方。

回合：自球被发出至死球前的一次或多次连续对击。

击球：运动员的球拍向前挥动一次。

二、场地与场地设备

(一)场地(图 10-1)

羽毛球比赛场地是一个长方形，长度为 13.40 米，双打场地宽为 6.10 米，单打场地宽为 5.18 米。用宽 4 厘米的线画出，线的颜色应是白色、黄色或其他容易辨别的颜色。

专用馆的高度不低于 12 米，最好不超过 15 米，有专用塑胶垫，无障碍区 2 米，亮度至少 1200 勒克斯。

正规性比赛场馆的高度不低于 9 米，亮度 1000～1200 勒克斯。

(二)球网、网高与网柱

1. 球网

球网应由深色、优质的细绳织成。网孔为均匀分布的方形，边长 15～20 毫

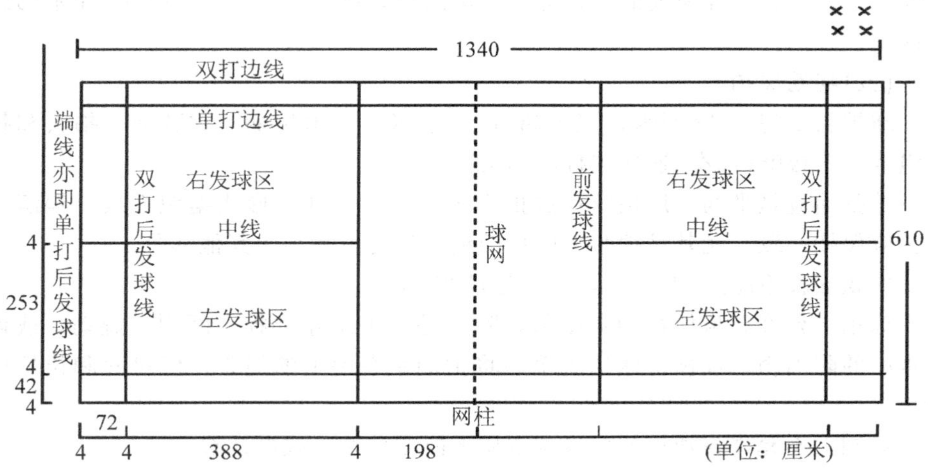

图 10-1　场地规格示意图

双打球场对角线＝14.723 米；单打球场对角线长＝14.366 米；

此球场可用于单、双打比赛

米。网上下宽 0.76 米，全长至少 6.10 米 。球网的上沿是用宽 75 毫米的白带对折的夹层，用绳索或钢丝从中穿过。夹层的上沿必须紧贴绳索或钢丝，拉紧后与网柱顶部取平。球网的两端必须与网柱系紧，它们之间不应有空隙。

2. 网高

从场地地面起至球网中央顶部应高 1.524 米，双打边线处网高 1.55 米。

3. 网柱

当球网被拉紧时，网柱应与地面保持垂直，网柱及其支撑物不得伸入场地内，不论是单打比赛还是双打比赛，网柱都应放置在双打边线上。

(三)羽毛球

羽毛球可由天然材料、人造材料或其混合制成。无论是何种材料制成的球，飞行性能应与由天然羽毛和薄皮包裹软木球托制成的球的性能相似。

球应由 16 根羽毛固定在球托上，每根羽毛从球托面至羽毛尖的长度统一为 62～70 毫米。羽毛顶端围成圆形，直径为 58～68 毫米。羽毛应用线或其他适宜材料扎牢，球托底部为球形，直径为 25～28 毫米。羽毛球球重 4.74～5.50 克。

在因海拔或气候等条件不适宜使用标准球的地方，只要球的一般式样、速度和飞行性能不变，经有关会员协会批准，可以变通以上规定。

(四)球速的检验

验球时，运动员应在端线外用低手向前上方全力击球，球的飞行方向须与边线平行。符合标准速度的球，应落在场内距离对方端线外沿 53～99 厘米的区域内。

(五)羽毛球拍

球拍长不超过 68 厘米，宽不超过 23 厘米。它由拍柄、拍弦面、拍头和拍杆组成。连接喉(如有)连接拍杆与拍头。

拍弦面应是平的，用拍弦穿过拍头十字交叉或其他形式编织而成。编织的式样应保持一致，尤其是拍弦面中央的编织密度不得小于其他部分。

拍弦面长不超过 28 厘米，宽不超过 22 厘米。

球拍不允许有附加物和突出部，除非是为了防止磨损、断裂、震动，或调整重心的附加物，或预防球拍脱手而将拍柄系在手上的绳索，但尺寸和位置应合理。

球拍上不允许附加任何可能从本质上改变球拍形式的装置。

三、挑边

比赛开始前应挑边，赢方将在先发球或先接发球、在一个场区或另一个场区开始比赛中做出选择，输的一方，在余下的一项中选择。一局的胜方在下一局首先发球。

四、计分方法

除非另有规定，一场比赛以 3 局 2 胜定胜负；先得 21 分的一方胜一局；20 平后，领先得 2 分的一方胜该局；29 平后，先到 30 分的一方胜该局。

五、交换场区

第一局结束应交换场区；如果有第三局，第一局结束应交换场区；在第三局比赛中，一方先得 11 分时交换场区；如果运动员未按规定交换场区，一经发现，在死球时立即交换，已得比分有效。

六、发球

第一，合法发球。

一旦发球员和接发球员做好准备，任何一方都不得延误发球。发球时发球员球拍的拍头做完后摆，任何迟滞都是延误发球。

发球员和接发球员，应站在斜对角的发球区内，脚不得触及发球区和接发球区的界线。

从发球开始，至发球结束前，发球员和接发球员的两脚，都必须有一部分与场地的地面接触，不得移动。

发球员的球拍，应首先击中球托。

发球员的球拍击中球的瞬间，整个球应低于发球员的腰部。腰指的是发球员最低肋骨下缘的水平切线。

发球员的球拍击中球的瞬间，球拍杆应指向下方。

发球开始后，发球员必须连续向前挥拍，直至将球发出。

发出的球向上飞行过网，如果未被拦截，球应落在规定的接发球区内(即落在线上或界内)。

发球员发球时，应击中球。

第二，一旦发球员站好位置准备发球，发球员的球拍头第一次向前挥动，即为发球开始。

第三，一旦发球开始，发球员的球拍击中球或未击中球，均为发球结束。

第四，发球员应在接发球员准备好后才能发球，如果接发球员已试图接发球，即被视为已做好准备。

第五，双打比赛发球时，发球员和接发球员的同伴应在各自的场区内，其站位不限，但不得阻挡对方发球员或接发球员的视线。

七、单打

一局中，发球员的分数为 0 或双数时，双方运动员均应在各自的右发球区发球或接发球。

一局中，发球员的分数为单数时，双方运动员均应在各自的左发球区发球或接发球。

一回合中，球应由发球员和接发球员交替从各自所在场区一边的任何位置击出，直至成死球为止。

发球员胜一回合则得 1 分。随后，发球员再从另一发球区发球。

接发球员胜一回合则得 1 分。随后，接发球员成为新发球员。

八、双打

一局中，发球员的分数为 0 或双数时，发球方均应从右发球区发球。

一局中，发球员的分数为单数时，发球方均应从左发球区发球。

接发球方上一回合最后一次发球的运动员应在原发球区接发球。他的同伴接发球的站位与其相反。

接发球员应站在发球员斜对角发球区。

发球方每得一分后，原发球员则变换发球区再发球。

九、双打发球顺序

每局比赛的发球权必须如下传递：首先是发球员，从右发球区发球；其次是首先接发球员的同伴，从左发球区发球；然后是首先发球员的同伴；接着是首先接发球员；再接着是首先发球员，如此传递。

运动员在比赛中不得有发球、接发球顺序错误或一局比赛中连续两次接发球。

一局胜方的任一运动员可在下一局先发球。

一局负方的任一运动员可在下一局先接发球。

十、违例

第一，发球时，球挂在网上或停在网顶，球过网后挂在网上，接发球员的同伴接到球或被球触及。

第二，比赛进行中，球落在场地界线外(即未落在界线上或界线内)；从网孔或网下穿过；未从网上方越过；触及天花板及四周墙壁；触及运动员的身体或衣服；触及场地外其他物体或人；被击时停滞在球拍上，紧接着被拖带抛出；被同一运动员两次挥拍连续两次击中(但一次击球动作中，球被拍框和拍弦面击中，不属违例)；被同方两名运动员连续击中；触及运动员球拍，而未飞向对方场区。

第三，比赛进行中，运动员的球拍、身体或衣服，触及球网及球网的支撑物；球拍或身体，从网上侵入对方场区(击球时，球拍与球的最初接触点在击球者网这一方，而后球拍随球过网的情况除外)；球拍或身体，从网下侵入对方场区，导致妨碍对方或分散对方的注意力；妨碍对方，即阻挡对方紧靠球网的合法击球；故意分散对方注意力的任何举动，如喊叫、故作姿态等。

十一、重发球

以下情况为“重发球”：

第一，发球员在接发球员未做好准备时发球。

第二，在发球过程中，发球员和接发球员都被判违例。

第三，发球被击回后，球停在网上；球过网后挂在网上。

第四，比赛中，球托与球的其他部分完全分离。

第五，裁判员认为比赛被干扰或教练员干扰了对方运动员的比赛。

第六，司线员未能看清，裁判员也不能做出裁决时。

第七，遇到不可预见的意外情况。

第八，“重发球”时，该次发球无效，原发球员重新发球。

十二、间歇

第一，每局比赛，当一方先得 11 分时，允许有不超过 60 秒的间歇。
第二，所有比赛中，每局之间允许有不超过 120 秒的间歇。

十三、比赛的暂停

第一，遇运动员所不能控制的情况，裁判员可根据需要暂停比赛。
第二，遇特殊情况，裁判长可要求裁判员暂停比赛。
第三，如果比赛暂停，已得比分有效，续赛时由该比分算起。

十四、延误比赛

第一，不允许运动员为恢复体力、喘息或接受指导而延误比赛。
第二，裁判员是“延误比赛”的唯一裁决者。

十五、指导和离开场地

第一，在一场比赛中，死球时允许运动员接受指导。
第二，在一场比赛中，运动员未经裁判员允许不得离开场地。

十六、运动员不得有下列行为

第一，故意延误或中断比赛。
第二，故意改变或损坏球，以此影响球的速度或飞行。
第三，举止无礼。
第四，规则未述的其他不端行为。

十七、警告

第一，对已被警告过的一方判违例，同一方如此违例两次则被视为“屡犯”。

第二，对严重违犯、屡犯的一方判违例，并报告裁判长，裁判长有权取消其该场比赛资格。

第二节　羽毛球比赛裁判法

羽毛球比赛时每场比赛由裁判长、裁判员、发球裁判员、司线员来进行执裁。裁判长对整个比赛负全责；裁判员负责主持一场比赛；发球裁判员负责宣判发球员的发球违例；司线员负责宣判在其分管线的落点是“界内”或“界外”。

一、裁判员

每场比赛由裁判长指派一名裁判员(亦称主裁判)，裁判员主持一场比赛并管理该场地及其周围，比赛时坐在场外网柱旁的裁判椅上，执行《羽毛球竞赛规则》的各项条款并对裁判长负责。裁判员在一场比赛的裁判工作可分为比赛开始前、比赛开始后和比赛结束三个阶段。

(一)比赛过程中裁判员的工作方法与流程

1. 比赛开始前

(1)进场前

指在接受担任某场比赛的裁判工作后，到进入比赛场地的一段时间。裁判员必须做好以下工作：

第一，检查自己的裁判用品是否备齐(记分笔、秒表、挑边器、红黄牌等)。

第二，到记录台领取记分表，检查表中各项内容是否正确，填写好可以预先填写的项目，熟悉运动员的姓名和准确宣报姓名的发音，在国际比赛时，准确宣报队名和运动员姓名尤为重要。

第三，与该场比赛的发球裁判员见面问好，提出有需要配合的工作，如提醒他准备比赛用球，带好运动员的姓名牌等。

第四，检查该场比赛的司线裁判员是否做好准备。

第五，在有要求时，召集比赛运动员列队入场。当发现有运动员未到时应立即报告裁判长。

第六，了解进场和退场的路线，在听到广播或裁判长示意后与发球裁判员(有时包括司线裁判员或运动员)一起进场。

要注意，裁判员是该场比赛的组织者，从列队进场起，就应组织好该场比赛的所有运动员和临场裁判员在观众前亮相，行走要有精神，步子快慢要适当。

(2)进场后到宣布比赛开始

第一，挑边。召集双方运动员进行挑边，最好使用一枚两边颜色不同的挑边器。先向双方运动员交代清楚，他们各是挑边器上的哪一面(指颜色)，然后用手指把挑边器向上弹起使挑边器快速翻滚，在下落到地(也有的裁判员喜欢用手掌接)看是哪一边的颜色(图案)向上，就是该方运动员赢得首先挑选权。

第二，应问清楚在比赛开始时的首先发球员和首先接发球员，裁判员要立即在记分表上记下发球员、接发球员(双打比赛时)、比赛开始时双方的场区(在裁判员的左边还是右边)。及时把挑边结果告知发球裁判员和记分员，使记分器上运动员的姓名牌能正确地表明比赛开始时双方运动员所站的场区。

第三，检查司线裁判员的座位，司线员的座位要对准他所负责的线，特别是单打项目和双打项目交替进行时，可以在检查座位的同时与司线裁判员做配合的交流。

第四，检查运动员服装上的广告是否符合本次比赛的规定以及双打比赛时两名同伴的服装颜色是否一致，发现问题要求及时改正。

第五，以上所有的工作应在2～3分钟的时间里完成，不要拖得太长，此段时间也正好是运动员做赛前练习，热身的时间，在完成这些工作后裁判员就可以上裁判椅准备开始比赛。

第六，宣布比赛开始。

2. 比赛开始

(1)发球期

在有发球裁判员时，裁判员主要是负责看接发球员在接发球时是否违例，但作为一场比赛的主持裁判员，仍应注意发球员的发球情况，在解答运动员提出申诉时，才能有自己的观点依据，才能有力地支持发球裁判员的判决，或遇有情况特殊时可向裁判长提出自己的看法。下面的情况属裁判员宣判：

第一，发球时，发球员做了挥拍动作但未击中球为违例，将失去该次发球权，而不是重发球，这是裁判员宣判的。

第二，接发球员在接发球时，应站在规定的接发球区内，任何一脚不能踩线或触线(提起或移动)，裁判员一定是要在发球员开始挥拍发球后才能宣判。

第三，在发球员发球时，接发球员不能以任何行动或叫喊干扰发球员的发球。如双打比赛中，接发球员高举球拍这是允许的但不能摇晃球拍，否则就属于“干扰”违例。

第四，双打比赛发球时，只有站在发球员斜对面发球区的接发球员能接发球，如果接发球员的同伴回击了发来的球，属违例。

第五，接发球员未做好准备。发球员在接发球员未做好准备时把球发出，应判“重发球”。

第六，发球员发球挥拍未击中球。遇有发球员挥拍未击中球，待球落地后裁判员报“违例”。

第七，发球球过网时擦网。如果球过网后落在规定的发球区内仍为有效，落在规定的发球区外为界外违例。

第八，发球方和接发球方同时被判违例，应判重发球。例如，发球裁判员判发球员发球过手违例，裁判员判接发球员提前移动违例，裁判员应判此球为“重发球”。

(2)球在比赛进行中

从球被发出后，一直到球落地或裁判员宣报“违例”或“重发球”或球碰网后开始落向地面成“死球”，这段时间是“球在比赛进行中”。裁判员双眼要紧随着飞行的球以及注意整个球场及其周围的情况，根据规则及时做出判断和宣报。

①“界内”和“界外”

一场羽毛球比赛的胜负很大程度上由球的落点决定。当球落在有司线裁判员分管的线附近时，裁判员一定要根据该司线裁判员的决定宣判。如果该司线裁判员没有做手势，裁判员应要求他做出手势，然后再宣判。凡球落在没有司线裁判员分管的线的界内，裁判员可直接报比分，如果是落在界外，则裁判员需先报“界外”然后再报比分。

裁判员百分之百地认为司线裁判员是错判时，可以纠正该司线裁判员的判决，纠正时，报“纠正，界内”或“纠正，界外”。并报裁判长，决定是否撤换该司线裁判员。

②球碰屋顶或场外障碍物

如果球场上空高度低于 9 米，裁判员要了解是否有补充规定；场地高度低于 9 米时，竞赛组委会或裁判长可以制定补充规定，裁判员要根据补充规定进行判决。

③球触及运动员的身体或衣服

凡球触及运动员身体的任何部分或衣服都属违例。遇有此情况裁判员应立即大声报“违例”，使双方运动员能清楚地听到，停止击球，并且在球落到界线附近时，司线裁判员也不必考虑是否需做手势。击球时球拍的框、杆、柄击中球均为有效。

(3)比赛过程中的违例

①网前“阻挠”

羽毛球比赛中，当双方球员都在近网时，球员甲在击球时，他的对手球员乙如果举拍企图封堵球的飞行路线属“阻挠”违例；但如若球员甲的球拍已击到球后，球员乙再举拍拦击则非但不属违例，而且是高水平的快速反应。区分是否“违例”的界线：第一，双方位置都在近网时；第二，举拍动作是在球拍击中球瞬间的前还是后。

② “侵入场区”

凡身体、球拍从网上过网的即算“违例”；而身体、球拍在网下过网时，要在对方受到影响时才算“违例”。

③连击

一名球员两次挥拍，两次击中球或双打比赛中两名同伴连续各击中一次球，均为连击。但是如果击球时球在球拍上有停留或拖带现象则仍是击球“违例”。双打比赛中两名同伴同时去击球，两把球拍相撞，球只碰到前面的球拍被击出不算违例。

④球碰球拍后继续飞向该运动员的后场

因为在此情况下，球已不可能再飞向对方场区，裁判员应立即报“违例”。

⑤死球

凡球撞网并挂在网上或停在网顶、球触地、球碰网或网柱，球在击球者这一方落向地面或裁判员报“违例”“重发球”后，球均已成“死球”。死球后再有违例均不再判。

准确掌握死球概念，对裁判员的正确宣判极其重要。例如，网前扑球，球拍碰网时就要区分球落地和球拍碰网哪一个发生在先；杀球时，球拍脱手飞过球网，球落对方场内，是球拍飞过网在前还是球落地在前；击球者把球打在自己一方的网上，球在网的自己一方落向地面，而对方又不慎球拍触网，这就要看如果是球拍触网在先或球拍触网和球碰网同时发生，这应是球拍触网一方违例，如果是球已开始下落后球拍再碰网则应是击球方击球不过网违例。

⑥外物侵入场区

当球在比赛进行中有外物侵入场区(这一情况大多数是边上另一场地的球飞入本场)，如果对本场地的运动员产生影响的话，裁判员应报“重发球”。是否有影响的尺度是由裁判员根据具体情况判断的。

⑦发生意外事故

当比赛进行中还未成死球时，遇有灯光突然熄灭、网柱倒下、地毯场地的接缝裂开等，裁判员应宣判重发球。

3. 记录

羽毛球比赛时，裁判员需自己在记分表上做记录。一张完整的记分表应该反映出该场比赛所属竞赛的名称、比赛双方运动员姓名、队名、组别、位置号、比赛项目、阶段、轮次、日期、时间、地点、比赛场地号、比赛开始时间、比赛结束时间、裁判员姓名、发球裁判员姓名、每局比赛开始时的发球员和接发球员，裁判员的记录方法具体如下。

(1)挑边后：在发球方的记分空格的第一格画 0，如是双打项目，在开局时的发球员姓名后的小格内写 S(意即 Server，发球员)，在开局时的接发球员姓名后的小格内写 R(意即 Receiver，接发球员)。也应把发球方在开局时所站的场区以裁判员座位的左或右标明。

(2)记分

比赛开始后随着比赛的进程，裁判员在每个球成死球后都应在表上做相应的记录(图 10-2)。

羽毛球比赛记分表

项　目	男子双打	浙	王孙	21	对	上	白天	4	开始时间	13：00
轮　次	2								结束时间	14：00
比赛号	2			21				4	比赛用时	1小时
日　期	1月2日	江	李煜			海	黄莺		裁判员	张三
比赛时间	13：00								发球裁判员	李四
场地号	6									

白天											3	4																4
黄莺	S	0	1	2																								
王孙					1	2	3	4	5	6	7																	21
李煜	R	0												8	9	10	11	12	13	14	15	16	17	18	19	20	21	
白天							1	2																				4
黄莺	R	0											3	4														
王孙									5	6	7	8																21
李煜	S	0	1	2	3	4									9	10	11	12	13	14	15	16	17	18	19	20	21	

裁判长：徐大　　　　裁判员：赵小

图 10-2　记分表

4. 宣报

比赛时的宣报方法如下：

(1)比赛开始的宣报

在正式宣布比赛开始前，裁判员应报“停止练习”，此时让双方运动员做好正式比赛的最后准备。裁判员在宣报时，应该抬起头，声音清晰响亮，使运动员和观众都能听清楚，在报运动员姓名时，要以右手或左手指向相应的一方。不要造成当裁判员的手指向一方时，该场区的运动员还在场外。一定要在双方运动员都站好位后，再报“比赛开始，0 比 0”。例如：

①单打

单项比赛：“女士们、先生们，在我右边是‘X，A，’(运动员姓名，队名)；在我左边是‘Y，B’(运动员姓名，队名)。‘X’发球，比赛开始，0 比 0。”

团体比赛：“女士们、先生们，在我右边是‘A，X’(队名，运动员姓名)；在我左边是‘B，Y’(队名，运动员姓名)。‘A’发球，比赛开始，0 比 0。”

②双打

单项比赛：“女士们、先生们，在我右边是‘W，A’(运动员姓名，队名)和‘X，B’(运动员姓名，队名)；在我左边是‘Y，C’(运动员姓名，队名)和‘Z，D’(运动员姓名，队名)。‘X’发球，‘Y’接发球，比赛开始，0 比 0。”

如果两名配对的双打运动员代表同一个国家或地区，则先宣报两名运动员的姓名后，再报其国名或地区名，如“W 和 X，A”。

团体比赛：“女士们、先生们，在我右边是‘A’(队名)，‘W’和‘X’(运动员姓名)；在我左边是‘B’(队名)，‘Y’和‘Z’(运动员姓名)。‘A’、‘X’发球，‘Y’接发球，比赛开始，0比0。”

(2)比赛中的宣报

做完记录后，裁判员应尽快地宣报比分(或换发球及比分)。一般的顺序是，第一步，先宣判哪一方胜该一回合(发球裁判员宣报发球违例、司线裁判员判决球的落点、裁判员自己报界外、裁判员报“违例”或“重发球”等)；第二步，裁判员在记分表上做记录；第三步，裁判员宣报比分。

①比分和换发球

永远把发球方的分数报在前面。在换发球时，要先报“换发球”，接着报比分，而且要把新的发球方的分数报在前面。

②界外

球落在有司线裁判员分管的线的界外时，由该司线裁判员负责报“界外”，球落在没有司线裁判员分管的线的界外时，裁判员应先报“界外”，然后接着报比分或换发球。

③违例

无论比赛中出现何种违例，裁判员都应立即报“违例”，然后报比分或换发球和比分。

④重发球

在比赛场上出现需要判重发球的情况时，裁判员应报“重发球”，接着把比分再报一次，一是强调比分不变；二是比赛继续，发球员可以发球了。

⑤比赛暂停

有意外事故发生或有运动员不能控制的情况，裁判员可宣报“比赛暂停”。在恢复比赛时，裁判员宣报“继续比赛”并报当时的比分。

⑥60秒间歇

当有一方得到11分时，裁判员在该球刚成死球时，应该立即启动秒表，并在报“11比×”后，接着报“间歇”，此时教练员可以到球场边，对运动员进行指导，当过了40秒后报“×号场地，20秒”，教练员应离开球场，运动员进入场地，继续比赛。

⑦120秒间歇

当一局比赛的最后一个回合刚成死球时，裁判员应立即启动秒表，报“第×局比赛结束，××比××，×××胜，间歇”。运动员在交换场地后，可以到场地边接受教练员指导，当过了70秒后，裁判员报“×号场地，20秒”，运动员应回到场内，开始下一局的比赛。

⑧局点

在一方运动员再得1分就将胜该局比赛时，裁判员在报比分前要加报“局点”。

⑨场点

在一方运动员再得1分就将胜整场比赛时，裁判员在报比分前要加报“场点”。

(3)比赛结束的宣报

当一场比赛最后一个球成死球后，裁判员应在记分表上写上最后一个得分数，然后宣布比赛结果(每一局的比分)。裁判员此时须注意：宣报比赛结果时要抬起头，声音响亮、清楚，节奏适当。不能一边宣报，一边与运动员握手。裁判员不要在与双方运动员握手后继续坐在裁判椅上填写记分表，因为其他裁判人员都在等你一起退场，可在离开场地后再完整填写记分表，及时交裁判长审核后交记录台。

(二)裁判员在比赛过程中对运动员各种行为的处理

在比赛过程中对运动员出现的各种行为，裁判员应视情节轻重程度按规则予以相应的处罚，对情节较轻的予以提醒；对明显的“延误比赛和行为不端”予以警告；对已警告过又再犯的或情节严重的判违例；对判过违例又犯或情节特别严重的判违例并报告裁判长，裁判长有权取消违犯方的比赛资格。裁判员应把所有执行处理“比赛连续性、行为不端及处罚”的情况记录在记分表上。

1. 运动员要求换球的处理

一方球员要求换球，首先应向裁判员提出，如果双方运动员都同意换球，正常情况下裁判员不应拒绝；如果只有一方要求换球而另一方拒绝换球，此时裁判员一定要先察看球然后再做决定，如果羽毛有折断、球体明显变形就应予以更换，如果球的整体完好就应继续使用。当裁判员认为运动员频繁地提出换球是为了借机喘息恢复体力则应拒绝换球的要求。

2. 运动员要求换拍的处理

比赛中拍弦断裂，运动员可以换拍；比赛中裁判员也可以接受运动员提出的换拍要求，运动员换了球拍应允许试打一下后，立即恢复比赛。

3. 运动员要求擦汗和喝水的处理

裁判员要谨慎地同意运动员提出的擦汗要求，因为现在规则中已经有当得分到11分时有60秒的间歇和两局之间有120秒的间歇。如运动员确实因汗水太多影响比赛时，裁判员可以同意擦汗，但裁判员要示意双方球员同时擦汗，且控制时间，必要时报“比赛继续进行”以催促运动员尽快恢复比赛。裁判员应根据具体情况拒绝借擦汗来恢复体力或改变比赛节奏的要求，如对方连续得分时频繁要求暂停擦汗。不能同意运动员提出的喝水要求，但在比赛暂停时，运动员不影响比赛继续进行的情况时能喝水。

4. 运动员要求擦地的处理

在运动员有摔倒在地的情况，裁判员应主动召唤擦地员擦干地面。或运动员的汗水洒落在场地较多，运动员提出擦地要求时，裁判员召唤擦地员擦地。在场地确实有汗水的情况下，即使裁判员认为运动员有要求擦地而借机休息之嫌，也不能拒绝擦地的要求，只是要求擦地员的动作要快些，不使比赛中断太久。

5. 遇有意外事故的处理

裁判员要注意全场的情况，如发现问题，要在发球员发球前及时处理，如场地线有缺损、场地旁的门未关、有风影响比赛、网高变低等。

6. 运动员受伤的处理

比赛时发生运动员受伤，裁判员的处理步骤：首先问该受伤运动员情况如何，是否需要医生。如果伤情不重，比赛很快恢复；如果运动员要求医生，裁判员应举手要求裁判长进场地，裁判长带领医生或裁判长认为有需要的其他人员(领队或队医等)进入场地，裁判员此时应在记分表上记下当时的比分、发球员、接发球员和时间，并启动秒表，随时向裁判长报告时间，在裁判长的协助下宣布比赛恢复进行或宣布受伤运动员退出比赛。

7. 运动员提出申诉的处理

运动员申诉的范围是只能就规则问题向裁判员提出申诉，裁判员应在下一次发球前对申诉做出回答，有必要时提交裁判长处理。运动员应该服从裁判员对事实做出的判决。

运动员对司线裁判员所做的判决如有问题只能向裁判员提出，而不能与该司线裁判员争辩，遇有此情况裁判员应该予以制止，情况严重要按“行为不端”处理。

发球员对发球裁判员所判的违例可以要求发球裁判员表明是哪一发球违例，但不能争辩，遇有此情况裁判员也应予以制止，情况严重的按“行为不端”处理。

8. 运动员延误比赛的处理

发球员或接发球员在球成死球后在场上兜圈子，未经裁判员的允许离开场地喝水、擦汗等来拖延时间，而迟迟不做发球或接发球的准备，以此来喘息，恢复体力。这都是破坏比赛连续性的行为，在初犯程度较轻时，裁判员应提醒该运动员注意，而不必马上予以警告，但一定要有所表示，决不可听之任之。例如，运动员在场上兜圈子时，裁判员就可报“比赛继续进行”；运动员未经许可而离场擦汗时，裁判员就应对该运动员说“要离场擦汗，请先得到我的同意”。在裁判员提醒过后，运动员屡犯或情节严重的，裁判员应执行规则“比赛连续性、行为不端及处罚”。裁判员还需根据具体情况灵活掌握(当比赛进行了一个很长的多拍回合后)，裁判员认为比赛必须进行时，可报“比赛继续进行”来催促双方做好发球和接发球的准备。如果一方已做好准备，对方也应立即做好相应的准备，不可延误时间。

9. 运动员行为不端的处理

任何不礼貌的行为和举止都属于行为不端。具体举例如下：

用拍击打网——运动员对自己的击球失误或对裁判员的判决不满，以球拍击打球网来发泄自己的情绪。

故意把球使劲打向场地外或对方场地——运动员对判决不满或裁判员没有同意他换球的要求时往往有此表现。

抛扔球拍——运动员以抛扔球拍或以球拍击打场地来发泄自己的情绪。这是一个很危险的行为，常会导致他人受到伤害。

不礼貌动作——裁判员应该制止运动员在打了一个成功的好球后，握拳向对方示威。

骂人讲粗话——在场上对别人或对自己骂粗话都是不允许的。

不服从判决与裁判无礼纠缠——运动员在裁判员对他提出的申诉做了解答后，仍拒不继续比赛。

场外指导——除了规定的间歇时间外，运动员都不可以接受场外指导。裁判员根据情况可以判重发球，并应该报告裁判长，裁判长可以把该教练员罚出球场。

对犯“行为不端”执行处罚的方法：

警告：右手持黄牌，举过头并报“×××过来，行为不端警告”。

违例：右手持红牌，举过头并报“×××过来，行为不端违例”。

取消比赛资格：裁判长把黑牌交给裁判员，裁判员右手持黑牌举过头并报“×××过来，行为不端取消比赛资格”。

二、发球裁判员

发球裁判员通常坐在裁判员对面网柱旁的矮椅上，视线基本与发球员的腰部平行。根据需要也可以坐在裁判员同侧，在视线被挡而不能看清发球员的发球动作时可以挪动位置直至能看清发球员的发球动作为止。

(一)发球裁判员的职责

第一，专门负责宣判发球员在发球时的违例。当看到并肯定发球员发球违例时，大声报“违例”并使用发球裁判员 5 个手势中相应的一个手势表明是何种发球违例。裁判长和裁判员都不能否决发球裁判员对发球员在发球时是否“违例”的判决。

第二，协助裁判员检查场地、器材(如检查网高)。

第三，协助裁判员管理羽毛球。只有在裁判员示意换球时，才把新球换给运动员，要注意把新换的球交给发球员，以免延误比赛时间。当运动员离发球裁判员较远时，发球裁判员需把球抛给运动员时，要注意不能把手举起从高处掷向运动员，这是不礼貌的。正确的方法是用手心 4 个手指托着整个羽毛球，大拇指放在球心中央，球托向前，从下向上的方向把球抛向运动员。

第四，在局数打成 1 比 1 时，在场地中央网底下放置暂停标记。

(二)发球裁判员的裁判工作方法与技巧

第一，从发球员准备发球时开始直至发球结束，发球裁判员一定要面向发球员，精神集中，全神贯注地双眼正视发球员，让发球员、接发球员以及所有在场的其他人员意识到，发球裁判员正在认真地履行他的职责，这样做出的判决才能让人信服。

第二，发球是一个疾速的过程，而发球员的故意违例又往往带有偷袭性，更是发生在一瞬间，发球裁判员如果宣判稍慢，就几个来回过去了。所以发球裁判员在发球员发球时，时刻都要准备报“违例”。一旦发球裁判员宣报发球“违例”，就一定要声音响亮，让裁判员和运动员都听到，如果裁判员没听到，比赛还在进行，发球裁判员可以站起来，再次大声宣报，直至裁判员报“发球违例”。

第三，在宣报发球违例和做手势表明是何种发球违例时，发球裁判员一定要面向发球员，在发球员询问是何种违例时，发球裁判员应果断地再次重复违例的手势，不应回避。

第四，在比赛一开始时，当发现有发球违例时就一定要果断地予以宣判，只有这样才能控制住发球员的发球。否则，当比赛进行到比分接近或关键时刻出现发球违例，发球裁判员此时再判此发球违例，就会显得前后尺度不一致，如果不判，双方的发球违例将失去控制，发球裁判员也就会陷入极度的被动中。

三、司线裁判员

(一)司线裁判员的职责工作

每场比赛的司线裁判员数量可以有不同，一般 3～10 名不等。司线裁判员应坐在对准他所负责的线的延长线的矮椅上(双打比赛时负责端线的司线裁判员，应坐在边线外的端线与双打后发球线之间)，专门负责察看球在他所负责的线附近的落点，并以规定的一个术语“界外”和三个手势进行宣判。一名司线裁判员只能负责一条线(但在双打比赛发球时，负责端线的司线裁判员要负责双打后发球线)。凡没有安排司线裁判员的，界线都由裁判员自己负责。

(二)司线裁判员的工作方法

界内：球落在他所负责的线的界内，只伸出右手指向他所负责的线，不宣报。

界外：无论球落在他所负责的线的界外多远，都应立即做出两臂向两边平展的手势，同时高声报“界外”。

视线被挡：司线裁判员的视线被运动员挡住，没能看到球的落点，就应举起双手遮住双眼，以向裁判员表示自己的视线被挡，不能作出判决。

如果球碰运动员身体、衣服或球拍后出界，这是裁判员的职责，所以司线裁判员不要马上做手势，让裁判员来宣判。如果裁判员仍要求司线裁判员给手势时，司线裁判员只就球的落点做出“界内”或“界外”的手势，不要示意此球碰运动员的身体、衣服或球拍。

(三)司线裁判员的技能

第一，不能受运动员的影响和外界的压力，坚持自己的判断。在球的落点非常接近线的情况时，司线裁判员的手势更是要快、要坚决果断，犹豫不决或迟缓的手势都会引起运动员和观众的怀疑，特别是判落在司线裁判员座位本方场区非常接近界线的界内球时，很多时候本方场区的运动员会走向司线裁判员表示不满或对判决有争议，此时，该司线裁判员可再次重复“界内”的手势。有些运动员是想以此方法来影响司线裁判员以下的判决。作为一个有丰富经验的司线裁判员，既不要受此影响使以后的判决倾向于该运动员，但也不可意气用事，故意把界外球判成界内球与该运动员作对。

第二，随时要保持与裁判员的配合，在宣判时声音要洪亮，手势要清楚并稍作停留，眼睛要注视裁判员，在裁判员看到后才收回手势。

第三，有时球明显落在界内，司线裁判员没做手势，这是正确的，但司线裁判员仍应看着裁判员，一旦裁判员报“司线裁判员请给手势”，司线裁判员还应立即打出“界内”的手势。

第四，当球落在后场端线与边线的交接处附近时，负责端线和边线的两名司线裁判员没有必要互相配合，以此来做出相同的手势。如果做出一个判“界外”另一个判“界内”两个不同的判决，这并不矛盾，因为各人只判断球在自己负责一条线附近的落点，只要有一名司线裁判员判“界外”，这球就是“界外”。

【复习与思考】

1. 什么是合法发球？
2. 比赛中有哪几种违例情况？
3. 比赛中如何记分？
4. 单、双打发球时左、右专区如何轮换？
5. 比赛间歇的时间是多少？
6. 双打发球顺序是如何传递的？

第十一章　羽毛球比赛编排方法

通过本章节的学习，让学生们了解并掌握羽毛球比赛的组织方法，并能对校、院、班三个层次的羽毛球比赛进行组织，通过赛事的组织，锻炼他们的组织能力和管理能力，为今后踏入社会做好准备。

第一节　比赛的组织

羽毛球比赛是在羽毛球比赛组织委员会领导下，由专门的比赛管理机构负责筹备组织的。

一次比赛工作总是从比赛筹备开始。比赛筹备有两种情况：一种是主办者和承办者是不同的两个单位，主办单位在比赛筹备过程中主要负责确定比赛大会总则、宗旨，制订比赛规程和财务开支计划；承办单位在比赛筹备过程中，主要是学习领会比赛规程、统筹安排经费收支、制订工作计划、成立比赛编排组和安排工作日程。另一种是一个单位既是主办单位又是承办单位，包揽了所有的筹备工作，这在基层比赛工作中是常见的情况。

一、制订比赛规程

比赛规程是比赛工作的依据，必要时可以对项目的比赛规则做适当的修改。比赛规程一般由主办单位根据比赛总则、宗旨和各方面的综合因素制定。在制订比赛规程时，必须精心设计各项内容，做到概念清晰、用词明确，准确地体现大会的总则和宗旨。既要考虑节省时间和经费开支，又要考虑承办单位的具体条件和运动员比赛负担量，还要考虑媒体转播宣传和群众观看等诸多因素。

比赛规程通常包括比赛名称、主办单位或承办单位、比赛日期和地点、参加单位、报名办法、经费规定、比赛项目、比赛办法、比赛用球、录取名次、奖励办法、报到日期、裁判人员以及其他有关的特殊规定等内容。

二、制订工作计划

承办单位通过学习领会比赛规程和初步估算后，应着手制订工作计划。确定比赛场地数、练习场地数、裁判员人数、比赛用球量等，成立大会领导办事机构，拟订筹备工作日程的方案和计划。

三、组建裁判员队伍

裁判员队伍是比赛工作的重要组成部分。要根据比赛大会的规模和比赛的技术水平，抽调一批人数和等级与之相适应的裁判人员组成比赛大会的裁判员队伍。

比赛应设裁判长1名，副裁判长至少1名，如果比赛场地较多时可设2～3名副裁判长。

国际性比赛：担任裁判员和发球裁判员的应是国家级以上的羽毛球裁判员。在裁判员人数不足时，可由少部分业务水平较高、能使用英语宣告的一级裁判员作为补充。

全国性比赛：担任裁判员和发球裁判员的应是一级以上的羽毛球裁判员。在裁判员人数不足时，可由少部分业务水平较高的二级裁判员作为补充。

省市级比赛：担任裁判员和发球裁判员的应是二级以上的羽毛球裁判员。在裁判员人数不足时，可由少部分业务水平较高的三级裁判员作为补充。

一般性羽毛球比赛：担任裁判的人员应以羽毛球等级裁判员为主。经过培训暂无等级的羽毛球裁判员不宜担任主要比赛场次的裁判工作。

凡是有羽毛球等级的裁判员都可以担任以上比赛的司线员。

四、确定裁判员人数和人员安排方法

(一)裁判员与司线员为一组

根据比赛的规模和综合条件，将全体裁判人员按比赛的场地数分成若干个裁判小组，以便于轮换休息。每个小组均有若干名裁判员和若干名司线员，小组人数应比确定的“每场裁判几人制”多出1～3人，以便于轮休。

计算裁判员总人数的方法(各裁判组人数均等时)是：(每场裁判几人制＋每组轮休人数)×场地总数＝裁判员总人数。

(二)每场裁判几人制

每场比赛至少1名裁判员、1名发球裁判员，司线员人数可以根据比赛的级别或一次比赛的预赛阶段或决赛阶段来考虑。轮休裁判员的人数主要根据每节一块场地的比赛场数多少来考虑一名裁判员在一节时间里的临场工作量(一般3～4场为宜)，还要考虑尽量避免裁判员连场工作。

在国际比赛中，对裁判员和发球裁判员的等级要求较高，统一安排裁判员和发球裁判员，司线员另行安排分组。

(三)裁判员与发球裁判员

比较理想的裁判员人数是每块场地平均4名，两上两下轮换执行临场工作。

(四)司线员(含记分员)

先确定“每场司线员几人制”，再根据比赛场地数按照“司线员几人制”平均分成若干个小组，多出的组数作为轮休。

第二节　比赛的办法

一、比赛的项目

羽毛球比赛项目可分为团体比赛和单项比赛两大类，在一次比赛中可以按年龄分成若干个项目组别，还可以按专业和业余进行分组。

(一)团体赛项目

包括男子团体、女子团体、混合团体 3 个项目。

团体比赛的 3 种方式：

1. 三场制

每队 2～4 人参加比赛。2 名单打、1 对双打(可由单打运动员兼)，共进行 3 场比赛。比赛场序为单打、双打、单打，或者单打、单打、双打。采用 3 场 2 胜制，也可以赛完 3 场后以获胜场数多者为胜队。

2. 五场制

每队 4～7 人参加比赛。3 名单打、2 对双打(可由单打运动员兼)，共进行 5 场比赛。混合团体赛为 2 名单打、3 对双打(可由单打运动员兼)，也进行 5 场比赛，比赛场序为单打、单打、双打、双打、单打，或者单打、单打、单打、双打、双打，或者单打、双打、单打、双打、单打。混合团体比赛场序为男单、女单、男双、女双、混双。为了避免运动员连场比赛或者电视转播需要，裁判长可以根据运动员兼项情况调整比赛场序，采用 5 场 3 胜制时，也可以赛完 5 场后以获胜场数多者为胜队，在一次团体比赛中，一名运动员不能在同一个项目出场两次。

3. 多场制

在双边比赛中，经常采用由若干场比赛组成的对抗赛、访问赛、交流赛。也有根据特殊需要而制订的比赛场数，如每年的羽毛球团体锦标对抗赛，每场团体赛就由 9 场比赛组成。

(二)单项赛项目

包括男子单打、女子单打、男子双打、女子双打、混合双打 5 个项目。

二、比赛的方法

采用单循环赛和单淘汰赛两种。有时也可以结合这两种比赛方法采用分阶段比赛的方法，即第一阶段分组循环赛，第二阶段单淘汰赛。

(一)单循环赛

参加比赛的运动员(单打个人、双打配对)或队之间轮流比赛一次，称为单循环赛。由于参加比赛的人(队)相互之间都要比赛一次，比赛机会多，机会均等。但一次比赛所需要的场地多，时间长。如果参赛的人(队)数比较多，可采用分组、分阶段进行比赛。

1. 比赛顺序的确定

单循环赛常采用1号位固定的“逆时针轮转法”。为了保证公平比赛，如果同单位运动员(对、队)在同一组中，应首先进行比赛。逆时针轮转法是指1号位固定不动，其他位置每一轮按逆时针方向轮转一个位，即可排出下一轮的比赛顺序。例如：

4人单循环赛：

第一轮	第二轮	第三轮
1—4	1—3	1—2
2—3	4—2	3—4

如果参赛人数是单数，则在末位后加“0”，然后再按“逆时针轮转法”排出各轮的比赛顺序。其中遇“0”者为轮空。例如：

5人单循环赛：

第一轮	第二轮	第三轮	第四轮	第五轮
1—0	1—5	1—4	1—3	1—2
2—5	0—4	5—3	4—2	3—0
3—4	2—3	0—2	5—0	4—5

2. 比赛轮数的计算方法

在循环赛中，每一运动员(对、队)出场比赛一次称为“一轮”，当参赛人(队)数为双数时，比赛轮数＝参赛人(队)数－1；当参赛人(队)数为单数时，比赛轮数＝参赛人(队)数。

例如，6个队单循环赛：轮数＝6－1＝5(轮)；5个队单循环赛：轮数＝5(轮)。

3. 比赛场数的计算方法

比赛场数＝参赛人(队)数×[参赛人(队)数－1]÷2。

例如，男子单打第三组5人单循环赛：比赛场数＝5×(5－1)÷2＝10(场)；女子双打8对单循环赛：比赛场数＝8×(8－1)÷2＝28(场)。

还有一种计算方法：比赛场数＝每轮的比赛场数×轮数。

例如，男子单打第三组5人单循环赛，每轮比赛2场(轮空不计)，要赛5轮：比赛场数＝2×5＝10(场)；女子双打8对单循环赛，每轮比赛4场，要赛7轮：比赛场数＝4×7＝28(场)。

4. 循环赛比赛名次的确定

循环赛的比赛名次应以下列方法依次确定：

第一，按获胜场数确定名次(团体赛按获胜次数确定名次)，获胜场数(团体赛获胜次数)多者名次列前。

第二，两者的获胜场数(团体赛获胜次数)如果相等，则以两者之间比赛的胜者名次列前。

第三，三者(或三者以上)的获胜场数如果相等，则以他们在该组全部比赛的净胜局数确定名次，净胜局数多者名次列前；团体赛三队(或三队以上)的获胜次数如果相等，则以它们在该组全部比赛的净胜场数确定名次，净胜场数多者名次列前。

第四，计算净胜局数后，还有两者的净胜局数相等，仍以这两者之间比赛的胜者名次列前；团体赛计算净胜场数后，还有两队的净胜场数相等，仍以这两队之间比赛的胜者名次列前。

第五，计算净胜局数后，还有三者(或三者以上)的净胜局数相等，应以他们在该组全部比赛中的净胜分数确定名次，净胜分数多者名次列前；团体赛计算净胜场数后，还有三队(或三队以上)的净胜场数相等，则应以它们在该组全部比赛中的净胜局数确定名次，净胜局数多者名次列前。

第六，计算净胜分数后，还有两者的净胜分数相等，仍以这两者之间比赛的胜者名次列前；团体赛计算净胜局数后，还有两队的净胜局数相等，仍以这两队之间比赛的胜者名次列前。

第七，计算净胜分数后，还有三者(或三者以上)的净胜分数相等，则以抽签确定名次；团体赛遇类似的情况，也以上述同样的方法依次计算成绩，乃至抽签确定名次。

第八，如果运动员因伤病或其他无法避免的原因没有参加全部循环比赛，则其已获成绩将被取消。

5. 分组循环赛与种子的分布

在参赛人(队)数较多的情况下，为了不更多地增加比赛的场数和延长比赛的日期，又能排定各队的名次，通常采用分组循环赛的办法。确定组数后，可用抽签的办法进行分组，也可采用“蛇形排列方法”进行分组。例如，团体赛16个队分成4个组采用“蛇形排列方法”，先按实力的强弱确定各队的序号，如不能确定实力强弱则以抽签确定各队的序号，序号越小实力越强。再按序号顺序用“蛇形排列方法”分组如下：

第一组	1	8	9	16
第二组	2	7	10	15
第三组	3	6	11	14
第四组	4	5	12	13

用抽签方法进行分组时，须先确定若干个种子并排列出顺序，然后按上述方法先将种子进行分组，再将非种子进行分组。

(二)单淘汰赛

单淘汰赛在时间短、场地少的情况下能接纳较多的参赛者，并可使比赛逐步走向高潮。但比赛的机会不够均等，大部分参赛者参加比赛的机会较少。所产生的名次也不尽合理，除了第一名外，其他的名次都具有一定的偶然性。

1. 比赛顺序的确定

参加比赛的运动员(队)按 2 的乘方数(4、8、16、32、64……)成对地进行比赛，胜者进入下一轮，负者淘汰，直至最后一名胜者。当比赛的轮次进行到还剩 16 名(对)时，将进行争夺前 8 名的比赛，称为 1/8 决赛；当还剩 8 名(对)时，将进行争夺前 4 名的比赛，称为 1/4 决赛；当还剩 4 名(对)时，将进行争夺前 2 名的比赛，称为半决赛；还剩最后 2 名，争夺冠军的比赛就称为决赛(图 11-1)。

如果要决出第二名以后的名次，就要增加相应的比赛场次，称为附加赛。附加赛只增加比赛场数而不增加比赛轮数(图 11-2)。

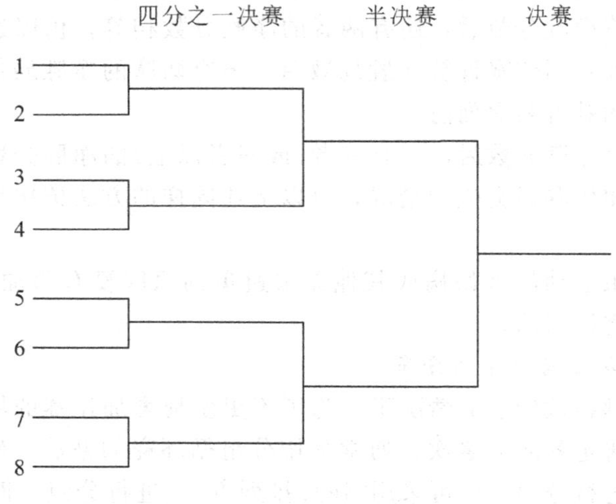

图 11-1　决赛示意图

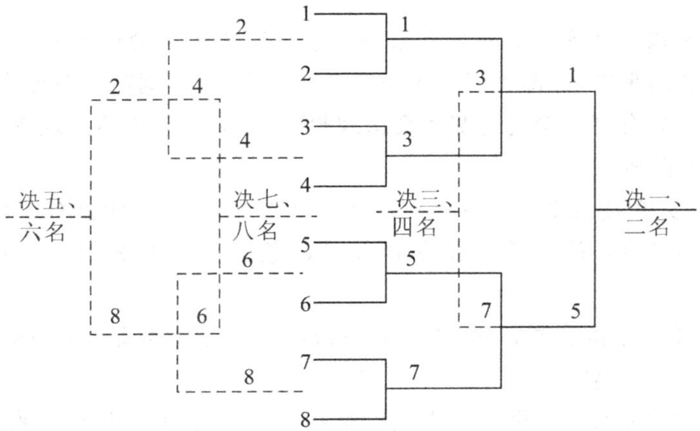

图 11-2 附加赛示意图

如果需要，还可以在决出第二名之后，半决赛的 2 名负者直接并列第三名，四分之一决赛的 4 名负者直接并列第五名，八分之一决赛的负者直接并列第八名。这样既可排列出适当的名次，又可减少一部分比赛场数。

2. 比赛轮数的计算方法

单淘汰赛的比赛轮数体现在 2 的乘方数，即 2 的几次方就是几轮。当参赛人(队)数等于 2 的乘方数时，比赛轮数＝2 的该乘方数。

例如，8 人单淘汰赛，8 正好等于 2 的 3 次方，因此，比赛轮数＝3(轮)。

当参赛人(队)数不等于 2 的乘方数时，比赛轮数＝比参赛人(队)数较大一级的 2 的乘方数的指数。

例如，13 人单淘汰赛，比 13 较大一级的 2 的乘方数是 16，即 2 的 4 次方，因此，比赛轮数＝4(轮)。

3. 比赛场数的计算方法

如果只决出前 2 名，比赛场数＝参赛人(队)数－1。

例如，23 对运动员进行双打单淘汰赛，取前 2 名，比赛场数＝23－1＝22(场)。

如果要决出更多名次，比赛场数＝参赛人(队)数－1＋相应的附加赛。

例如，23 队进行团体单淘汰赛，取前 8 名，比赛场数＝23－1＋5(附加赛场数)＝27(场)。

常用的附加赛场数：

决前 4 名——附加赛 1 场；

决前 6 名——附加赛 4 场；

决前 8 名——附加赛 5 场。

4. 轮空

当参赛人数正好等于 2 的乘方数时，第一轮比赛不会产生轮空。如果参赛人数不等于 2 的乘方数(即大于或者小于 2 的乘方数)，则第一轮比赛就有轮空。正常情况下，只有第一轮的比赛才会出现轮空(因第一轮比赛出现弃权致使第二轮出现的轮空除外)。

例如，7 人单淘汰赛，7 小于 8(即 2 的 3 次方)，第一轮就有 1 个轮空。

轮空数的计算：轮空数＝比参赛人(队)数较大级的 2 的乘方数－参赛人(队)数。

例如，14 人单淘汰赛，比 14 较大一级的 2 的乘方数是 16，第一轮的轮空数是 16－14＝2(轮空)。

轮空位置的分布：根据参赛人(队)数按上述方法计算出轮空数后，应将轮空位置平均地分布在上半区、下半区，直至各个 1/4 区或者各个 1/8 区等。

如果轮空数为单数，则上半区应多安排一个。分在上半区的轮空位置应平均分布在各个 1/4 区或各个 1/8 区的顶部；分在下半区的轮空位置应平均分布在各个 1/4 区或各个 1/8 区的底部(图 11-3)。

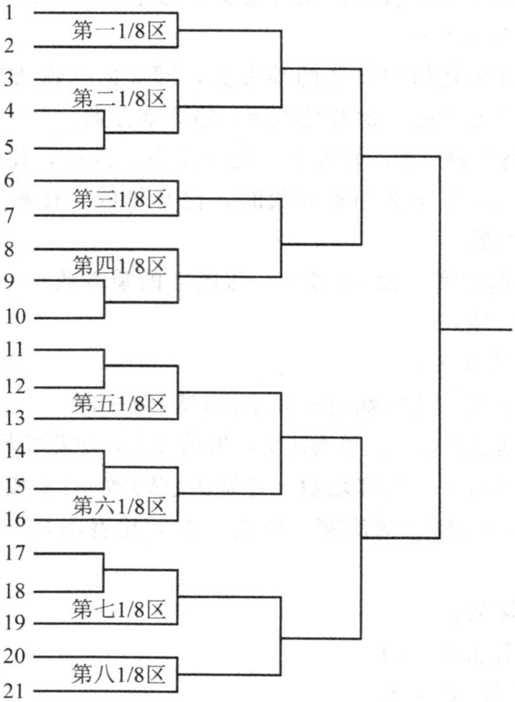

图 11-3　21 人单淘汰赛示意图

如果上半区的轮空数为单数，上半区靠上面的 1/4 区应多一个；如果上半区的 1/4 区的轮空数为单数，则该 1/4 区靠上面的 1/8 区应多一个；如果上半区的 1/8 区的轮空数为单数，则该 1/8 区靠上面的 1/16 区应多一个。如果下半区的轮空数为单数，则下半区靠下面的 1/4 区应多一个；如果在下半区的 1/4 区或 1/8 区的轮空数为单数时，也应在该 1/4 区靠下面的 1/8 区或该 1/8 区靠下面的 1/16 区多一个。

当轮空数在 4 个以下时，轮空位置只分到 1/4 区；当轮空数是 5～8 个时，轮空位置要分到 1/8 区；当轮空数是 9 个以上时，轮空位置要分到 1/16 区。

5. 各区位置数的分布

(1)下半区位置数

先用参赛人(队)数除以 2，平均分到上、下半区。

如果参赛人(队)数是单数，则下半区应多一个。例如，21 人单淘汰赛，上半区应 10 人，下半区应 11 人。

(2)1/4 区位置数

先用参赛人(队)数除以 4，平均分到 4 个 1/4 区。如果有余数，多 1 个时应分在第三 1/4 区；多 2 个时应分到第二、三 1/4 区各 1 个；多 3 个时，2 个已分到第二、三 1/4 区各 1 个，还有 1 个应分到第四 1/4 区。例如 19 人单淘汰赛，平均分到 4 个 1/4 区，各该区都有 4 个位置。余 3 个，应平均分到第二、三、四 1/4 区，各该区都有 5 个位置。第一 1/4 区还是 4 个位置(图 11-4)。

(3)1/8 区位置数

先用参赛人(队)数除以 8，平均分到 8 个 1/8 区。如果多 1 个时应分到第五 1/8 区；多 2 个时应分到第四、五 1/8 区各 1 个；多 3 个时应各分到第四、五、七 1/8 区各 1 个；多 4 个时应分到第二、四、五、七 1/8 区各 1 个；多 5 个时应分到第二、四、五、六、七 1/8 区各 1 个；多 6 个时应分到第二、三、四、五、六、七 1/8 区各 1 个；多 7 个时应分到第二、三、四、五、六、七、八 1/8 区各 1 个。例如，39 人单淘汰赛，平均分到 8 个 1/8 区，各有 4 个位置。余 7 个，应平均分到第二、三、四、五、六、七、八 1/8 区，各有 5 个位置。第一 1/8 区还是 4 个位置。

6. 抽签办法

(1)种子数

参赛人(队)数少于 16，最多设 2 个种子，参赛人(队)数是 16～31，最多设 4 个种子；参赛人(队)数是 32～63，最多设 8 个种子；参赛人(队)数是 64 以上，最多设 16 个种子。

确定种子运动员的原则："种子"是根据排名和技术水平确定的，应是本项

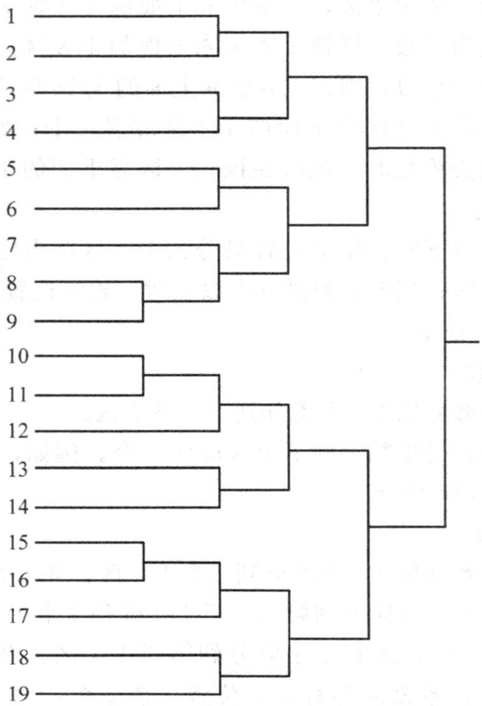

图 11-4　19 人单淘汰赛示意图

目当时最好的选手(队)。技术水平主要看运动员在近期各级比赛中所取得的成绩，如国际大型比赛以及全国比赛和其他比赛的成绩。考虑比赛成绩时，要以最近的比赛和所参加的高级别大型比赛的成绩为主。时间远的服从近的，级别低的服从高的。

在双打比赛中确定种子时，除了依据上述原则外，还可以参考单打比赛或其中一人的双打成绩。举办比赛的比赛组织委员会可对确定种子的原则做补充规定。

国际羽联对运动员排名和种子确定另有规定。中国羽毛球协会对运动员排名也另有规定。

(2)种子位置及抽签进位

任何比赛都要执行“种子”平均分布的原则，种子应按批次顺序抽签进位，1、2 号种子为第一批；3、4 号种子为第二批；5～8 号种子为第三批。

1 号种子定位在上半区的顶部，即最后一个号位。

2 号种子定位在下半区的底部。

3、4 号种子分别抽签进入第二 1/4 区顶部的号位和第三 1/4 区底部的号位。

5～8 号种子分别抽签进入第二、四 1/8 区顶部的号位和第五、七 1/8 区底部的号位。

(3)同队运动员的抽签进位

同队运动员应按以下办法依次抽签进入 1/2 区、1/4 区、1/8 区……

第 1、2 号选手应分别进入不同的 1/2 区。

第 3、4 号选手应分别进入余下的 1/4 区。

第 5～8 号选手应平均进入不同 1/2 区余下的 1/8 区。

同队第 9 号以后的选手进入剩下的任意 1/16 区。

如果一个队报名的运动员技术顺序与比赛大会设定的种子顺序不一致，则应根据比赛大会设定的种子顺序调整技术顺序后进行抽签。

(三)循环赛与淘汰赛混合制

在羽毛球比赛中，为了使各参赛人(队)有较多的比赛机会，又不使整个赛程过长，通常采用循环制与淘汰制结合的方法。如比赛的第一阶段采用分组循环赛，第二阶段采用淘汰赛。第一阶段比赛后出线的人(队)，进入第二阶段的比赛位置有两种方法：第一种，在第一阶段就固定位置；第二种，第一阶段结束后再抽签或小组第一名固定进位，小组第二名再抽签进位。

例如，16 个队团体赛，取前 8 名：

第一阶段分成 4 个小组分别进行单循环赛，第二阶段由各小组的前 2 名共 8 个队进行单淘汰赛，决出前 8 名。

第二阶段位置预先固定，即小组的第 1 名和第 2 名都进入第二阶段的固定位置(图 11-5)。由于预先知道第二阶段的位置，所以这种方法可能会出现为了进入有利位置，在小组比赛中故意输球，只争小组第 2 名的问题。

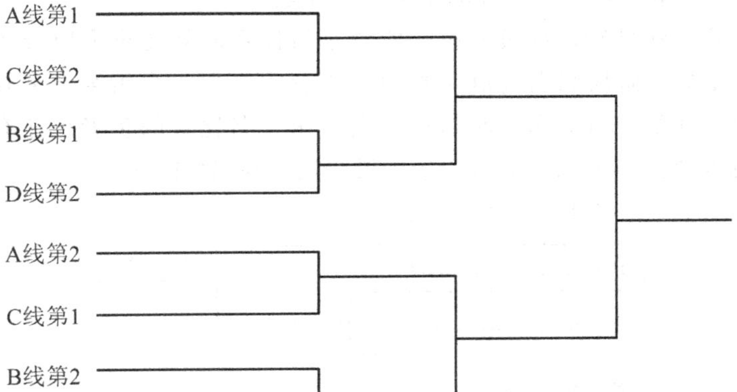

图 11-5　混合制中第二阶段预先位置图

第二阶段再抽签进位，即小组的第 1 名进入固定位置(图 11-6)，小组的第 2 名再抽签进位。这样就在一定程度上避免了出现故意输球的问题。通常是 A、B 组的第 2 名抽签进入下半区的位置，C、D 组的第 2 名抽签进入上半区的位置。在第一阶段进位时，1 号种子应进入 A 组，2 号种子应进入 D 组，这样才能使第一阶段与第二阶段的种子位置相匹配。

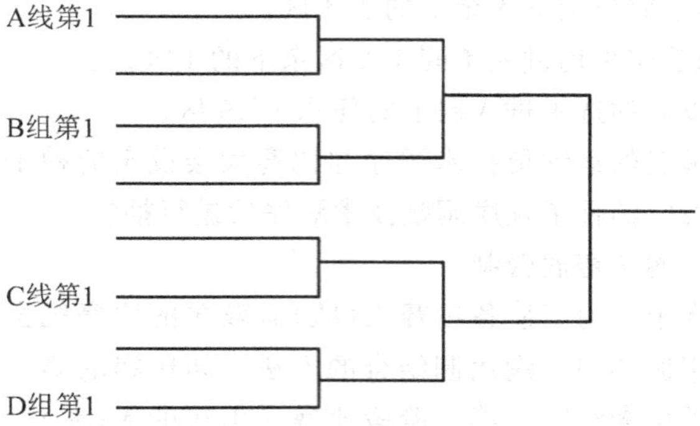

图 11-6　混合制中第二阶段再抽签进位图

(四)佩寄制

佩寄制是在两个阶段比赛中取代淘汰赛作为第二阶段比赛的又一种比赛方法。这种方法适用于第一阶段先分成两个小组进行的比赛。

佩寄制比赛的第一轮是先由一个小组的第 1 名对另一个小组的第 1 名、第 2 名对第 2 名，小组第 1 名之间比赛的胜者直接进入决赛；小组第 1 名的负者再与小组第 2 名的胜者进行比赛，这场比赛的胜者取得另一个决赛权，负者为第 3 名；两个小组第 2 名之间比赛的负者为第 4 名。

这种比赛方法鼓励运动员从第一阶段小组比赛时就要全力以赴争取小组第 1 名，这样在第二阶段只要连胜 2 场就可以获得冠军。小组第 2 名在第二阶段需要连胜 3 场才能获得冠军。小组第 1 名与第 1 名比赛的负者也还有机会获得冠军，但也需要比赛 3 场，而且必须连胜最后 2 场(图 11-7)。

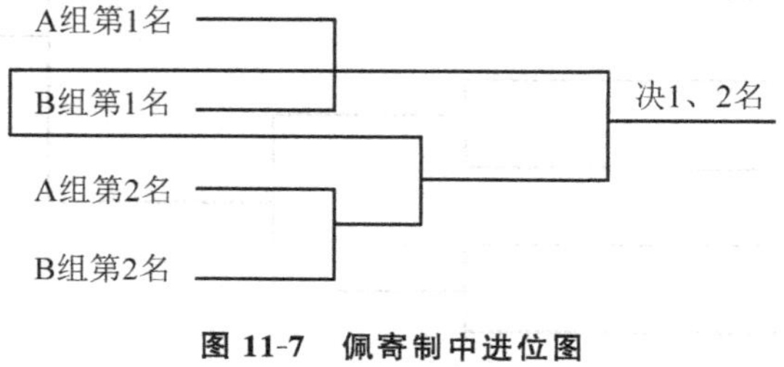

图 11-7　佩寄制中进位图

第三节　比赛的编排

一、比赛日程编排的依据

为了使比赛顺利进行，让运动员充分发挥技术水平，在编排比赛日程时应依据以下条件：

第一，比赛的时间(天数、节数、小时)。

在条件许可时，每天的比赛最好安排两节，即在上午和晚上进行。如果一次比赛既有团体赛又有单项比赛，则团体赛应在单项比赛开始之前结束。在条件许可时，在比赛日程中应安排一天休息。休息最好安排在团体赛和单项赛之间，或安排在第一阶段比赛和第二阶段比赛之间。

第二，可供练习和比赛的场地数量。

第三，运动员的比赛负担量。

在单项比赛中，每名运动员一天内不应安排超过 6 场比赛，而且同一项目的比赛不应超过 3 场；在一节比赛中，不应安排超过 3 场，同一项目的比赛不应超过 2 场。

在团体赛中，每个队一天内不应安排超过 2 次五场制的团体赛；一节中不应安排超过 1 次五场制的团体赛。如遇特殊情况，经比赛主办者同意，可不受此限制。

在国际羽联批准的比赛中，不允许要求运动员在其上一场比赛结束后 30 分钟内开始下一场。

第四，根据该次比赛的项目和运动员的技术水平估算每场比赛可能需要的时间，推算出每节比赛场地的容纳量。

二、比赛日程编排的步骤

第一，列出每个比赛项目的比赛轮次和场数。

第二，将每轮比赛按运动员的合理负担量和场地的容纳量合理、平均地分配到每天、每节。如果做不到平均分配，那么多余的比赛轮次应尽量安排在比赛最初的前几轮，不要安排在半决赛和决赛时。因为越到后面的比赛轮次，运动员的技术水平越接近，比赛也越激烈，运动员的体力消耗很大，会影响技术水平的发挥。

第三，将每轮的比赛场次安排到各场地并排出比赛场序。例如，5 个单项比赛，男子单打 28 人、男子双打 16 对、女子单打 26 人、女子双打 14 对、混合双打 22 对，每个单项均取前 6 名。

例如，4 块比赛场地，5 天比赛时间（每天的 15：00～18：00），编排程序如表 11.1、表 11.2 所示。

表 11.1　各项目的比赛轮次和每轮的比赛场数

项目	人（对）数	总场数	第一轮	第二轮	第三轮	第四轮	第五轮
男单	28	31	12	8	4	2（＋2）	1（＋2）
男双	16	19	8	4	2（＋2）	1（＋2）	
女单	26	29	10	8	4	2（＋2）	1（＋2）
女双	14	17	6	4	2（＋2）	1（＋2）	
混双	22	25	6	8	4	2（＋2）	1（＋2）
合计		121					

注：＋2 是指附加赛的 2 场比赛。

表 11.2　每一天安排的各项目各轮次的比赛场数

项目	第一天	第二天	第三天	第四天	第五天
男单	第一轮 12 场	第二轮 8 场	第三轮 4 场	第四轮半决赛 4 场	第五轮决赛 3 场
女单	第一轮 10 场	第二轮 8 场	第三轮 4 场	第四轮半决赛 4 场	第五轮决赛 3 场
男双	第一轮 8 场	第二轮 4 场	第三轮半决赛 4 场	第四轮决赛 3 场	
女双		第一轮 6 场	第二轮 4 场	第三轮半决赛 4 场	第四轮决赛 3 场
混双	第一轮 6 场	第二轮 8 场	第三轮 4 场	第四轮半决赛 4 场	第五轮决赛 3 场
合计	36 场	34 场	20 场	19 场	12 场

三、比赛场序的编排

确定了一节时间里所要进行的比赛场次后，应将这些比赛场次编排出比赛顺序。一般来说，预赛阶段的一场比赛时间比决赛阶段的一场比赛时间短些，比赛总体水平高低也会影响比赛时间的长短。因此，要对比赛所需的时间做出一个比较准确的估计(表 11.3)。

表 11.3 一场比赛所需的大致时间 (单位：分钟/场)

比赛类型	女子单打		男子单打		双打项目	
	预赛阶段	决赛阶段	预赛阶段	决赛阶段	预赛阶段	决赛阶段
基层队比赛	10～20	20 以上	15～30	30 以上	20 以上	30 以上
专业队比赛	15～30	30～60	30～45	45～70 (最长 100)	30 以上	45 以上 (最长 120)

比赛场序的常用编排方法有两种：比赛定时间(或场序)、固定场地；比赛定时间(或场序)、调度场地。

“比赛定时间”实际上只有每节第一场比赛时间能够确实执行，从第一场以后的比赛时间只能作为参考时间或者作为运动员报到时间。其编排方法如下：

为了编排方便，用 3 位数作为每个项目的每场比赛的代号，百位数代表不同的项目，十位数和个位数代表某场比赛的序号。习惯上以 1 代表男子单打、2 代表女子单打、3 代表男子双打、4 代表女子双打、5 代表混合双打。

假设某一天下午共要进行男子单打 8 场比赛(比赛代号 101～108)、女子单打 8 场比赛(比赛代号 201～208)、男子双打 4 场比赛(比赛代号 301～304)、女子双打 4 场比赛(比赛代号 401～404)，总共 24 场比赛，4 块场地，时间14：00～17：00，编排如表 11.4 所示。

表 11.4 固定场地的场序编排

场序	时间	一号场	二号场	三号场	四号场
1	14：00	201	202	203	204
2	14：30	205	206	207	208
3	15：00	101	102	103	104
4	15：30	105	106	107	108
5	16：00	401	402	403	404
6	16：30	301	302	303	304

四、淘汰赛的日程表

在大型比赛中，各队领队、教练员都比较有经验，比赛代号编排往往比较简洁、明了。在基层比赛中，为了避免误差，使参赛者更易看懂，除了采用比赛代号的方法外，可在淘汰表上相应的位置注明运动员姓名、日期、场地号、比赛场序等。

五、在一节时间里对运动员兼项的场序安排

当比赛进行到半决赛阶段时，往往出现运动员兼项比赛的情况，即一名运动员在一节的时间里要参加几个项目的比赛。所以，半决赛和决赛的比赛场序最好在知道比赛运动员的姓名后再做安排，在比赛时间表中可用“待定”来表示。为避免运动员因兼项而连场比赛，保证运动员有合理的间歇休息时间，可采用以下的编排方法。

例如，在一节时间里将进行5场5个单项的决赛，其中有的运动员要参加2场比赛，名单是男子单打(张三—李四)、男子双打(周天/席华—张三/陶高)、女子单打(徐媛—方园)、女子双打(徐媛/赵越—方园/来婷)、混合双打(周天/赵越—李四/来婷)。

第一步，先列表汇总运动员的兼项情况，如表11.5所示。

表11.5 运动员兼项表

姓名	男单	男双	女单	女双	混双
张三	√	√			
李四	√				√
周天		√			√
席华		√			
陶高		√			
徐媛			√	√	
方园			√	√	
赵越				√	√
来婷				√	√

第二步，从表11.5中可以看出，有运动员兼项的情况。

第三步，根据兼项的情况可以排出以下4种可行方案：

第一种：混双、女单、男单、女双、男双。

第二种：混双、女单、男双、女双、男单。

第三种：男双、女双、男单、女单、混双。

第四种：男单、女双、男双、女单、混双。

第四步，根据需要选择其中一个方案。

六、编排比赛场序时应避免的错误

第一，重复场次。同一场比赛安排了两个时间。

第二，漏排场次。某一场比赛没有安排在比赛时间表里。

第二种情况往往是因为有了第一种情况后比赛总场数不对而造成的。

第三，碰场。一名运动员在同一时间里被安排了两场比赛。这种情况往往是没有注意兼项运动员比赛场次的合理安排。

第四，连场。一名运动员被安排了没有间隔时间的连续两场比赛。如果一名运动员在一节时间里要进行 2 场比赛。那么在采用固定场地安排比赛场次时，最好将这名运动员的比赛安排在同一个场地，在他的两场比赛之间有其他 1～2 场比赛间隔。

比赛场次的编排工作至少应由两人负责，认真细致、反复核对，才能避免差错。

【复习与思考】

1. 比赛规程中应包括哪些内容?
2. 团体赛包括哪些项目?
3. 如何计算单循环赛比赛轮数与场数?
4. 循环赛比赛的名次如何确定?
5. 如何计算单淘汰赛比赛轮数与场数?

第三编　网　球

网球是世界上最流行的运动项目之一，被誉为“贵族运动”“高雅运动”和“文明运动”。独特的网球文化使得网球运动成为人们崇尚的生活方式之一。越来越多的高校大学生喜爱并积极参与到这项时尚的运动中，网球已成为每年选课时炙手可热的课程。

本编共分五章，第十二章是网球运动概述，介绍了网球运动的起源与发展，简述了世界网球运动的重要组织与赛事等。第十三章是网球基本理论知识，让学生了解网球场地、网球的常用术语以及基本步法等知识。第十四章针对初学者介绍了网球的握拍方式，正手击球的平击球、上旋球和下旋球以及单手反拍击球、双手反拍击球、反手削球。第十五章是在前一章的基础上，扩大内容，加深难度，面向的对象主要是具有中、高水平的学生，内容上安排了发球和截击球以及比赛经常遇到的诸多战术。第十六章结合校内比赛，介绍了网球比赛规则、网球比赛裁判法以及网球比赛编排方法。由于在运动中多发生意外的损伤，因此，我们在本书最后安排了第十七章介绍一些关于运动损伤与保健的部分知识，以方便学生能掌握部分运动损伤与保健知识及技能。

第十二章　网球运动概述

网球运动是一项时尚体育项目，越来越多的大学生喜欢并积极参与此项运动。本章介绍了网球运动的起源以及在世界各地的发展，尤其是中国网球运动的发展；介绍了世界网球运动的重要组织与赛事以及国内的重大网球比赛。通过学习，让学生了解网球运动的历史与现状，增强学生对网球文化的认识。

第一节　网球运动的起源与发展

网球运动是深受高校学生喜爱的热门项目，它与高尔夫球、保龄球、桌球并称为“四大绅士运动”。网球运动的起源与发展可以形象地用四句话来概括：孕育在法国，诞生在英国，普及和高潮在美国，现盛行于全世界。

网球运动的起源可以追溯到12～13世纪的法国。当时，法国传教士为调剂单调的生活，消除无聊的烦恼，在教堂的回廊里，两人中间用一条绳子隔开，用手掌将用布包着毛发制成的球从绳上丢来丢去，法语叫作“Tennez”，英语称作“Take it play”，意即“抓住，丢过去”，今天网球英语“Tennis”一语即来源于此。当时这种运动不仅在修道院中盛行，而且也出现在法国宫廷。法国国王路易十世在位时，宫廷中就经常进行这种以娱乐为目的的网球活动。14世纪中叶，网球从法国传入英国，法国王储曾送网球器材给英王亨利五世，当时这种供贵族消遣的室内活动，平民百姓不可能涉足，因此这项活动和当时的马术、击剑等运动被看作是贵族运动。15世纪发明了穿弦的球拍，16世纪古式室内网球成为法国的国球，之后，古式室内网球便有了自己的规则。

网球运动虽孕育在法国，但是近代网球的诞生却在英国。1873年，掌握了古式网球游戏的英国人温菲尔德少校设计了一种适合于室外的男女都可以从事的户外活动，名为草地网球，同年又出版了一本名为《草地网球》的小册子。1874年，网球场地的大小和球网的高度得到进一步的规范。到了1875年，随着网球运动在英国的风靡，英国板球俱乐部制订了网球比赛规则。温菲尔德由于对近代网球运动所作出的贡献，获得了英国女王的勋章。1877年，英国在温布尔顿举办了第1届网球锦标赛，共22名男选手参加。亨利·琼斯和另外两个人为这次比赛制订了全新规则，当时，球场为长方形，长23.77米，宽10.97米，至今未变。发球失误一次不判失分，每局采用0、15、30、40计分方法，为现代网球的盘、局、分制奠定了基础。1884年，开始增加了女子项目，首届女子网球单打比赛在温布尔顿举行，共有13名选手参加，决赛在一对姐妹中进行，结果姐姐获得了冠军，成为第一位世界女子网球赛冠军，英国已成为当时网球运动赛事的中心。

网球运动从宫廷走向社会并形成普及是在美国。1874年，在英国百慕大度假的美国人玛丽·奥特布里奇被英国军官打的网球所吸引，并如饥似渴地学了起来，回国后就和她的哥哥埃米勒斯在纽约斯特登岛一个板球俱乐部的空地上设置了网球场练习了起来。当时只有女人打网球，男人认为网球是女人的运动，因此无男人问津。由于网球运动的独特魅力，逐渐在美国斯特登岛上开展起来，很快在纽约、波士顿、新港、费城等大城市传播开来。1881年，世界上第一个全国性网球协会，即美国全国草地网球协会(“全国”二字于1920年取消)成立。该协会于成立当年8月31日至9月3日，在罗得岛纽波特港举行了第1届美国草地网球的男子单打和男子双打锦标赛，采用了温布尔顿的比赛规则。参加比赛的有26人，单打冠军是理查兹·西尔斯，双打冠军是克拉克与泰勒。1887年，开始举行美国草地网球女子单打锦标赛；1890年，举行女子双打锦标赛；1892年，举行混合双打锦标赛。

1878年以来，草地网球逐渐由英国的移民、商人和驻军等传至全球，如加拿大和斯里兰卡(1878)、捷克斯洛伐克和瑞典(1879)、印度和日本(1880)、澳大利亚(1880)、南非(1881)。当时，爱好网球的绝大多数是富裕的资产阶级，他们有条件在自家的草坪上设置网球场，作为他们社交活动的场所。在19世纪90年代中期，网球进入了初步发展的阶段，许多国家和地区组织了网球协会，并定期举行比赛。1900年，21岁的美国网球运动员戴维斯为了推动现代网球运动的发展，捐赠了一只黄金衬里的纯银大钵，名为“戴维斯杯”，后来成为国际网坛声望最高的男子团体锦标赛的永久性流动奖杯。每年的冠军队和队员的名字被刻在杯上，当1920年刻满名字后，戴维斯又捐赠了一只垫盒，以后又增添了两只托盘。1904年，澳大利亚草地网球协会成立，并于1905年开始主办澳大利亚公开赛，设男子单打、男子双打两个项目，1922年又增加了女子单打、女子双打和混合双打3个项目。当时，法国网球公开赛、英国温布尔顿网球公开赛、美国网球公开赛和澳大利亚网球公开赛为最高级别的网球赛事，被称为“四大网球公开赛”。如果一名选手或一组双打选手在同一赛季中赢得全部四个公开赛的冠军，便获得“大满贯”优胜者的荣誉。

1913年3月1日，英国、澳大利亚、法国等12个国家的网球协会在巴黎召开会议，成立了世界网球运动的最高组织——国际网球联合会(ITF)，总部设在伦敦。ITF的职能是协调国际网球活动，安排全年比赛日程，修订网球运动规则并监督。1919年，抽签采用“种子”制度。1927年，英国首创无缝网球，使球速加快。1945年至20世纪60年代，网球趋向职业化。1963年开始举办联合会杯赛。1968年温布尔顿首先实行不区分业余选手和职业选手的参赛制度。20世纪70年代以后，网球又得到了进一步的发展。网球运动发展较快的主要原因有如下几点：第一，允许职业选手参加温布尔顿等公开赛，开创了职业网球巡回赛的先河，取消了职业选手与业余选手的界限，增加了大赛的激烈程度，从而促进了运动员技术水平的提高，吸引了广大网球爱好者从事该项运动的热情，并提高了观看和评论网球比赛的积极性。第二，高新科技在球拍等器材制造中的应用，带动了先进网球器材的生产并促进了网球技术水平的提高，同时也造就了一批年轻的优秀选手，从而促进了网球运动的快速发展。

1972年，世界男子职业网球协会(ATP)成立。1973年，世界女子职业网球协会(WTA)成立。1896—1924年，草地网球曾先后7次被列为奥运会正式比赛项目。后因奥委会与国际网球联合会在业余运动员定义上的分歧，奥运会网球比赛一度被取消。直到1984年洛杉矶奥运会上，网球才被列为表演项目。到1988年的汉城奥运会，网球重新被列为正式比赛项目。进入21世纪后，网球运动的发展呈现以下特点：第一，水平高，争夺激烈。第二，随着器材的改革，尤其是球拍的研制，网球运动将向着力量型、速度型方向发展。第三，随着各种大赛奖金的不断提高，网球运动的职业化、商业化程度越来越高。

总之，世界网球运动将以其无比的魅力和不断发展的技术赢得越来越多的爱好者和观众。

第二节　中国网球运动的发展

1885年前后，网球运动传入中国。先是在上海、广州等大城市的外国传教士和商人中出现了网球活动，后来在一些教会学校中开展起来。1898年，上海圣约翰学院(圣约翰大学前身)举行的斯坦豪斯杯赛，是中国网球史上最早的校内比赛。1906年，北京汇文学校、协和书院、清华学校之间，上海圣约翰大学、南洋公学、沪江大学以及南京、广州、香港的一些学校之间开始举行校际网球赛，促进了网球运动在中国的传播。在20世纪二三十年代，网球运动只在少数人中间流行。1924—1946年，由于中国的网球运动不普及，技术、战术水平较低，虽先后6次派队参加戴维斯杯赛，但多在第一、二轮就被淘汰。

新中国成立后，网球运动在起点低、基础差、交往少的情况下逐渐发展，1953年在天津首次举办了包括网球在内的四项球类运动会(篮、排、网、羽)。1956年举办了全国网球锦标赛，并正式成立了中国网球协会，后来全国网球等级联赛定期举行，并实行升降级制度，还定期举办全国网球单项比赛、全国硬地网球冠军赛、全国青少年网球比赛。近年来又举办了巡回赛，另外还有老年网球赛、高校网球赛、少年网球赛等，这些竞赛对促进网球技术水平的提高起到了积极的推动作用。中国从 1910 年第 1 届全国运动会开始，到 1948 年第 7 届全国运动会，每届都有网球比赛。1924 年的第 3 届全运会，增设了女子网球比赛项目。在第 8 届远东运动会上，以邱飞海、林宝华为主力的中国队曾获得冠军。1924 年，邱飞海打进温布尔顿网球赛第二轮。1935 年侨居印尼的许承基回国赴美参赛，1937—1939 年，曾获英国伯明翰杯赛冠军，进入世界十强之列。1958 年，新中国首次派代表团参加了在伦敦举行的温布尔顿网球公开赛，并取得了较好的成绩。从此，中国网球队多次参加亚洲网球锦标赛、亚洲运动会、世界大学生运动会等比赛并取得了较好成绩。20 世纪 80 年代以后，随着中国的改革开放，越来越多的人喜爱网球运动，无论是城市还是乡村到处都有网球场，特别是一些大城市开始建造网球中心，一些高校也建造了网球场，群众性的网球运动轰轰烈烈地开展起来。1994 年，在浙江大学举行了第 1 届全国大学生网球比赛。近几年，锦标赛、俱乐部赛、冠军赛、巡回赛等接连不断，并定期举办国际网球邀请赛、公开赛、大师杯赛等。

中国运动员在国际重大网球比赛中也开始取得较好成绩。1986 年第 10 届汉城亚洲运动会上，中国的李心意获女子单打冠军。1990 年第 11 届北京亚运会上，中国获男子单打、男子双打和男子团体冠军。女队参加 1991 年联合会杯网球团体赛，在 56 个参赛队中进入 16 强；男队在 1994 年广岛亚运会上又取得了单打冠军，这些成绩说明中国的网球运动水平提高较快。然而，中国网球运动水平与世界强国相比，仍有相当差距。在 1999 年 2 月世界女子职业网球协会排名中，中国的李芳为 38 名，积分 664 分。在 2001 年第 21 届世界大学生运动会网球赛上，中国选手李娜夺得女单、女双和混双金牌；2002 年 3 月，中国女子网球队在联合会杯亚太地区赛中，首次冲出亚洲打入联合会杯世界组外围赛；2004 年，中国的双打选手李娜与孙甜甜站在了迈阿密大师赛的女双半决赛赛场上，能够进入迈阿密女双四强，这对中国姑娘已经创造了中国网球史上新的纪录：在总奖金高达 650 万美元的 WTA 一级赛事的半决赛上留下了中国人的足迹；2004 年雅典奥运会网球比赛，李娜和孙甜甜获得女双冠军，实现了历史性的突破；在 2006 年澳大利亚网球公开赛和温布尔顿网球公开赛上，郑洁和晏紫更是历史性地获得了女双冠军。中国网球，特别是女子网球在一步步地向世界高水平迈进。

第三节　世界网球运动的重要组织与赛事

一、重要国际网球组织

现代网球运动从英国温布尔顿开始到现在已经有100多年的历史，而网球运动也从最初只在几个国家开展到目前的近160个国家，技术水平越来越高，规则不断完善，这些都是在世界网球有关组织统一指导下进行的，世界网球组织主要有以下三个。

(一)国际网球联合会

简称国际网联，英文全称为International Tennis Federation，缩写为ITF。它是最早的国际网球组织，成立于1913年3月1日，是世界网球组织的最高权力机构，其主要职责：负责有关网球比赛的一切事务；负责制订网球规则；为发展中国家的网球教练员开设培训班；推进各国网球协会搞好本地区网球运动的普及；提高人们对网球的兴趣；吸纳更多的人参与网球运动；促进世界网球运动的发展。

国际网联不仅负责组织和管理一年一度的戴维斯杯世界男子团体赛、联合会杯世界女子团体赛和每年的澳大利亚、温布尔顿、法国和美国四大公开赛，而且还负责奥林匹克网球比赛最后阶段的比赛事务，16岁以下的国际男、女青年网球团体赛——世界青年杯赛、世界少年杯赛、世界老年网球锦标赛、女子巡回赛、发展巡回赛、卫星巡回赛、挑战赛等200多项赛事。

国际网联由理事会负责管理，理事会由网协会员代表组成，并通过常务理事会制订下一年度国际网联的工作计划。常务理事会中的正式会员都是网球运动比较发达的国家，而且有资格参加戴维斯杯与联合会杯比赛，中国网球协会是正式会员之一。

国际网联管理委员会是国际网联的最高权力机构，管理委员会每年选举一次，除执行主席和执行副主席外，其他委员均为名誉身份。管理委员会中必须有大满贯赛所在国的代表，并且至少有一名来自亚洲、南非、巴拿马运河以北的国家代表及两名来自欧洲和一名来自非洲的代表。

(二)世界男子职业网球协会

世界男子职业网球协会，英文全称为Association of Tennis Professional，缩写为ATP，成立于1972年，号称“球员工会”，是世界男子职业网球运动员的“自治机构”。其任务是协调职业运动员和赛事之间的伙伴关系，并负责组织和管理职业选手的积分、排名、奖金分配以及给予或取消选手的参赛资格等项工作。

世界男子职业网球协会每年所举办的主要大赛有四大公开赛、大师赛(前身为“超级九项赛事”)、锦标系列赛、挑战赛等80余项赛事，分别在6大洲34个国家举办。其中最著名的大师赛事是利普顿锦标赛、新闻周刊杯赛、蒙特卡洛公开赛、松下德国公开赛、罗马公开赛、大美银行保险杯锦标赛、杜莫里尔公开赛、欧洲公开赛和巴黎公开赛。为了保证赛事质量，ATP与排名前10名的选手都签订了合同。合同规定，这些球员必须准时参加以上赛事，不能在同一时间参加其他低级别的比赛。每年的11月15日在德国法兰克福由8名世界顶尖高手参加的IBM/ATP世界锦标赛总决赛和11月22日在南非约翰内斯堡举行的世界男子双打锦标赛，这两项比赛将决定谁是本年度的单打头号种子和双打头号种子选手。

(三)世界女子职业网球协会

世界女子职业网球协会，英文全称为Women's Tennis Association，英文缩写为WTA，成立于1973年，它是世界女子职业网球选手的自治组织，其主要任务是组织职业选手参加各种比赛。WTA负责的比赛有年终总决赛、各项公开赛、巡回赛等，如意大利公开赛、德国汉堡公开赛、法国斯特拉斯堡公开赛等60余项赛事。WTA管理职业选手的积分、排名、奖金分配，协调与赞助商、赛事主办者之间的关系等与选手有关的一切事务。WTA年终排名，由在美国纽约举行的有16位选手参加的WTA世界锦标赛最终确定。

二、重大国际赛事

(一)戴维斯杯(Davis Cup)

戴维斯杯赛就是世界男子网球团体赛，它是美国人德威特·菲利·戴维斯于1900年创办的，当时他是美国哈佛大学的学生。第1届比赛在美国波士顿举办，当时只有美国和英国参加。戴维斯杯赛的赛制类似于主客场制，两队首次交锋，由抽签来决定在哪个国家比赛，以后再相遇则改在另一国家比赛，因此该比赛深受参赛国的欢迎。参赛国的网球协会不仅能获得电视转播费，而且在本国比赛还可以出售门票、比赛纪念品等，此收入用于本国网球运动的普及和提高。戴维斯杯赛采用4单1双的5场3胜制，比赛分3天进行：第一天2场单打；第二天1场双打；第三天2场单打。第一天和第二天的比赛采用5盘3胜制；第三天的比赛采用3盘2胜制。

(二)联合会杯(Federation Cup)

联合会杯赛也就是世界女子网球团体赛。1963年在英国伦敦的女子网球俱乐部举办了第 1 届联合会杯比赛，共有 16 支代表队参加，最后美国队获得冠军。1962 年在巴黎举行的国际网联年会上，通过了由英国人玛丽提议的举办世界女子网球团体赛的建议。联合会杯创建的初期比赛方法是这样的：参赛国到主办国，全部比赛场次都在同一地点，在一周时间内决出冠军。

随着女子网球运动在世界范围的普及，参加联合会杯赛的代表队也越来越多，原有的赛制已不能适应。1995 年采用了最新的赛制，实际上类似戴维斯杯赛。比赛先在世界不同的地方进行，并以主客场制形式进行。具体分组如下：由上年联合会杯赛进入前 8 名的 8 支队伍组成“世界组”，另 8 个队组成 A 组。未进入 16 名的队将分别在亚洲区、欧洲区、美洲区和非洲区进行预选赛，名额分配如下：欧洲、非洲区进 A 组名额为 2 名，亚洲、大洋洲区 1 名，美洲区 1 名。“世界组”8 个队第一轮获胜的进入半决赛，第一轮失败的 4 个队与 A 组中获胜的 4 个队进行比赛，比赛获胜的 4 个队进入下一年度的“世界组”，失败的 4 个队作为下一年度的 A 组队。A 组中第一轮失败的 4 个队同各区中获胜的队进行比赛，胜者进入 A 组，失败的 4 个队回各区参赛。

(三)澳大利亚网球公开赛(Australian Open)

澳大利亚网球公开赛是四大公开赛中创办最迟的赛事，从 1905 年至今，已有百年的历史，赛地在澳大利亚的第二大城市墨尔本。由于比赛时间安排在 1 月底到 2 月初，所以，又是四大公开赛中最早的一站比赛。

澳大利亚网球公开赛是在硬地网球场上进行的，打法全面的选手在这种场地上占优势。由于比赛安排在 1～2 月份，正值当地盛夏，所以初期比赛的男、女冠军几乎都由本国选手获得。20 世纪 80 年代后，打进男、女前 4 名的基本上都是欧美选手。

(四)法国网球公开赛(French Open)

法国网球公开赛始于 1891 年，它是与温布尔顿草地网球锦标赛一样享有盛名的传统网球比赛。比赛场地设在巴黎西部蒙特高地的一座叫罗兰·加罗斯的大型体育场内，这座体育场建于 1927 年，以在第一次世界大战中为国捐躯的空中英雄罗兰·加罗斯名字命名。比赛安排在每年 5 月底到 6 月初进行，它是四大公开赛中的第二站比赛。罗兰·加罗斯网球场属慢速红土场地，对以底线抽击为主的选手较适合，因比赛时球速较慢，来回次数多等特点，极具有观看性。如果选手之间实力较为接近，一场比赛打上 4 小时是司空见惯的。

获得法国网球公开赛冠军最多的是瑞典的博格，他在 1974—1981 年的 8 年中，6 次夺冠，被称为一代球王。1989 年的法国网球公开赛，17 岁的美籍华裔选手张德培先后挫败伦德尔和埃德伯格，登上冠军宝座，成为最年轻的法国网球公开赛冠军。2011 年中国选手李娜获得了法网女子单打冠军，成为第一个捧起网球大满贯赛单打冠军的亚洲选手。

(五)温布尔顿草地网球公开赛(Wimbledon Open)

温布尔顿草地网球公开赛创办于1877年，是现代网球史上最早举办的比赛。比赛设在伦敦西郊温布尔顿总部，安排在每年6月底到7月初举行，它是四大公开赛中第三站比赛。

温布尔顿草地网球公开赛是在草地网球场上进行的，它适合发球上网型的选手，球速较快。1968年英国草地网球协会允许职业选手参加温布尔顿草地网球公开赛以来，几乎世界顶尖选手都来参加此项赛事，1976年，瑞典选手博格获得温布尔顿草地网球公开赛冠军，并连续4年卫冕成功。1985年，年仅17岁的德国选手贝克尔登上冠军宝座。在温布尔顿草地网球公开赛冠军中，男子选手值得一提的是美国的桑普拉斯，从1993年开始，他连续3年获得桂冠；女子选手中，德国的格拉夫曾6次登上最高领奖台。

(六)美国网球公开赛(U. S. A. Open)

首届美国网球公开赛于1881年在罗得岛新港举行，当时只是美国国内的比赛。1968年被列为四大公开赛之一，在每年的8～9月举办，它是四大公开赛中最后一站的比赛。由于该项赛事的奖金和商业化程度高，以及采用中速硬地场地，所以每次都能吸引世界上的高手参赛。

由于美国网球运动较为普及，这项公开赛的冠军获得者多数是美国人，如1995年美国选手桑普拉斯第三次夺得美国网球公开赛冠军，1999年美国选手阿加西获得冠军，女子的冠军被美国选手塞蕾娜·威廉姆斯夺得。

(七)大满贯杯赛

大满贯是借用桥牌比赛中的一个术语，指的是全家13墩牌，包括全部之意。要想获得“大满贯”称号，必须在一年之中同时取得澳大利亚、法国、温布尔顿和美国四大公开赛冠军。因此，这四大公开赛又称为“四大满贯赛事”。

1990年12月，在德国慕尼黑举行的首届大满贯杯赛，是世界上奖金最高的网球比赛，以总奖金600万美元创下了职业网坛的奖金纪录，冠军可获得200万美元。大满贯杯赛由国际网球联合会发起并主办，参赛者为当年世界排名前16位的男选手，参赛选手经抽签后进行淘汰赛，决出冠军，该项比赛只有奖金，没有积分。

(八)年终总决赛(世界锦标赛)

年终总决赛是指ATP、WTA每年11月举办的世界锦标赛，是ATP、WTA巡回赛的最后一站，也是最重要的一站比赛，世界顶尖高手的年终排名将由此最终确定。

ATP年终排名，于每年1月在德国的汉诺威举行的ATP世界锦标赛最后确定，只有获得世界排名前 8 名的选手才有资格参加，对这 8 名选手来说，能有资格参加这项赛事本身就是一种荣誉。ATP 双打排名，由在美国哈特福德举行的 ATP 双打锦标赛最后确定。WTA 年终排名，由在美国纽约举行的 WTA 世界锦标赛最终确定。

三、中国网球重大赛事

(一)上海大师杯赛

上海大师杯赛的前身是 ATP 锦标赛，由国际网球联合会和大满贯委员会联合主办，是 ATP 巡回赛的总决赛，只有当年排名世界前 8 的选手才能获得参赛资格。2002 年 11 月在上海举行，总奖金为 370 万美元。

(二)上海网球公开赛

上海网球公开赛自 1998 年开始在上海举办，属于 ATP 职业赛事。

(三)北京中国公开赛

北京中国公开赛从 2004 年开始举办，每年一届。比赛项目有 ATP 男子单打、ATP 男子双打、WTA 女子单打、WTA 女子双打和国际青少年组比赛。

【复习与思考】

1. 四大公开赛是哪四项比赛，各有哪些特点？
2. 网球成为奥运会正式比赛项目后，对其发展有何推进作用？
3. 简述中国网球运动的发展。
4. 你认为世界网球运动技术的发展方向是什么？

第十三章　网球运动基本理论知识

通过本章的学习，让学生了解网球场地，包括单、双打场地规格、场地类型，网球运动的常用术语以及基本步法知识，它既是网球常识内容的介绍，又是后面章节学习的基础。

第一节　网球场地

一、场地规格

(一)单打场地

单打场地的边线长 23.77 米；端线长 8.23 米(除端线宽 0.10 米外，其他线宽均在 0.025～0.05 米)；网柱高 1.07 米，安置在距单打边线外 0.914 米处；球网中央高 0.914 米；发球线距球网 6.4 米，并平行于球网；发球中线是连接两条发球线中点并平行于边线的线(图 13-1)。

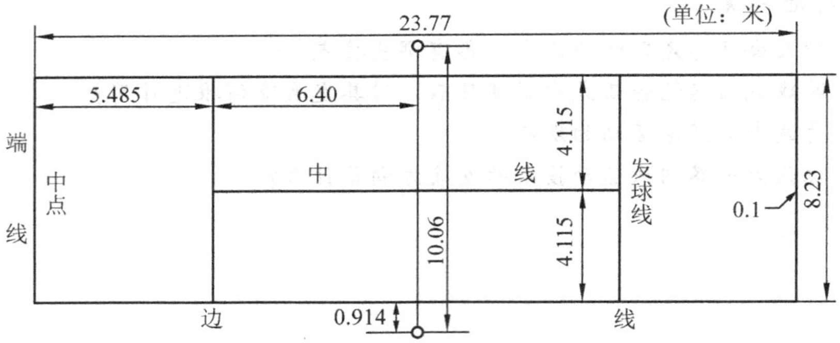

图 13-1　网球单打场地规格

(二)双打场地

双打场地的边线长 23.77 米；端线长 10.97 米，宽 0.10 米；网柱高 1.07 米，安置在双打边线外 0.914 米处；如果单打比赛在双打场地上进行，需用两根长 1.07 米的单打支柱支撑，单打支柱应距单打边线外 0.914 米；其他同单打场地(图 13-2)。

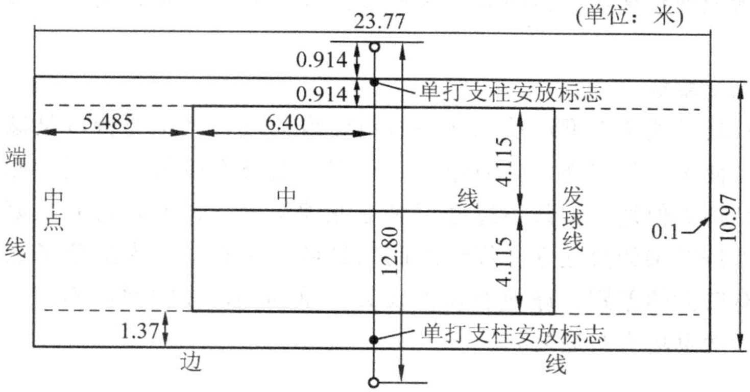

图 13-2　网球双打场地规格

二、场地类型

网球场地主要分为草地场、红土场、硬地场、人造草场等。

(一)草地场

草地场是历史最悠久、最具传统意味的一种场地。草地场的特点是球落地时与地面的摩擦小，球的反弹速度快，对球员的反应能力、奔跑速度、奔跑技巧等要求非常高，同时球员也利用这一特点大打“攻势网球”，发球上网、随球上网等各种上网强攻战术几乎被视为在草地场上制胜的法宝，底线型选手在草地场常常无功而返。因草地场的特殊要求及极高的维护成本，从 20 世纪 80 年代后逐步被人造草场所取代。温布尔顿网球公开赛是唯一在草地场举行的大满贯赛事。

(二)红土场

红土场的地表铺有一层细沙或砖粉末，特点是球落地时与地面有较大的摩擦，球速比较慢，这要求球员必须具备比在其他场地上更优良的意志品质和更出色的奔跑、移动能力，否则很难取胜。在这种场地上比赛对球员是极大的考验，尤其考验其在底线相持的功夫。球员一般要付出数倍的汗水及耐心在底线与对手周旋，获胜的往往不是频繁上网者，而是在底线艰苦奋斗的一方。在红土场举行的赛事最典型的代表就是法国网球公开赛。

(三)硬地场

硬地场是使用最广泛的一种场地，一般由水泥和沥青铺垫而成，其上涂有红、绿等涂料或铺有一层高级丙烯酸塑胶面层，表面平整、硬度高，球的弹跳非常有规律但球的反弹速度很快，平时易于清扫和维护。目前国内大部分网球场都是丙烯酸硬地球场。美国和澳大利亚网球公开赛均是在硬地场举行的大满贯赛事。

（四）人造草场

人造草场是使用新型运动场面层材料建设而成，其主要特点是球场面层弹性好，不易使运动员受伤，且质量非常稳定，返修率极低。这是天然草场的仿效物，其结构类似地毯，只不过底层是尼龙编织物，其上栽植的是束状尼龙短纤维，为保持纤维的直立性，纤维之间以细沙为填充物。人造草场在性能上和天然草场有较大的差别，球速明显不及天然草场快，球的弹性不高、容易改变方向则与天然草场有共通之处。

第二节　常用术语

在体育领域中，各个运动项目均有其专门用语——术语。而每一术语在该项运动中都具有严格和特定的含义，它正确地反映某一事物（动作或状态）的本质与结构特点。网球常用术语是正确说明网球运动的动作技术、战术、竞赛、裁判、器材等方面特征的专门用语。在运用术语时，总的要求是正确、简练、易懂。网球常用术语很多，这里仅就在教学训练中最常用的术语做简单的介绍和必要的说明。

一、场区

球场以中点与中线的连线为界可分成左半场、右半场；没有中间界限的叫全场；端线向前 3 米左右称为后场，球网向后 4 米左右称为前场，中间部分称为中场。

二、正、反手

握拍手的同侧称为正手，握拍手的异侧称为反手。正、反手的用途主要有两点：第一，与技术名称相连，表示一种技术动作，如正手上旋球、反手截击球等；第二，表示来球的方向，如正手来球、反手来球等。

三、击球点

击球点是指球拍击球时与球接触的那个点。击球点包括三个方面的内容：第一，这个点距击球者身体的前后距离；第二，这个点距击球者身体的左右距离；第三，这个点距地面的垂直高度。练习者用球拍击球时，击球点选择是否合适对击球的命中率有直接的影响。击球点过前，则击球无力；击球点偏后，则球拍前挥距离不够，没有主动击球的效果；击球点过高或过低又会使动作变形。选择正确的击球点能使合理的技术动作得以发挥，击球效果好。

四、拍面角度

拍面角度是指球拍击球时拍面与地面间的角度关系。拍面角度有垂直、前倾(关)、后仰(开)三种。不同的技术动作要求控制成不同的拍面角度，如平击球要求拍面垂直、下旋球要求拍面后仰、上旋球要求拍面前倾。

五、旋球

击球时，球拍给球的作用力线不通过球心时，球就会产生旋转。在网球运动中常见的旋球有三种：第一种是上旋球，它是由球拍稍前倾，从下向前上擦击球的中上部而产生的。这种球的特点是在空中飞行时下落速度比较快，落地后向前冲，弹得低而快。第二种是下旋球，它是由稍后仰的球拍从上向前下擦击球的中下部而产生的。这种球的特点是落地后弹得高，球不往前走。第三种是侧顺旋和侧逆旋，它是由侧后仰的球拍从左后上或右后上向右前下或左前下擦击球的左中下或右中下部而产生的。这种球的主要特点是落地后向左、右两侧跳。

六、甜点

球拍上能送出稳定、有力、向前按预定方向飞行的球的区域称为“甜点”。甜点不是一个点，而是位于球拍网弦中心部位的一个区域。在这个区域里有三个具体的点：位于网拍中心的那个点是最佳手感点，球击在这个点上时，手臂感到震动极小；在最佳手感点的下方(靠近拍柄端)有一个点叫作最强弹力点，球若击到这个点上飞出的速度最快；在最佳手感点的上方有一个点叫作最大减震点，球击在这个点上震动力最小。

七、击球时机

在底线击落地球时，最适宜的击球点是在相当于腰部或略低于腰部的位置上，而在球第一次落地至弹跳后第二次落地的过程中分为上升期和下降期。高水平选手大多选迎着球上升的趋势将球回击过去，以争取进攻的时间及力度，称“抢点击球”。抢点击球虽然是打网球的一大要点，但初学者往往很难做到，因此，初学者可先从击打球的下降期开始练习，熟练后逐步有意识地在上升期打球。

八、击球站位

网球击球站位的姿势有两种，即封闭式站位和开放式站位。封闭式站位是两脚前后站立的姿势；开放式站位是两脚平行开立的站位。

第三节 基本步法

网球是一项除发球技术外，各项技术运用都需在移动中完成的运动。网球场上情况千变万化，球员需根据场上情况不断变换方向，通过各种步法以满足急停、转身、变向的需求，有效地控制身体、调整好人与球的距离。因此步法的好坏将直接影响到球员技术水平的正常发挥。网球基本的步法包括站位和击球步法。

一、基本站位

(一)开放式站位

动作要领：双脚侧向自然分开并侧身击球，决定右脚位置的同时，必须扭转上半身使左肩朝前，同时往后拉拍。挥拍中身体重心必须从右往左移动，为此，右脚要向后蹬地，打完球后，可利用此力量回到中场，如图 13-3 中图 1 所示。

特点与作用：这是西方式、半西方式正手握拍选手多采用的击球站位，因双脚是侧向自然分开，所以当移动击球时速度更快，拉拍、挥护时腰和肩的扭转幅度大，使得腰部的发力更为充分。

(二)关闭式站位

动作要点：左脚向右前方上步，右脚向右转 90°。与底线平行，同时转肩带动右手向后摆动引拍。侧向跨出的同时，拉开球拍，以左肩朝前的姿势往前挥拍，挥拍时身体重心必须是从右脚向左胸移动，腰和肩的扭转越大，越能获得力量和速度，如图 13-3 中图 2 所示。

特点与作用：多用于东方式握拍的选手，因双脚是前后方式站立，以左肩朝前的姿势往前挥拍，所以挥拍送球时间较长，击出的球较深。此种站姿对于初学者侧身拉拍的习惯动作养成有很大帮助。

(三)半开放式站位

半开放式站位调整脚步时，左脚介于关闭式和开放式站位之间，如图 13-3 中图 3 所示。击球时，发力基本同开放式站位，支撑点在右腿的内侧，蹬地，转腰，发力之后支撑力量转到左脚上。

1　　2　　3

图 13-3 网球的基本站位

二、基本步法

(一)单步

一脚为轴，另一只脚向前、后、左、右不同方向移动，重心随之跟上。单步具有移步简单、灵活、重心平稳的特点，一般用于离身体不远的小范围移动，如接近网短球等。

(二)跨步

一脚蹬地，另一只脚向移动方向跨一大步。多用于进攻型选手左右移动击球。为了防止跨步后失去重心，蹬地脚应随后跟上半步或一小步。

(三)并步

一脚先向另一只脚移(或叫并)半步或一小步，另一只脚在并步脚落地后即向同方向移动。其特点是身体不腾空，重心起伏小，很稳定。一般为进攻型选手或削球选手在左右移动时运用。

(四)跳步

以来球同方向脚蹬地为主，双足有瞬间的腾空，离来球较远的脚先落地，另一只脚跟着离地。其特点是移动范围比跨步大，利于发力进攻。一般为攻球选手在左右移动时常用。

(五)交叉步

近来球方向的脚尖先由向前转向移动方向，并略移半步或原地调动一下重心；远来球方向的脚在向来球方向跨一大步，在身体前(侧)瞬间呈交叉状态。身体随之向来球方向移动，另一只脚再跟上一步，身体重心随手臂挥动方向略转。在远来球方向脚跨出的一步将落地时进行击球，另一只脚移动时击球已完成。此步法移动范围大，侧身攻后扑打右方空当，或再从右大角回到反手攻球时常用。削球选手在前后移动时也经常使用。

(六)小碎步

较高频率的小垫步，主要适用于步法的调节，在步法移动到一定的位置时还没有找到合适的击球点，就要通过小碎步来调整，争取更好的击球点。小碎步是步法中尤为重要的步法，也是衡量选手跑得是否合理、协调的一个重要因素。

三、各种击球步法特点

当今网坛，关闭式站位多见于单手反手选手的反手击球。正手和双手反手击球大量使用开放式站位和半开放式站位，这两种站位回位快，而关闭式站位在回位的时候，要增加一个回撤步，速度会比其他站位慢半拍。

(一)正手击球的步法特点

东方式正手击球要充分利用身体重心的前后移动来打球，因此一定要保持向前迈步击球的步法，一般常采用关闭式站位。侧身迎接来球，击球前重心在后脚，击球时重心移至前脚。

半西方式和西方式正手击球时，主要用转肩甩拍的动作来提拉上旋球，常采用开放式站位和半开放式站位击球。

(二)反手击球的步法特点

单手反手拍击球时，右脚要跨过左脚，保持背对来球，常采用关闭式站位。双手反手击球一般三种击球站位均可。

(三)发球的步法特点

发球时，不论是在右区或在左区发球，都要保持左脚的脚尖指向右网柱，并且两脚尖的连线指向相应的发球区。另一种是后脚靠近前脚的发球步法。随着上举球拍的结束，准备向上击球之前，让后脚靠近前脚，平稳地向前程动重心，保持双脚同时向上发力击球。

(四)截击球的步法特点

基本上有三种截击球步法：一种是恰好在击球位置的来球，同关闭式站位一样，向前跨出脚，侧对来球迎着击球；一种是稍远离身体的来球，采用一脚跨过另一脚的步法击球；还有一种直接奔向身体的来球，要迅速后撤左脚或右脚，再用后撤腿顶住身体重心前移来挡击球。

(五)高压球的步法特点

高压球时一定要保持侧对来球，右脚与底线平行，左脚尖弹指向右网柱。常用的高压球步法有两种：一种是向后侧滑步法；一种是侧后交叉移动步法，基本到位后，采用分腿垫步调整。

【复习与思考】

1. 网球场地有哪些类型？
2. 简述网球的基本站位。
3. 简述网球击球步法的特点。

第十四章　网球基本技术

本章内容主要针对初学者，按照学习规律，从简单逐渐到复杂。从基本的握拍方法开始介绍，然后介绍正手击球的平击球、上旋球和下旋球，接着介绍反手的两种击球方式即单手反拍击球和双手反拍击球以及反手削球。在技术学习上，本章安排了大量的篇幅对教学与训练的方法进行了重点说明。通过本章的学习，掌握好正反手的基本技术，为网球技术的进一步提高打下坚实的基础。

第一节　握拍的基本方法

掌握合适的握拍法是学习网球基本技术的第一步。目前常用的基本握拍法有 5 种：东方式、大陆式、西方式、半西方式和双手握拍法。这 5 种握拍法没有好坏之分，每个人都可以根据自己的舒适感挑选一种握拍法。为了能够清楚地说明各种握拍法与球拍拍柄的关系，我们先介绍球拍垂直地面时拍柄各部位的名称。任何一个网球拍柄的形状都是多边形，由 8 个面构成，以球拍在垂直地面时为例，拍柄的 8 个面分别为：上、下平面，左、右侧面及 4 个斜面(图 14-1)。

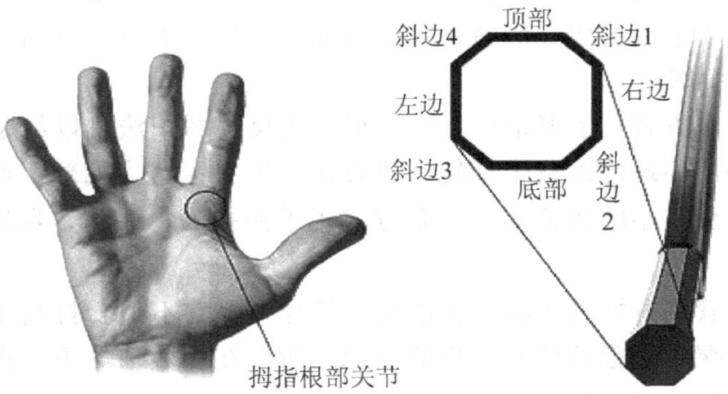

图 14-1　网球拍柄各面的划分

一、握拍的常见方法

(一)东方式握拍法(以右手握拍为例)

东方式握拍法最先在美国东海岸一带流行，因而取名东方式。东方式握拍法分为正手与反手击球握拍法两种。

1. 东方式正手握拍法

方法：先把五个手指伸开平放在拍面上，保持手掌与拍面平行，大拇指与食指虎口形成“V”字形对准拍柄右上斜面 1(也可以根据个人手感的不同使虎口正中位置向拍柄右侧或左侧的位置有适度的旋转)，拇指压在绕环球拍柏柄的中指上，手掌与食指下关节压住拍柄右垂直面，食指稍离中指，拍柄底部与手掌根部齐平，见图 14-2 中图 1。

优点：东方式正手握拍法易于正手抽球，拍面和掌心的方向一致，这样初学者更容易掌握用掌心击球的感觉，并且击出的球更稳定。采用这种握拍法，拍面可以通过摩擦球的后部击出上旋球，还可以打出力量大和穿透性强的平击球。同时，东方式正手握拍法很容易转换到其他握拍法，因此，对于初学者来说，东方式正手握拍法是不错的选择。

缺点：与西方式握拍法相比，东方式握拍法的击球点要求在身体前部更高一些，但它不适用于打半高球。虽然东方式握拍法击出的球比较有力量和穿透性强，但更多的是平击球，这就导致稳定性会差一些，因此很难适应多回合的打法。因此东方式握拍法不适用那些希望打出更多上旋球的选手。

2. 东方式反手握拍法

方法：拇指与食指形成的“V”字形虎口放在球拍的左上斜面 4 上，手掌根部贴住拍柄的左上斜面，与拍底对齐，食指与其他 3 个手指稍分开，食指下关节压在右上斜而上，拇指一般贴在左垂直面上，拇指末节稍弯曲贴住左下斜面 3，见图 14-2 中图 2。

优点：同东方式正手握拍法一样，东方式反手握拍法可以给手腕提供良好的稳定性。击出的球可以略带旋转，或直接击出有穿透力的球。而且，采用这种握拍法只要做稍小的调整就回到东方式正手握拍法，因此，容易在正反手间进行转换。

缺点：尽管这种握拍法能很好地处理低球，但它不适合打高于肩部的上旋球，因为这种握拍法很难控制这样的回球，所以在多数情况下，选手只能采用防守式的削球将球回击至对手场内。

(二)大陆式握拍法

大陆式握拍法因曾经广泛流行于欧洲大陆而得名，现在多用于上网截击和发侧旋球。

方法：拇指与食指形成的“V”字形虎口放在拍柄的上顶部与左上斜面 4 的交界线上，手掌根部贴住上平面，与拍底平对齐，食指与其余 3 个手指稍分开，食指下关节紧贴在右上斜面 1 上，见图 14-2 中图 3。

优点：运用大陆式握拍法可以使发球或打过顶球时充分发挥手臂的作用，

有利于击出正手平击球和处理低球，由于在打正手和反手时不需要调整握拍法，因此大陆式握拍法也是打网前截击球的最佳选择。

缺点：采用大陆式握拍法很难打出带上旋的球或削球。一般来讲，采用此种握拍法击球时击球点在腰部高度，由于球在这一点停留的时间非常短暂，所以留下的击球时间就很短。另外，这种握拍法处理来球速度快的反弹球较为困难。

(三)西方式正手握拍法

西方式正手握拍法曾在美国西部海岸加利福尼亚州一带流行，因而得名。

方法：手掌根贴在拍柄右下斜面，虎口正对拍柄右垂面与右下斜面 2 之间的棱线，食指下关节压在柏柄右下斜面，拇指环握拍柄其末端位于中食指中间，见图 14-2 中图 4。

优点：这是一种击打高球通常采用的握拍方式。手腕的位置迫使拍面强烈地击打球的后部，从而产生更多的上旋，而球在落地后还会高高地弹起，这就会迫使对手退至底线后回球。

缺点：回击低球是此种握拍法的致命点。同时，需要以更快的挥拍动作来给球加上必要的旋转，否则，击出的球就会既没有速度也没有深度。对于一部分选手来说，采用这种握拍法也很难打出线路较平的球。

(四)半西方式正手握拍法

它是介于东方式正手握拍法与西方式正手握拍法之间的一种握拍法。

方法：把“V”字形虎口对准拍柄右上斜面 1 与右垂面的交界线处，其余手指环握球拍，见图 14-2 中图 5。

优点：由于击球时大幅度地引拍，使球产生较强的上旋而更容易过网，有助于回球的稳定，减少失误。这种握拍法在身体前部的击球点比东方式握拍法更高，因此更有利于控制高球。

缺点：半西方式正手握拍法不适合回击低球。因为采用这种握拍法时，拍面自然地呈关闭状态，这样必须打球的下部然后向上拉球，于是容易给对手留下进攻机会。另外，从底线上网时这种握拍法转换到大陆式握拍法需要做很大的调整。

(五)双手反手握拍法

方法：右手呈东方式反手握拍法，握在拍柄的下方，左手食指根部贴紧斜面 3，在拍柄的上方紧贴着右手，双手之间尽量不要有缝隙，见图 14-2 中图 6。

优点：适用于单手力量不足或双手具有良好协调性的选手。比起单手反手击球，由于双手反手借助肩部的转动和小幅度的挥拍来发力，因此反拍击球时隐蔽性比较强。而且在回球时力量十足，处理击球点较低的来球较为容易。

缺点：因为是双手握拍，这就限制了跑动，故在进行大幅度移动击球时很困难，而且不容易转身挥拍；网前截击时双手反手握拍法不易控制拍面，回击直线截击较困难，不适合移动较慢的选手。

无论采用哪一种握拍法，有一点是共同的，就是拇指与食指必须钳紧拍柄，手掌根部贴紧把手，由食指下关节与手掌根部控制球拍。另外，要注意使手臂与球拍形成“L”形，拍顶始终保持比拍底稍高些。

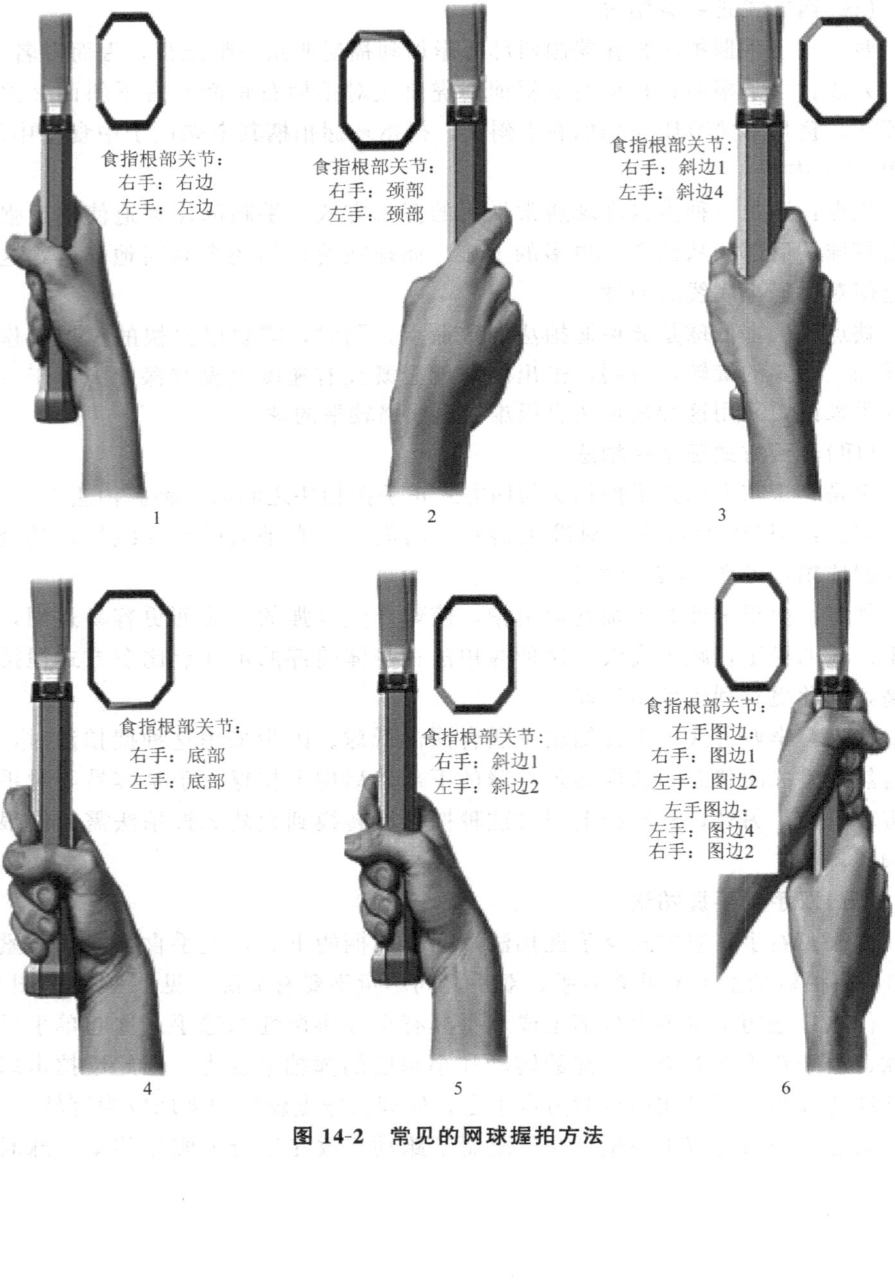

图 14-2　常见的网球握拍方法

二、握拍方法的选择

根据自身身体条件及技术特点来决定选择合适的握拍方法。一般而言，对于初学者，建议以握拍稍深的东方式正手握拍法来击打正手球，当球感、技艺达到一定程度后，可以采用抽打旋球更多的半西方式握拍法。至于反手击球，无论是单手或双手握拍，通常采用大陆式向左稍深的握拍法；而发球、截击时，选择比大陆式握拍法更浅一点的握拍法，目的是使肘关节容易向内侧旋转。

知识窗

握拍名称的由来

初学网球，首先要学握拍的方法。一般来讲，握拍的方法最常见的是东方式、西方式和大陆式。东方式和西方式握拍法的分类，起源于美国的东、西海岸，它是由美国东部和西部球场的不同性质，产生出来的不同握法。东方式握拍法适于当时美国东部各州的红土球场，在这类球场上击出的球，旋转少且平直，比赛时最适合这种握法。西方式握拍法适于当时美国西部水泥硬地球场，球落地弹跳较高，速度较快，这种握拍法最适合这类球场的特性。大陆式握拍法起源于欧洲大陆，因为早期欧洲草地球场多，球落在草地上滑溜而弹跳低，适于采用这种握拍法。

第二节　正手击球

正手击球指的是在持拍手同侧的方向击打落地球的方法，它是网球基本技术中最常用的击球方法。据统计，一场比赛中使用正手击球的比例可达到70%以上。因此，正手击球是网球技术的基础。

一、正手击球动作的基本结构

通常情况下，正手击球动作由准备姿势、转体引拍、挥拍击球和随挥4个基本环节组成。当然，这4个基本环节之间并没有明显的界限，击球动作往往是一气呵成的。

(一)准备姿势

面对球网，双脚向前自然分开与肩同宽，双膝微屈，身体略向前倾，重心落在双脚的前脚掌上，右手握拍，左手轻托拍颈，双肘微屈，球拍舒适地置在身前，拍头稍高于拍柄并指向前方，两眼注视对方来球并做好击球准备。初学者要注意左手的作用，左手要扶住拍颈或用双手握拍法握拍，这样既可减轻右手的负担，还可以帮助右手快速变换握拍方法及做出向后转体引拍动作。

(二)转体引拍

当判断来球需用正手回击时，转肩转髋带动右手向后摆动引拍，此时，双脚可采用关闭式、开放式或半开放式站位。引拍时肘部弯曲、自然下垂，拍头一般应高于持拍手，手腕放松。左手伸向前方，保持身体平衡。后摆引拍时身体重心移向右脚。引拍结束时，球拍对着后面的挡网。初学者特别要注意做转体转肩的动作，保证引拍充分，避免只用手臂去打球。

(三)挥拍击球

向前挥拍击球时，应蹬地发力并向左转动身体，以左侧身体为轴，持拍手大臂带动小臂，沿着来球的轨迹迎前挥击。在击球时，手腕应固定，拍面垂直于地面。击球点一般在身体的右前方，与腰齐高或稍高于腰，击球高度可通过屈膝、调整身体重心高度来调节。大部分挥拍是自下而上的挥动，从而使球稍带上旋。初学者应注意，挥拍击球时眼睛要牢牢盯住球，直至球拍将其击中，否则，往往会导致无法用球拍中央的“甜点”部分击球，而将球打在球拍的边框上，严重影响击球的效果。对于初学者而言，能控制拍面，使拍面能对着击球方向最为重要，因为触球瞬间拍面所对的方向也就是球的飞行方向。

(四)随挥

在球触拍后，要使拍面平行于网的时间尽量长些，挥拍沿着球飞行的方向前送，重心前移落在左脚，身体也随着转向球网，挥拍动作在左肩上方结束，肘关节向前。随挥结束，立即恢复准备姿势，准备下一次击球。初学者应注意，随挥动作是击球动作的有机组成部分，能使击球动作变得流畅、协调和舒展，更能保证击球的力量和控制球的飞行弧线和落点。

二、正手击球方法

从球的旋转性能分类，正手击球有上旋球(又称抽球)、下旋球(又称削球)、平击球、侧旋球等不同旋转的打法。来球的方向、力量、旋转速度与方向，击球时的挥拍路线，触球时的拍面角度等因素影响着击球后球的旋转方向和飞行轨迹。不同的击球方法会导致不同的飞行轨迹和反弹效果。根据场上情况，自如运用各种击球方法，掌握比赛的主动权。

(一)正手平击球

这是初学者练习球感时常使用的击球方式。一般击球点在高于球网时才比较适合打平击球。击球时拍面与球接触几乎不产生分力，球沿着垂直于拍面的方向飞出，近似一条直线。其特点是速度快，着地后反弹较低。

1. 动作方法

正手平击球动作方法基本同正手上旋球，主要区别在平击击球时手腕固定，挥拍方向和出球方向一致，表现为推送球。

2. 动作要领

多采用东方式正手握拍法(几种握拍法都能打出平击球，东方式握拍法的推送动作更能体现出平击球的特点)。

由于球沿着垂直于拍面的方向飞出，击球方向和出球方向基本一致，挥拍时持拍臂不应向上太多，这样能压住球并控制好球过网的高度。充分利用蹬腿和腰部的回转力量及肩部积极前送，带动手臂前向推送。击球瞬间手腕握紧。

(二)正手上旋球

正手上旋球是目前网球选手们普遍使用的击球方法，它的特点是飞行路线呈向上弧线而后迅速下降，飞行幅度高，下降快，落地弹起的反射角度较小，前冲力较大。

1. 动作方法

当判断来球需要用正手回球时，要快速转肩引拍，持拍手臂放松向后引拍。引拍应该是直接向后的，球拍指向球场后端的挡网，拍底正对球网，拍头高于手腕，双脚与底线平行(关闭式站位，左脚在前)，左肩对着击球方向，尽量保持侧身击球。同时，左手一定要随着侧身转体指向前方的来球。击球时应以肩关节为轴，用力蹬腿，转动身体，手腕固定，在身体右前方由下往上击球。击球时拍面与地面垂直，眼睛看着击球点，左手留在前面以获得左侧支撑，用大臂带动小臂。球拍触球后，拍面向着击球方向前送的时间尽量长些，同时保持拍面对着击球方向，重心前移，拍头随着惯性挥到左肩上方，肘关节向前。随挥结束后，应立刻恢复到准备姿势。

2. 动作要领

多采用东方式握拍法和西方式(半西方式)握拍法。

引拍后手腕向后翻转与手背形成一定的角度，击球前拍头有个明显的下降过程，进而能够充分向上提拉拍头。击球时，眼睛始终盯住球，头部保持正直，当决定用正手击球时，应及早转肩向后引拍。然后利用腰的扭转，使右肩向前转出，身体转动明显，最后由手臂带动球拍甩出。击球后手腕由向上转而向内做压手腕和抬肘的动作，最后把球拍挥至左侧的身体。击球部位在球的中上部或中部偏右向上位置。

3. 正手上旋球与正手平击球的技术对比

(1)前挥击球

平击击球强调发力方向的“平”，球拍在击到球前和击球后随挥动作的一段摆动过程中强调直线运动；上旋抽击球时球拍运动方向强调自下而上。球拍运动轨迹是由后下至前上的弧线。球拍拍头在击球前是明显低于击球点的。

(2)击球点

上旋抽球最佳击球点是在身体侧前方、髋关节和腰的高度。球拍要自下而上挥击到球的后下部，靠球拍自下而上的挥动将球提拉为上旋状态。平击球的最佳击球点比上旋球稍后，且球的高度要高于球网，击球部位在球的正中部。

(3)击球时球拍拍面角度

上旋抽球时球拍拍面应保持前倾，击球时应以手腕的肘关节控制好拍面角度。而平击球击球时拍面应保持与地面垂直。

(三)正手下旋球

这是挥拍路线由后上方向前下方的切削击球法，其飞行的弧度低，着地后反弹亦低，并向前飘行。在正式比赛中，利用正手打下旋球是比较少见的，一般是在回接对方大力发球或防守移动不到位的情况下采用的击球方式。利用正手下旋球，可以做到在对方来球落地弹起后的上升期击球，所以回球速度快，也可以利用正手下旋球改变场上比赛节奏，缩短对方连续回击球的准备时间，为争取主动创造条件。

1. 动作方法

判断来球后，身体做约45°的转体引拍，引拍幅度小于正手上旋球。击球时，挥拍由后上方向前下方挥击，球拍稍向后倾斜，击球后下部，使球产生下旋。击球后，应向击球方向做随送动作，使球向前飘行。

2. 动作要领

多采用东方式正手握拍法。

判断来球，及早做出准备，在球弹起后的上升期击球(初学者可选择下降期击球)。后摆动作小，击球时，拍面几乎和地面垂直。击球点在身体侧前方，击球时身体重心随挥拍动作一起向前。如果来球是上旋，跳得较高，球拍应击球的中部，向前向下推切用力。如果来球是下旋，跳得较低，球拍应击球的中下部，向前向上推切用力。

三、易犯错误与纠正方法

第一，向后引拍时身体没有转动，单靠持拍手向后引拍。

纠正方法：反复体会利用身体的扭转带动球拍引拍，形成左肩侧对球网。

第二，向前挥拍时用手腕抖动球拍去击球。

纠正方法：用手臂带动球拍向前挥动，挥拍过程中手腕固定拍头不要下垂。

第三，击球时手腕松动，无法控制击球拍面。

纠正方法：击球时拍面垂直地面，肘关节适当弯曲。

第四，击球点太靠后。

纠正方法：击球前左脚主动上步，左手指向来球，球拍向前主动碰撞击球。

第五，击球前身体过早打开，击球时不能保持重心的稳定。

纠正方法：向后引拍时，左手托着右手肘部一直到击球动作结束。

第六，随挥动作不充分。

纠正方法：随挥动作结束时保持拍头朝上，高于肘关节顺势挥到左肩上方。

第七，击球时直腿直腰用拍捞球。

纠正方法：可采用“坐凳击球”的方法，拉拍后引肘迫使自己屈膝，好像坐在凳子上一样，然后击球。

第八，击出的球太高，球出界。

纠正方法：这是由于球拍接触球的部位偏下，拍面后仰角度过大或击球过早而导致。先调整球拍角度，再调整击球时期，并调整击球时球与身体的位置。

第九，击出的球过低，球下网。

纠正方法：这是由于拍面前倾角度过大，击球部位过于靠上，击球时期过晚造成。调整击球时的拍面度，将球拍触球的部位向上调整并调整击球时期。

第十，球打不远。

纠正方法：没有用球拍的“甜点”打到球是造成这一现象的主要原因，挥拍动作不连贯、动作僵硬也是常见原因。因此，应加强练习，通过击球次数的积累可以有效地改进和提高。同时要加强击球动作的模仿练习，即空挥球拍的练习。

四、教学与训练方法

(一)挥拍练习

握拍法：按东方式正手握拍法的要点反复练习，并通过放下球拍再拿起握好，进行反复练习。另外可以通过旋转球拍再握好等方法进行反复练习，加深巩固正确的握拍方法。

方法：底线正拍抽击球动作挥拍模仿练习。按底线正抽球、关闭式击球步法基本技术要领，参考动作图进行引拍、挥拍击球及球拍触球、随挥动作的模仿练习。练习时要按动作顺序分解学习，然后按顺序串联，最后做出完整的动作。

练习次数：不少于 100 次，20 次为 1 组，练习 5 组。

(二)侧对挡网自抛自打练习

方法：侧对挡网或挡墙两脚前后站立，左脚位于右脚左侧前 45°，两脚同肩宽，左臂伸直，左手执球位于左脚尖右侧前，右手握拍做好引拍动作，左手放球使球自然下落，待球下落反弹至最高点并再次下落时挥拍击球，击球后做出随挥动作。

练习次数：不少于60次。

（三）正对挡网自抛自打练习

方法：正对挡网或挡墙两脚左右站立，将球在身体前方抛起，迅速进行向后引拍，左脚上步，左脚位于右脚左侧前45°，两脚同肩宽，左臂伸直指向击球点，待球下落反弹至最高点并再次下落至腰高度时挥拍击球，击球后做出随挥动作。

练习次数：不少于60次。

（四）正对挡网自抛自打连续球练习

方法：正对挡网或挡墙两脚左右站立，将球在身体前方抛起，迅速进行向后引拍，左脚上步，左脚位于右脚左侧前45°，两脚同肩宽，左臂伸直指向击球点，待球下落反弹至最高点并再次下落至腰高度时挥拍击球，击球后做出随挥动作，并迅速恢复准备姿势。当球从挡网或挡墙反弹后，按照刚才的击球动作进行连续击球。

练习次数：不少于60次。

（五）底线击抛起垂直球练习

方法：正对球网两脚左右站立，做准备姿势，同伴用手将球在击球员身体前方垂直抛起，击球员迅速进行转体向后引拍，左脚上步，左脚位于右脚左侧前45°，两脚同肩宽，左臂伸直指向击球点，待球下落反弹至最高点并再次下落至腰高度时挥拍击球，击球后做出随挥动作，并迅速恢复准备姿势。

练习次数：不少于60次。

（六）底线击隔网抛物线球练习

方法一：正对球网两脚左右站立，做准备姿势，同伴用手将球抛起越过球网，击球员迅速判断来球的轨迹，边移动边进行转体向后引拍，移动到位后左脚上步，左脚位于右脚左侧前45°，两脚同肩宽，左臂伸直指向击球点，待球下落反弹至最高点并再次下落至腰高度时挥拍击球，击球后做出随挥动作，并迅速恢复准备姿势。

方法二：将同伴用手抛球改成教练员用球拍抛球。

练习次数：不少于60次。

（七）底线击拦网回来的球

方法：正对球网两脚左右站立，做准备姿势，教练员用拍击空中球越过球网，击球员迅速判断来球的轨迹，边移动边进行转体向后引拍，移动到位后左脚上步，左脚位于右脚左侧前45°，两脚同肩宽，左臂伸直指向击球点，待球下落反弹至最高点并再次下落至腰高度时挥拍击球，击球后做出随挥动作，并迅速恢复准备姿势。当教练员将球拦截回场内时，迅速移动再次进行击球，直至成死球止。

练习次数：在复习提高课中使用，每课练习不少于60次。

(八)背向抛球击球练习

方法：站在底线，背对球网，左手执球抛于背后，然后迅速转身引拍击球，击完球后迅速恢复背对球网状态，准备下一次抛球。

练习次数：在复习提高课中使用，每课练习不少于60次。

第三节　反手击球

反手击球与正手击球一样，也是网球技术中常见的击球方法。反手击球由于关节是反向向前运动，相比正手击球的力量要小，此外，速度也有所减慢。再加上大部分人学习后不太重视反手击球的练习和提高，往往在比赛中被当作弱点受到攻击。如果底线反手击球技术掌握得好，就能在比赛中扭转被动挨打的局面，提高球场的控球能力。

反手击球根据握拍法不同有单手反拍击球和双手反拍击球两种，根据击球的线路不同又分为平击球、上旋球和削球(下旋球)三种，其中，以上旋球和削球使用最多，因此，本节将重点介绍单手反拍上旋球和双手反拍上旋球和反手削球。

一、单手反拍上旋球

(一)击球动作的基本结构

单手反拍上旋球技术动作包括四个环节，即准备动作、转体引拍、挥拍击球、随挥，如图14-3所示。

图14-3　单手反拍上旋球动作

1. 准备动作

面向球网，双脚分开与肩同宽，膝关节微屈，脚后跟稍微抬起使身体重心落在两前脚掌上。右手握拍，左手托拍颈，拍面与地面垂直并指向对方。目视来球，保持注意力集中，及时对来球做出判断。

2. 转体引拍

引拍动作要早，当判断来球飞向反手时，转肩动作开始。转肩时，左手扶在球拍颈部帮助持拍手转换成东方式反手握拍法，同时与右手手臂一起保持球拍的稳定和平衡，直到开始向前送拍，左手再松开，右手肘关节弯曲并贴近身体向后引拍。由于单手反拍动作所用时间比任何底线击球动作所需时间都要多，降低引拍的高度是节省时间的好方法。引拍结束时拍头指向身侧后护栏，右脚向左前方跨出，形成右肩侧对球网。

3. 挥拍击球

前挥时右脚向右侧前方约 45°的方向跨出，身体重心由左脚向右脚过渡，利用蹬地转腰的力量挥出球拍，肘关节保持微屈并外展，手腕紧固，球拍拍面保持与地面基本垂直或呈关拍面。击球点控制在右脚侧前方，击球的挥拍线路由后上方向前下方击球，击球瞬间保持拍面在球的下方，从下摩擦球的中后部，使球有强烈的上旋。

4. 随挥

击球后球拍继续前挥，并在球拍前挥接近最远端时沿弧线向上挥至肩或头的高度进行制动，同时，左手顺势朝反方向以保持身体平衡，左右手近似“一”字形。

(二)动作要领

一般使用东方式反手握拍法，击球点应比较靠前，反手拉拍后，拍头应高于握柄，呈“往下冲”之势。

击球时，球拍由后下方向前上方击出，前挥时手臂保持一定的弯曲，直到随挥结束后才伸直，击球点在左前方，拍触球时手腕绷紧，挥拍方向强调向上，击球时拍面略前倾。随挥后握拍手到达身体另一侧最高处要有制动，不要将球拍挥到身后，影响美感。

(三)易犯错误与纠正方法

第一，击球点过前，过多依赖于前臂力量，造成击球无力。

纠正方法：向后引拍做好转肩动作，击球时上体保持住平衡，肘关节弯曲降低重心，肩关节保持一定的紧张度。

第二，后引拉拍不充分或太慢。

纠正方法：非持拍手帮助完成引拍动作，引拍完成时要肩侧对球网，手肩部放松，非持拍手肩部肌肉有紧张感。

第三，击球时肩部过早打开，造成击球方向不稳定。

纠正方法：挥拍练习时，非持拍手手提重物，击球动作结束后非持拍手仍然停留在身侧后位置，限制身体全部打开。

第四，引拍过程中球拍离身体太远。

纠正方法：拉拍时，用非持拍手拉拍，迫使球拍靠近身体。

二、双手反拍上旋球

双手反拍击球是目前比较流行的反手击球方法，它具有隐蔽、有力、动作变形小等优点。双手反拍击球不论来球高低，都便于对球施加上旋，发力击球也比较容易，弥补反手击球力量不足的弱点。而且对于初学者来说，由于双手握拍容易固定球拍拍面，击球更容易掌握。但是弱点是控制范围小，脚步移动要求更快。

(一)击球动作的基本结构

双手反拍上旋球技术动作包括四个环节，即准备动作、转体引拍、挥拍击球、随挥。

1. 准备动作

基本准备动作同单手反拍上旋球的准备动作，在准备动作时，非持拍手可扶拍颈也可以直接用双手反手握拍。

2. 转体引拍

左脚取位同时扭转腰髋，双臂保持弯曲，持拍手前行略贴紧腹部向后引拍。要求拍头高于击球点，约与肩部齐高，异侧肩或后背对球网。重心置于左腿上，根据球反弹的情况适时迈出右脚。

3. 挥拍击球

当球位于身体左侧前方合适高度时，双手握拍从上方向下前方挥动球拍，为了使球产强烈的上旋，击球前拍头要低于拍柄，摩擦球的中后部，右脚向前踏步的同时腰部向右回转，配合转腰手臂带动球拍从球后方一直向前上方挥拍，随着转腰身体重心自左腿转到右腿。

4. 随挥

击球后要顺势将球拍向前伸展以增加击球力量和保持平衡；同时，身体转而面对球网，球拍随势挥至右肩上方，双肘略朝上，球拍在身后呈挂背姿势。

(二)动作要领

双手反拍击球前的准备站位姿势，一般采用关闭式站位、身体侧向来球。

双手反拍的向后引拍要简单，幅度要小。手臂要随转体自然向后拉拍，尽可能地保持两条手臂贴近身体，保持拍柄底部正对着来球。引拍结束后，应保持腰部扭紧，重心平稳，同时收紧下颌。向前挥拍时，一定要靠重心前移带动转体前挥球拍。在挥拍的过程中，尽量保持拍面持续垂直地面，并沿着由下向前、向上的轨迹挥动。击球点的位置一定要同定在体侧，离身体约一个球拍的距离。随球动作要充分向前、向上、向右外上方挥去，环绕至右肩上方。

(三)易犯错误与纠正方法

第一，挥拍时双手没有靠拢。

纠正方法：反复体会用非持拍手控制住球拍，持拍手转动到正确握拍位置，然后非持拍手下滑靠近持拍手。练习时眼睛不要看手，也可闭着眼睛，培养自身本体的感觉。

第二，腰部没有向后转动，引拍幅度不充分。

纠正方法：下肢主动扭转带动躯干及手臂向后引拍，引拍动作结束时拍柄底部对向球网。

第三，准备姿势不正确，造成击球无力。

纠正方法：转体引拍时左腿关节后转，左脚置于来球后方选择击球的位置，根据来球的情况右脚迈出，利用腰髋的回转将身体重心从左腿向右腿转移，使持拍手的前臂贴着腹部。

三、反手削球

反手下旋球，俗称“削球”，是一种防守性反手击球方式。它主要用于以下几种情况：

一是当对手大力发球或扣杀，自己无法用上旋球和平击球进行反击时，即选择切削下旋球来过渡；二是当来球反弹高于肩部时用削球来回击；三是作为反手双手击球的选手，当来球很远时，可以双手变单手，采取反手削球的回击方法，从而扩大防守范围，有效地将球击回对方场地；四是利用削球的后摆动作与反手击球相同的特点，出其不意地削出网前小球。因此，掌握削球技术对于扩大击球范围和击球的稳定性很有益处。

(一)击球动作的基本结构

1. 准备动作

反手削球的准备动作同单手反拍上旋球的准备动作。

2. 转体引拍

引拍时，用左手辅助握住球拍颈部，帮助球拍转动到东方式反手握拍法上，右手借助转肩开始向后上方引拍，拍头高于拍柄，与肩部齐高，持拍手和球拍形成“L”形。右肩与球网垂直，并让手臂保持一定的弯曲，拍面略微打开高于击球点。以左腿为支撑，右脚向前跨步，形成关闭式站位。

3. 挥拍击球

击球时，左手放开球拍，右手肘关节外展，手腕绷紧，拍面略后仰，由后上向前下切削来球。击球点应比打上旋球靠前，触球瞬间，继续保持肩膀与球网垂直，手腕固定，利用肩膀和身体重心移动带动手臂向来球的中后部进行切削。

4. 随挥

球击飞出后，右手跟随球的飞行轨迹继续向下前方挥拍，左肩继续向后打开，两只手臂向相反方向挥动的同时，髋部和肩膀不要完全打开，当身体差不多完全打开时，持拍手要有制动动作，以免将随挥动作做得过大。

反手削球动作如图 14-4 所示。

图 14-4　反手削球动作

(二)动作要领

通常采用东方式反手握拍法，也有不少人采用大陆式握拍法。

直线向后拉拍，拉拍的同时转体转肩，根据来球的高度调整拍面后仰程度，高球拍面后仰程度要大，低于球网的球，拍面要平。

击球时要向下、向前挥拍，切削中必须含有向前推的动作成分。尽可能使球拍与球有较长的接触时间，随挥结束时要有制动动作。

反手削球的几种打法

知识窗

一、压削

一般是对付对手拉出的弹跳较高的上旋球。削球时拍头要高于击球点，拍面相对要接近于与地面垂直，球拍运行轨迹是由后上方向前下方。

二、平削

一般是采取削球进攻的一种打法。击球点的高度多选择在腰部高度左右，拍头略高于击球点，拍面稍微仰起一点。球拍运行轨迹主要是由后向前，接触球的中部偏下。

三、切削

一般是用于防守的手段。此种打法是缓和对手进攻的压力，给自己以防守还击的时间。拍面仰起角度稍大，球拍运行轨迹是由后上方向前下方，有向前下方切的感觉，接触球的中下部位置，球速较慢。

(三)常见错误及纠正方法

第一，后引拍时拍头下垂低于手腕。

纠正方法：非持拍手放在拍颈处帮助向后引拍，手腕的角度(前臂与拍柄的角度)从准备姿势到击球应基本保持不变。

第二，击球时拍面击在球的下部，只靠手腕发力。

纠正方法：球拍挥拍的轨迹是“后高—前低—前高”的反弧运行，上臂大肌肉群主动发力带动前臂、球拍向前击球，击球时手腕固定。

第三，削球“吃”不住球，飞行距离不远。

纠正方法：击球瞬间除了向下挥拍外，还要有向前推送动作。

第四，随挥动作不完整，缺乏控制。

纠正方法：在墙壁上画出一个圆圈，每次随挥动作结束时球拍应指向圆圈标志，建立稳固的随挥结束动作。

四、教学与训练方法

(一)原地徒手挥拍练习，也可结合抛球进行

练习目的：掌握击球动作要领，熟悉动作结构。

人数：2人一组或多人同时练习。

练习方法：两人面对面站立，相距一定距离(或多人围成一圈，保持一定的间隔，抛球同伴站在圈中)，同伴将球垂直向上抛起让球自由落下，球上抛时练习者做转体引拍动作，球落地，脚上步，做向前击球挥拍直至将球拍挥到正确的结束动作位置。

练习要点：保持注意力集中，掌握好每个动作环节的挥拍节奏，想象准确击球时机。

(二)抛球和接球练习

练习目的：培养选择正确击球点的能力。

人数：2人一组。

练习方法：两人面对面站立，相距4～5米，一人抛球一人练习。抛球者将球抛出，练习者向前移动，球落地时必须站住不能再移动，然后用双手接住球后将球返还给抛球者，练习适当的次数后两人交换。

练习要点：根据来球的弧度及速度准确判断来球的落地点，用脚步移动选择合适的接球位置；接球时双手弯曲保持在胸前，不能伸直手臂去够球。

(三)反手持球挥拍动作练习

练习目的：体会反拍击球发力方法。

人数：1人。

练习方法：双手持球做向后引拍动作，随着向前转腰身体重心由左腿转移到右腿，同时带动双臂向前挥动，顺势将球向前抛出。

练习要点：要避免用手腕去发力，利用身体的转动带动手臂向前将球送出，手腕发力会失去对出球方向的控制。

(四)高尔夫式推杆练习

练习目的：建立球拍内后向前的感觉，改进前送动作不完整的错误。

人数：1人。

练习方法：在墙壁上由下至上画20平方厘米的框，距墙3米左右侧身站立，将球放在地上(击球点的位置)。像做高尔夫球推杆动作一样，球拍从后向前碰球，并保持拍面一直朝着前方。

练习要点：找准击球点位置放球，球拍碰到球沿着地面向前离开地面，从而建立向前挥拍的感觉。

(五)一人对墙击球练习

练习目的：固定基本技术动作。

人数：1人。

练习方法：侧身对墙站立，持拍手做出后引球拍状，另一只手持球掌心向上，将球抛起，进行正反手原地击落地球练习，开始时可一次一次进行，待击球点及击球节奏稳定后可连续起来击球。与墙距离可由近到远。

练习要点：击球前的准备姿势一定要保持稳定，抛起球高度要适当，待球落到腰部高度击球，动作完成。

(六)双人配合对墙击球练习

练习目的：培养选择正确的击球点及击球方向的控制。

人数：2人一组。

练习方法：两人一组面对墙壁平行站立，一人用正手一人用反手轮流击打由墙反弹回来的球，保持连续击球。

练习要点：尽量将球打向同伴站立的前方，让球从墙面反弹回来落在其身体附近，便于调整选择。双方都应控制击球的力量及方向，以稳定技术动作为主。

(七)隔网小场地对打练习

练习目的：稳定技术动作，初次建立回球感觉。

人数：2人一组。

练习方法：双方分站在发球线附近，一人用正手拉上旋球，另一人用反手拉上旋球，可进行直线或斜线的练习，如图14-5所示。

练习要点：短距离击球的关键是准备动作要早，向后引拍幅度小，击球时要控制好击球拍面，力量要适当。

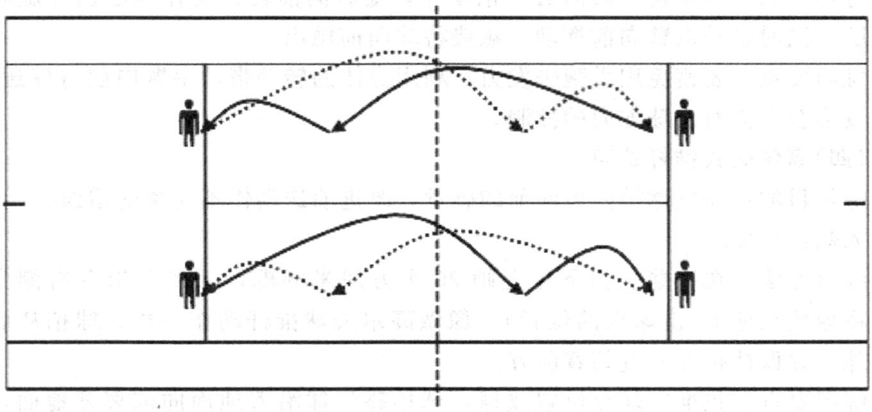

图 14-5　隔网小场地对打示意图

(八)底线多球抛击落地球练习

练习目的：加强反手击落地球动作的稳固和完整。

人数：可 2～4 人进行多球练习。

练习方法：练习者面向球网站在底线右区或左区中间，同伴站在发球线与单打边线交界处将球抛向练习者，进行正手或反手定点击球练习，每组 12～15 次。定点击球动作熟练后可进行一正一反击落地球练习，由定点逐步过渡到移动击球，区域也逐步扩大。

练习要点：判断来球的落点，及时做出后引球拍动作，回球前脚做小碎步调整，使击球点更加准确，保持击球动作的完整。

(九)底线“一点打两点”击球练习

练习目的：增加击球的强度，提高技术运用的能力。

人数：3 人。

练习方法：一方一人站在本方球场右区，用正手击球动作将球击向对方场地的右区和左区靠近端线的位置，对方两人分别站在本方场地底线后，在右区的人尽量用正手击球，左区的人尽量用反手击球。双方进行直、斜线对打练习。反手用同样的方法进行。此练习也可两人进行，两人方改为一人两点跑动运用正反手击球练习，如图 14-6 所示。

练习要点：两人一方应控制好击球路线及力量，使练习持续到多拍练习的目的。另一人跑动要积极，尽量将来球回击到准确的两点处。跑动练习时，双方应注意学握击球的节奏。

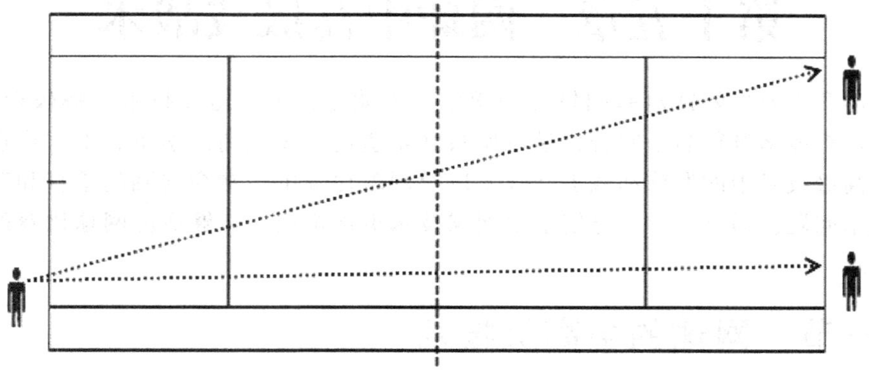

图 14-6　底线"一点打两点"击球示意图

【复习与思考】

1. 网球握拍有哪几种常用方法?
2. 简述正手击球动作的基本结构。
3. 网球正手击球有哪几种方法，并简述之。
4. 简述反手削球的动作特点。

第十五章　网球中高级技战术

本章内容主要针对基础较好的学生，也就是正手反击球技术掌握较全面、场上对打能够进行多个回合、学有所余并希望进一步提高的学生。本章重点介绍中高级技术中的发球和截击球技术以及网球比赛中经常会遇到的单打和双打的战术问题。通过学习，将使学生网球技术更加全面，能够适应网球比赛的基本要求。

第一节　网球的中高级技术

一、发球

发球是网球比赛基本技术之一，它既是网球比赛中唯一不受对方影响的技术，又是一项比较难掌握的技术。发球常见的有上旋发球、平击发球和切削发球三种技术。但无论哪种发球，基本上都由握拍、准备姿势、抛球、挥拍击球和随挥动作组成，如图 15-1 所示。

图 15-1　网球发球动作

(一)发球的基本环节

1. 握拍

发球的握拍方法一般采用东方式反手或大陆式握拍法。

2. 准备姿势

侧身左肩对着发球区，双脚自然分开与肩同宽或略宽于肩，左脚与底线约成 45°，右脚几乎与底线平行，两脚尖连线的延长线指向发球区。右手持拍，拍头指向前方，左手持球，球自然放在持球手拇指、食指及中指三指的指腹上。

3. 抛球

(1)抛球方法

抛球时，持球手的肘部伸直并向下靠近持球手同侧的大腿，然后从腿侧自下而上将球抛起。在整个动作过程中，手臂应保持伸直状态，掌心向上，以拇指、食指、中指三指将球平稳托起。球出手的最理想位置在手掌伸直的最高点，球应该是随手一起向上摆动然后抛送出手，而不应该是被手扔向空中。

(2)抛球的位置

在发球的两次机会中，第一发球要保证出球的速度与攻击力，因此击球点较靠前，抛球也应较靠前。第二发球应在保证成功率的前提下强调球的旋转和球的落点，因此击球点也就相应后移，球抛得要靠后一些，基本上在抛球者的头顶位置。

(3)抛球高度

抛球的高度要因人而异，但一般情况下，球抛到空中的高度不能低于持拍时伸直手臂球拍所能触及的高度，过低，动作不够充分，影响动作的准备性；过高，击球的节奏控制不好，常出现打空或打飞等情况。

4. 挥拍击球

挥拍与抛球的时机一般有两种情况：一是抛球与挥拍击球同时进行，这是一种传统的方式，对于初学者来说比较容易掌握。二是先抛球，稍后再挥拍击球，其目的是为加速拍头，使击球的力量更大。挥拍击球的环节包括以下三个部分。

(1)后摆引拍

以准备姿势为基础向持拍手一侧转身，同时持拍手引导球拍贴近身体像钟摆一样将球拍摆至体后，呈挂拍动作。

(2)背弓动作

球拍后摆至一定高度后，以肘为轴，小臂、手、拍头依次向体后、背部下吊，同时屈双膝并伴随身体后展呈弓状，此时与持球手一并好比“拉弓射日”。

(3)击球

在屈膝、背弓动作的基础上，自下而上依次蹬直踝部、膝部，反弹背弓并向出球方向转体，挥拍击球时肘部有一个引导小臂、球拍下吊至背后再以肘部为轴带动小臂、球拍摆向击球点的过程。这一过程好像在用拍头给后背搔痒，故被称为“搔背动作”，其目的是进度持拍手能有一个足够的获得摆动速度的过程，为到达击球点一瞬间力的爆发做充分的准备。最后在力的爆发点上击中抛送于空中的球，发力是自下而上一气呵成的，球拍走势最快、最具爆发力的一点应在到达击球点那一瞬间。在击球点时身体已全部面向出球方，拍面自然地稍向内侧以便于击球的侧后部，发出侧上旋球或侧旋球。

5. 随挥

击中球时虽然挥拍击球动作已告完成，但整个发球过程却仍在继续。到达击球点后球员应顺着身体及挥拍的惯性做收腹、转肩和收拍的动作，最终球拍由臂带动收向持拍手的异侧体侧，结束发球动作。

(二)发球的常见方式

1. 平击发球

平击发球，是指球只带有少许的旋转，球的飞行路线近似一条向下的射线，球落地后向前冲。它是诸多发球中球速最快的发球方式，也称为“炮弹式发球”。现代网球比赛中选手在第一发球时常采用平击发球，它具有力量大、速度快的特点，弱点是命中率相对不高，球飞行时不是很稳定。

平击发球的动作要领：第一，常采用大陆式握拍法，也有不少人采用东方式反手握拍法。第二，抛球点应在身体的前上方，高度在身体向上伸展的最高点或更高。第三，引拍结束时扭紧身体，全身呈较明显的背弓状。第四，在最高点击球，击球时前臂“旋内鞭打”，触球时以拍面中心平直对准球，击球的中上部，拍面与击球方向垂直。

2. 上旋发球

上旋发球是以上旋为主、侧旋为辅的发球方法。球的飞行弧线较高，旋转摩擦球的成分明显，球落地后向前向上弹起，具有稳定、隐蔽性强等特点，常用在第二次发球中。

上旋发球的动作要领：第一，常采用东方式反手握拍法。第二，抛球点在头后偏左的位置，击球时身体尽量向后成弓形，身体利用双脚蹬地的力量向前向上加速发力，摩擦球的中部偏左下方，并向球的右上方擦击球的背面，使球产生强烈的上旋。第三，击球点较平击发球和切削发球稍低，手腕的扣击动作明显大于切削发球和平击发球。

3. 切削发球

这是一种向右侧旋转为主，略带上旋的发球方法。它具有强烈的旋转、稳定的落点变化的特点，常在第二次发球时使用。另外，由于球落地后向外侧跳可以把对手拉出场外，常在右区发球时使用。

切削发球的动作要领：第一，常采用东方式反手握拍法或大陆式握拍法。第二，抛球点在身体的右侧斜上方，高度比平击发球的位置偏低。第三，球拍快速从右侧中上方至左下方挥动，要有扣腕动作，击球部位在球的中部偏右侧球产生右侧旋转。

(三)易犯错误与纠正方法

第一，球抛得不稳定。

纠正方法：可能没有直臂上送球，过多使用手腕和手指的力量，要做到手臂抛球过程中直上直下。同时要学会利用腿的蹬地力量帮助手腕向上抛球。

第二，左右手配合不协调。

纠正方法：先分别加强抛球和持拍手的挥拍动作，待各自稳定后再进行配合练习。如果是球抛后来不及做挥拍动作，则可以先把球抛得比正常高一些，然后再做挥拍动作练习。

第三，发球方向不稳定，成功率低。

纠正方法：首先检查抛球，抛球过前球容易下网，抛球过后球容易出界。另外，击球瞬间拍面击到球的位置也会影响发球方向的稳定，根据所选择的发球类型击到球相应的位置，并在最高点击球。

第四，发球缺乏速度和力量。

纠正方法：在做“搔背动作”时，使持拍手的肘关节尽量弯曲，肘向上朝向天空，随挥动作要连贯，要靠腿、腰、肩、手臂、腕配合发力。

(四)教学与训练方法

1. 抛球练习

练习目的：能抛出稳定的球。

人数：1人。

练习方法：双脚前后开立，侧身对墙壁或挡网，抛球手臂沿着墙壁或挡网由低向高抬起进行抛球练习。体会蹬腿伸膝将球托向空中的感觉，使抛出的球沿墙壁或挡网垂直上下。

练习要点：掌握抛球要点，手臂伸直并保持平稳向上抬，将球放在指根部位，球出手时掌心向上送球。

2. 徒手挥拍模仿练习

练习目的：建立动作概念，了解动作过程。

人数：1人。

练习方法：根据技术动作的要领，将动作分解为抛球、向后引拍、向上击球、随挥动作等环节，反复练习，熟悉各个动作过程和动作要领。每个动作熟练后，再合起来进行完整地练习。在练习挥拍时，为了纠正错误动作，可以在徒手挥拍练习时对着镜子做，练习的效果会更好。

练习要点：熟悉动作过程，掌握动作节奏点，动作由慢到快。

3. 对墙发球练习

练习目的：提高发球的准确性。

人数：1人。

练习方法：在墙上画一条与球网齐高的线，并以此为基准线，画出若干个圆。要求心里想到哪个圆圈，就发向哪个圆圈，距离由近及远进行练习。

练习要点：保持侧身对墙站立，抛球与挥拍动作要协调，抛球的高度应保证有足够的时间进行挥拍，击球瞬间身体充分伸展，球拍面对准所要发向的目标。

4. 场上发球练习

练习目的：建立球拍挥拍击球的感觉。

人数：1人。

练习方法：先从右场区开始练习，然后再到左场区。练习时，首先站在发球线附近，球拍成"搔背动作"进行发球。当熟练后，退至发球线与底线之间的区域，运用完整动作发球，体会球拍向前向下击球的感觉。最后退至底线发球位置，体会球拍击球的完整动作，如图15-2所示。

练习要点：强调动作的协调性、落点的准确性和角度。

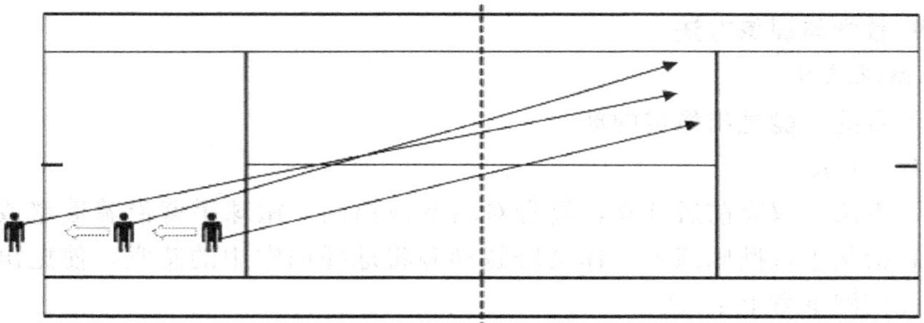

图15-2　场上发球练习示意图

5. 控制发球落点练习

练习目的：提高发球的变化能力。

人数：1人或多人。

练习方法：将少许石灰撒在发球区的外角(A)、中间(B)、内角(C)区域，先从发外角开始，连续发10个球，看有多少个球落在外角区域；内角和中间区域练习相同，以10个球为每次转换的次数。当某一个区域发球命中率过低时，重点进行练习，如图15-3所示。

练习要点：在变换发球落点时，不仅要在站位、抛球上进行适度的调整，还要在挥拍转体上都做出相应的调整。

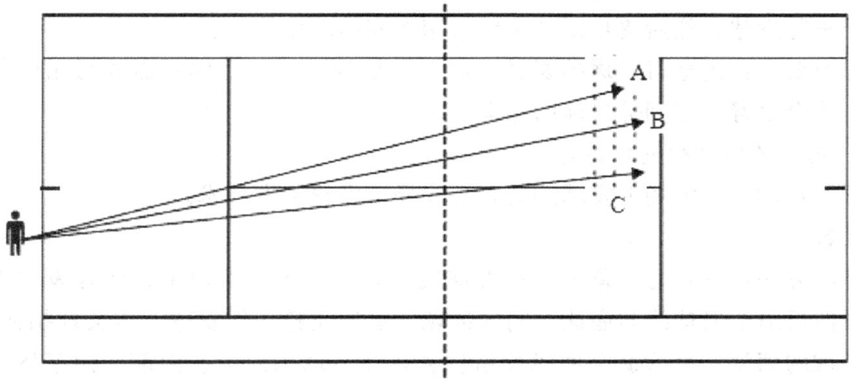

图 15-3　控制发球落点练习示意图

6. 固定过网区域发球练习

练习目的：提高控制击球路线及落点的能力。

人数：1 人或多人。

练习方法：在挡网上放置若干个标志物，两个标志物之间有一定间隔，让所发出的球分别从两个标志物之间的区段通过，并落在对方发球区内，从而提高击球路线的控制意识。练习时可适当选择落点区域，加强发球的变化能力，如图 15-4 所示。

练习要点：首先选择中路位置进行练习，然后是外角、内角。瞄准网上位置发球更容易提高发球的准确率及成功率。

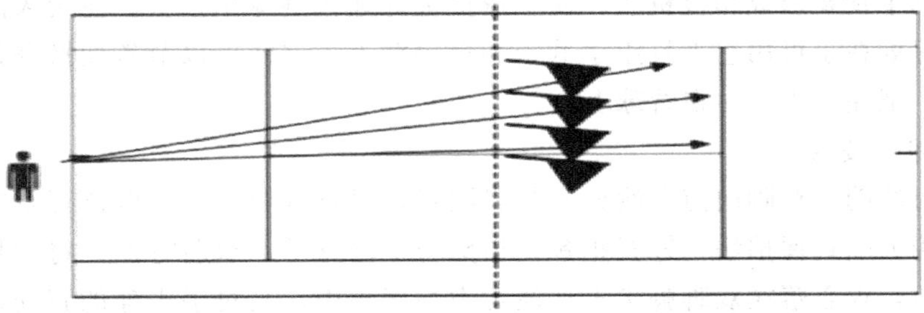

图 15-4　固定过网区域发球练习示意图

7. 跪式发球

练习目的：体会球拍向上挥击球的感觉。

人数：1 人。

练习方法：站在发球线后，前腿膝关节弯曲，后腿屈膝跪地，球拍直接置于肩上进行发球。然后逐步退到底线采用相同的动作练习。

练习要点：击球时，球拍要做出向上挥摆的动作，身体不需要做出转体的动作，体会手臂由屈到伸击球的感觉。

8. 场上不同站位发球练习

练习目的：了解场上发球感觉，掌握场上发球基本技术。

人数：1人。

练习方法：练习时，首先站在发球线后，球拍置于右肩上，将球发向对方球区。然后退至发球线与底线之间的区域，运用完整动作发球，体会球拍向前、向下击球的感觉。最后退至底线发球位置，体会球拍向上、向前、向下挥拍的感觉。

练习要点：在不同的距离发球。

二、截击球

截击球是对方来球在没有落到本方球场地面之前被本方击回的球（"高压击球"技术除外）。它是一种攻击性击球方法，回球速度快、力量重、威胁大。比赛中常被用于发球上网或正反手击球后上网截击。常见截击球技术有正手截击球、反手截击球、高球截击、低球截击和中场截击等。

（一）基本技术环节

1. 握拍

截击球最理想的握拍方法是大陆式握拍法。手指之间留有一些缝隙，特别是食指和中指要形成扣扳机状，便于球员更好地控制球拍拍头。使用大陆式握拍法的好处在于可用它来打正手截击和反手截击，这样可以节省变换握拍方法的时间，把注意力集中在看球上。

2. 准备姿势

面对球网，双脚向前自然分开与肩同宽，双膝微屈，上身保持正直并向前倾。采用大陆式握拍法，轻托拍颈，拍头与下巴齐平，双肘弯曲，将球拍舒适伸在前面，重心落在双脚脚尖上。注意力高度集中，当对手击球的瞬间，应用垫步作为准备姿势的一部分，并立即判断出球的方向、高度和路线，以便快速移动和上前截击。

3. 后摆引拍

引拍动作一定要以转肩为主，迅速、简单、幅度要小，眼睛紧盯着来球。引拍时，手腕和拍面固定，引拍后要保持拍头高于手腕。

4. 前挥击球

看到来球要迅速随着正手出左脚、反手出右脚向前跨步，随着重心前移，身体转向正对球网，击球点保持在身体前，拍面对着来球，依靠身体向前移动的惯性所产生的力量来截击球，以短促的动作向前、向下切削来球。

5. 随挥跟进

击球手臂随着身体移动的惯性向前跟进，推送动作明显。然后顺势回到原来的准备姿势，准备下一次击球。

(二)正反手截击球

1. 正手截击球动作要领

来球向正手侧飞来时，身体快速向右转体，带动球拍向后引，左脚向右前方跨出，拍头要高于握拍手，手臂几乎伸直，球拍和手臂成"V"字形，手腕固定。身体重心主动跟上，在左脚着地的同时，球拍截击球，以便产生较大的击球力量。截击时的动作以撞击或挡击的方式完成，在拍面短促向前撞击的同时，拍面微微向下做切削球的动作，使球以下旋的形式飞出，击球时保持拍面上翘，拍面稍向后仰，手腕稳固。击球后手仍紧握球拍，并向前做小幅度送拍动作。

2. 反手截击球动作要领

当来球向反手侧飞过来时，身体快速向左转体，同时左手向后拉拍，拍头要高于握拍手，手臂几乎伸直，球拍和手臂成"V"字形，手腕固定。挥拍击球时，左手松开稍向后伸，右手握紧球拍前挥并在身体前方切削来球。身体重心主动跟上，在右脚着地的同时，球拍截击球。向前挥拍时，两只手的动作好像在拉长一根橡皮筋，以保持身体平衡。由于是在左侧击球，限制了右手的引拍幅度，反手截击往往比正手截击更容易掌握。

(三)截击球的多种打法

1. 中场截击

中场截击一般站位于发球线中点附近。在比赛中，发球上网或随球上网不可能直接冲至近网，上网途中在发球线附近有一短促的停顿和重心转换，然后迎球做中场截击。对不同高度的来球，应及时转体和引拍，调整好拍面的角度。当来球速度较慢，可加大引拍幅度和击球力量，提高回球质量。中场截击应把球击深或打出角度，使对手难以回球或触不到球。击球后应向网前迈进，准备近网截击或高压球。

2. 近网截击

近网截击的站位比中场截击要靠前，位于发球线前1～1.5米，它是网前得分的主要手段。近网截击的果断和落点的准确，能给对方以致命的一击。判断清楚对方来球的速度、高度及球的角度后，要迅速起动调整位置，控制拍面。如来球快而平，拍面应稍开，击球中下部，手腕紧固，以短促的动作向前、向下回击来球。如来球快而高，拍头应竖起，拍面几乎和地面垂直，向前下击球中部。

3. 低位截击

当来球高度较低时，只能采用低位截击技术，低位截击比高位截击难度高。由于来球高度低于击球者眼睛，这就给击球的判断造成困难，因此，低位截击动作要领是首先要降低身体重心，屈膝至适宜高度，而不是直腿弯腰，移动时如采用弓步，后膝盖几乎触及地面。击球时，拍头低于手腕，拍面开放。在身体前面击球，出球点在球的后下部，击球后向着击球方向随挥。

4. 高位截击

当来球高度较高但又不够高压球的高度时，往往以高位截击技术来完成击球。动作要领是快速转体和向后上引拍，手腕上翘使拍头竖起，拍头朝上，手臂和球拍成“V”字形。挥拍击球时，球拍对准来球做高位切削动作，击球点为球的后中部。击球时身体重心积极跟上，并伴着身体重心向前移，完成短促的击球和随挥动作。

5. 追身截击

追身截击是指当球朝着自己身体快速飞来时所采用的截击技术，这也是网球比赛中被经常使用的技术。当来球朝着身体飞来时，快速把球拍挡在身体前面，多数情况下，使反拍面朝前，手臂几乎伸直。击球时手腕绷紧，拍面在身体前方挡击来球。追身截击多数受动作限制无法发力，多以防御为主，但可以通过手腕及拍面的变化来控制球的落点。

(四)常见错误及纠正方法

第一，引拍幅度过大。

纠正方法：主动体会利用双肩的转动将球拍后引。在距墙壁或挡网 1 米左右的距离，背对墙壁站立做截击动作，球拍向后如果碰到墙壁，说明后引球拍幅度过大，从而提醒自己注意减小引拍的幅度。

第二，击球无力。

纠正方法：练习者反复练习转肩、上步动作；要求练习者拍头向侧上方，模仿撞击球动作，也可用加重球拍练习；将球吊在离身体适当的位置，反复练习撞击球动作。

第三，击球后缺乏前送动作，击球落点不深。

纠正方法：击球时要主动向前上步，利用重心的移动增加击球的力量及深度，同时触球后球拍不要突然停止，要向球网的方向推送 20～30 厘米。

第四，不能有效控制球的落点。

纠正方法：截击球时，要养成握紧球拍、固定手腕的习惯；击球点一定要控制在身体的前侧；击球时减小动作幅度，随挥动作短促。

(五)教学与训练方法

1. 徒手挥拍模仿练习

练习目的：建立动作概念，了解动作过程。

人数：1 人。

练习方法：根据技术动作的要领，将动作分解为转体拉拍、上步击球、推送、还原等环节，反复练习，熟悉动作过程和动作要领。徒手挥拍练习最好对着镜子进行练习，发现错误动作时，及时进行纠正。

练习要点：迎前击球，引拍幅度要小，动作协调。

2. 跨步手抓球练习

练习目的：体会动作过程和对击球点的判断。

人数：2 人。

练习方法：两人一组，分别相距球网 2～3 米站立，一人在网前用展开的手掌作为球拍接住球网对面同伴抛向其左侧或右侧的球，每一次接球都必须在准备姿势的基础上完成。

练习要点：重心要适当降低，做好接球准备，一定要跨步上前抓球。右侧球上左脚，左侧球上右脚。

3. 对墙凌空托传球练习

练习目的：体会截击感觉，学习如何控制截击球的力量。

人数：1 人。

练习方法：面对墙壁 3～4 米站立，用球拍颠球 3 次，然后正(反)手将球推送上墙，反弹后再用球拍接住，继续颠球 3 次；连续 5 个回合后，改颠球 2 次；连续 5 个回合，改颠球 1 次，直到直接与墙进行正(反)手截击练习。

练习要点：脚步积极移动，击球时手腕要固定，拍面对着墙壁。

4. 隔网两人截击对练

练习目的：掌握截击方法，体会完整截击动作。

人数：2 人。

练习方法：两人分别站在球网两边，距网 2～3 米，两人同时先进行正手截击球练习，然后再进行反手截击球练习。

练习要点：以完整动作完成，眼睛几乎和拍头齐高，并盯球，上步截击。

5. 中场互相截击练习

练习目的：增强截击球的移动、判断及快速反应能力。

人数：2 人。

练习方法：两人分别站在各自发球线前，运用截击动作进行中场互相截击，击出的球不能离网太高，截击的路线可以是直线或斜线。

练习要点：脚步不停移动，击球动作要保持前送拍面。

6. 网前截击与底线对抽练习

练习目的：增强网前截击的反应、移动和判断能力，提高网前的对抗能力。

人数：2人。

练习方法：练习者站在网前2～3米处，同伴站在底线处运用正手或反手上旋击球动作，将球击向网前的练习者，练习者分别用正手或反手截击动作将球回送同伴。开始时，可以较慢的速度送球或单次送球，熟练后可进行连续的抽击球与回球。要求先进行正手截击球，然后再进行反手截击球。

练习要点：截击要将球回送给同伴，注意上前截击。抽球要控制好力度和方向，将球打向截击者或其身体附近，以保证练习的连续性。

7. 网前截击与中场对抽练习

练习目的：强化网前控制拍面与网前对抗能力。

人数：2人。

练习方法：练习者站在网前2～3米，向站在场地对面发球线附近的同伴送球，同伴运用正手或反手抽击球动作，将球击向网前的练习者，练习者分别用正手或反手截击动作将球回击过网。为了提高截击的目的性，可以先安排一切来球都用正手截击，然后再反手截击。

练习要点：当同伴在抽击球的一刹那，截击者要使用分腿垫步作为准备动作，使双脚落地时产生的爆发力有利于帮助自己向来球方向迅速移动，与底线给球相比，判断要更早，脚步移动要更快。

第二节　网球的基本战术

一、网球的基本打法类型

网球运动有许多种不同的打法，不同类型打法的人在比赛中运用的战术不尽相同，下面以单打比赛战术安排为例。

(一)底线型打法

底线型打法的战术指导思想是以底线正反拍抽球为得分手段，利用抽球的速度、旋转和落点的变化来创造进攻机会。主要战术有对攻、拉攻、侧身攻、紧逼、防守反击。

1. 对攻

对攻是底线型打法中较为重要的一种主动进攻得分的战术。它是用正反拍强有力的抽球，以速度力量压制对手攻击得分。

第一，以正反拍抽击的速度和力量攻击对手的弱点，用速度压住对方伺机得分。

第二，用正反拍强有力的抽球，连续压对方一点，突击其另一点。

第三，用正反拍的有力击球，调动对方大角度跑动，同时寻找机会进攻得分。

第四，在调动对方两边跑动时，突然连续打重复球，再变线进攻得分。

2. 拉攻

拉攻是底线型打法中普遍采用的一种战术。它以底线正反拍拉上旋或正拍拉上旋球、反拍切削球使对方左右跑动，一旦出现机会，立即给予致命一击的战术方法。

第一，正反拍拉强力上旋至对方底线两大角深处，不给对方上网及底线进攻的机会，本方寻找机会进行突击进攻。

第二，正反拍拉上旋球时，增加正反手区小斜线落点，加大对方移动距离并出现质量低的回球，然后伺机进攻。

第三，拉对方反拍深区，伺机突击正拍。

3. 侧身攻

侧身攻是底线型打法中的主要进攻手段。它是利用强有力的正拍抽球配合良好的判断和步法移动，在2/3的场地上用正拍攻击对方。

第一，连续用正拍攻击对方，创造得分机会。

第二，用正拍进攻，调动对手移动，反拍控制落点，伺机用正拍突击进攻。

第三，全场遏攻对方反拍，再突击变线正拍。

第四，用正拍连续攻击对方一点。

4. 紧逼

底线型打法的紧逼是以快节奏进攻对方的一种战术，也是当今世界优秀选手常用的进攻手段。主要是发挥正反拍抽击技术，迎击上升球，准确地控制落点，节节紧逼，以达到攻击对方的目的。

第一，接发球时紧逼向前进攻，使对方发球后来不及准备，寻找机会攻击之。

第二，连逼对方反拍，突袭正拍，伺机上网进攻。

5. 防守反击

防守反击战术在底线型打法中占有很重要的位置。利用良好的底线控球能力，发挥判断反应快、步法和体力好、击球准确的特点，调动对方，达到在防守中寻找机会进行反击的目的。

第一，对方运用发球上网进攻战术时，接发球可采用迎上借力接球，将球回接至对方脚下或两边小角，然后准备反击破网。

第二，对方进行底线紧逼进攻战术时，可采用底线正反拍拉上旋球至对方底线两边大角度深点，不给对方进攻得分机会，然后伺机进行反击。

第三，对方运用随球上网进攻时，提高底线破网第一拍的成功率和突然性以及破网的质量，以寻求第二次破网反击的机会。

(二)上网型打法

积极创造一切机会和条件上网，到网前攻击，网前进攻为主要得分手段。其基本战术大致有发球上网、接发球上网、随机上网。

1. 发球上网

发球上网是上网型选手利用发球的力量和速度进行主动进攻后上网抢攻的一项主要战术，是上网型选手的主要得分手段。

第一，用第一发球的力量，发平击球至对方发球区右区内角，然后迅速上网至发球区中线，判断来球，截击至对方底线反拍深区，随中场截击来到网前，如图 15-5 中图 1 所示。

第二，用第一发球的力量，发上旋或侧旋球至对方发球区右区外角，然后迅速上网至发球区中线偏左，主要封住对方正拍直线球，运用截击技术将球击至对方反拍区，如图 15-5 中图 2 所示。

第三，发上旋球至对方发球区左区外角，迅速上网至发球线偏右，封住对方反拍直线球，截击球至对方正拍区，如图 15-5 中图 3 所示。

第四，发平击球或侧旋球至对方发球区左区内角，迅速上网至中场，判断来球，截击至对方正反拍底线深处，然后跟进准备近网截击，如图 15-5 中图 4 所示。

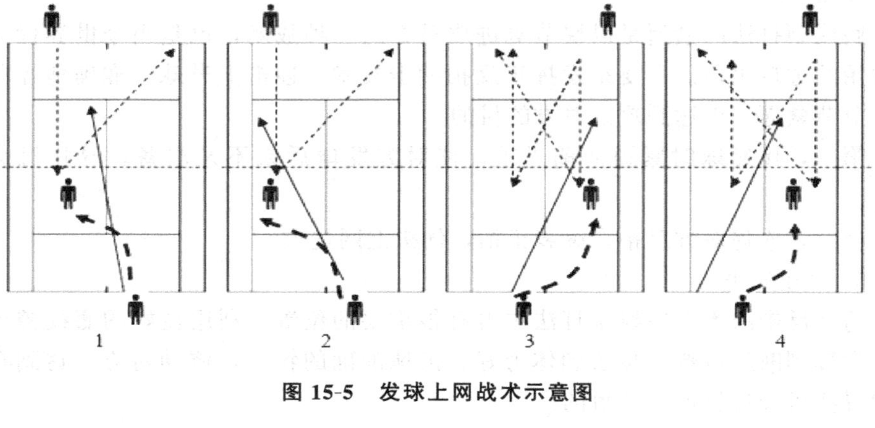

图 15-5　发球上网战术示意图

2. 接发球上网

接发球必须树立积极主动、抢先上手的战术意识。上网型打法应积极利用快速多变的各种手段来接发球，尤其是接第二发球，要抢攻上网，以充分发挥上网型的打法特点。

第一，接右区外角第二发球时，可用正拍抽击或削球，回击直线后迅速上网，准备运用正反拍的截击技术将球击至对方右区底线深处，如图 15-6 中图 1 所示。

第二，接右区内角第二发球时，可用反拍抽击或削球，回击对方反拍后迅速上网，准备运用正反拍的截击攻击对方的空当，如图 15-6 中图 2 所示。

第三，接右区内角第二发球时，可用侧身正拍抽球压打对方弱点，然后迅速上网，伺机攻击对方的薄弱环节，如图 15-6 中图 3 所示。

第四，接左区外角第二发球时，根据对方技术情况，利用反拍抽击或削球回击对方弱点上网。一般以打直线上网为好，一是距离近，对方准备时间短；二是上网后容易封住角度，如图 15-6 中图 4 所示。

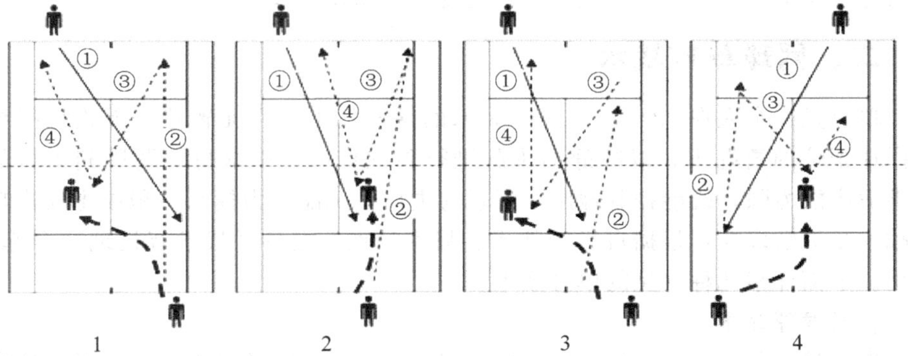

图 15-6　接发球上网战术示意图

3. 随球上网

随球上网是利用双方在底线对攻相持时或对方接发球时出现质量不高的中场球，果断地用正、反拍抽击，然后迅速随球上网的一项战术，也是比赛中的主要得分手段。

第一，利用各种不同球速、不同旋转、不同落点的发球，使对方接发球出现差错，造成接发球质量不高，出现浅球或中场球，此时可用正反拍抽球后随球上网。

第二，在底线相持对攻或对拉中，利用抽击球的速度、力量、旋转和落点的变化来控制对方，使其回击时出现质量不高的浅球或中场球，然后迎球随球上网，达到上网攻击对方的目的。

随球上网时要注意随球抽击的技术要不断变化，如平击、上旋、下旋、推切等打乱对方的击球节奏，降低其击球质量，为自己创造更多的上网机会。

(三)综合型打法

综合型打法是以基本功扎实、技术全面为基础，根据不同的对手及其技术、战术掌握情况，场地特点与战术需要，灵活地变化战术打法。综合型打法攻与守平衡，符合积极主动、机动灵活的战术要求。

对付发球上网打法时，采用接发球破网或先力争接发球成功，再准备第二拍破网的战术。

对付随球上网打法时，采用底线打深球战术，用正拍进行对拉，反拍切削控制落点，寻求进攻机会。

对付底线稳健性打法时，采用发球上网或随球上网及底线紧逼战术，以打乱对方节奏，寻求进攻机会。

对付接发球上网打法时，采用提高一发命中率，变化发球速度和落点，破坏对方接发球节奏，降低其质量，控制场上主动权的战术。

二、网球单打战术

单打是一个人在23.77米×8.23米的网球场上，在无暂停、无临场指导、无同伴帮忙的情况下，以冷静的头脑进行独立作战，以取得比赛胜利为目的。要求适应能力强，既能控制球路，不轻易失球，又能大力抽杀，积极主动进攻。其战术是灵活多变，根据自己的技术、战术特点，把各种战术有机地结合起来运用。下面介绍几种常见的单打战术。

(一)发球战术

发球是一分的开始，只有发好球才能确保处于有利的局面。当今网球比赛，发球已经成为最直接、简便有效的得分武器。相反，丢掉一个发球局便意味着处于整盘甚至整场比赛的不利地位，所以发球在比赛中至关重要。制订、练习和应用发球战术应考虑以下几方面的因素：

第一，发球不受对方支配，可通过力量、速度和准确性达到得分的目的。

第二，针对对方弱点，攻击其薄弱处。

第三，注重落点、旋转和节奏的变化，使对手难以捉摸，攻其不备，利用自然条件(风向、场地)给对手的接发球制造困难。

最好的发球是速度、落点及旋转的完美结合。一般来说，比赛中的第一发球采用速度较快的平击发球，发向对方场地的内角或外角。第二发球采用旋转强烈且稳定性高的上旋球，发向对手的中路或其薄弱之处。我们常常这样比喻，第一发球如同“法拉利”，快速、冲击力强；第二发球如同“奔驰”，稳健、有分量。

1. 发球的站位

单打发球的站位一般来说距中点较近，因为有利于准备下一次击球。但根据自身的特点和对手的站位不同有所改变。例如，右区选手靠近边线一侧站位，有利于发出角度更大的外角球，可以充分将对手拉出场地左区靠近边线，更有利于下旋球的正手进攻。

2. 发球落点

发球落点通常取决于球的旋转类型和飞行路线，因为球拍的角度决定球的旋转和方向。在右区，通常采用平击球发对手的内角，用带切的发球发对手的外角，用稳健的下旋球发对手的中路追身；在左区，通常采用平击球发对手的外角，用带切的发球发对手的内角，用上旋球发对手的中路追身或外角。

3. 发球上网

在发球之前就应该决定是否要发球上网，这种发球通常抛球要更靠前一些，并尽量向前上方跳起，然后向网前冲去；在对方击球时，应该立刻跳步停住，以便判断来球的力量，然后再对着球，做网的第一次截击。至于移动到什么地方击球，则取决于发球的落点和接球员回球的角度。要注意的是不要希望在第一次截击时得分，除非对方回球又高又软，否则应当力图把球打深，但尽量击向对手的弱处，使对手留在端线，迫使其回球质量不高，使自己可以来到网前，站在具有威胁性的位置上，再通过第二次击垮对手。大部分中上水平的运动员特别是专业运动员，都会利用第一发球的成功，立即上网截击。

(二)接发球战术

接发球一般处于被动地位，但处理得好会减少被动，甚至变被动为主动。接发球战术取决于如下几点：第一，对手是发凶狠性的球还是稳定性的球。第二，对手发球后是上网还是留在底线。第三，接发球是准备马上得分还是仅仅想把球打回去。

对付大力发球，应在比赛开始阶段尽快熟悉对手的球路，如果对手不是发球上网，那就应该攻击他的反手深处；如果对手发球上网，除非有十足把握，否则不应考虑直接破网得分，而应打刚刚过网的脚下球。这种球最能使发球上网者感到“恼火”，使其难以回出高质量的反弹球。如果对手这类球回得很好让你找不到机会，那你就应该在对手抛球时向前移动 1～2 步，在场地以内接球，缩短球的飞行距离，使对手没有充足的时间上网。采用什么办法接发球破网，要根据具体情况而定，要注意的是跳高球的次数不宜过多。此外，有时可以采取过渡的办法。如图 15-7 所示，当 S 发球上网后，R 以有力的正手击球还击。击球要有一定的深度，使 S 网前不能从容截击，只能把球挡回来，这样 R 就有机会再进行第二次截击，瞄准 S 正手空当击直线球破网得分。

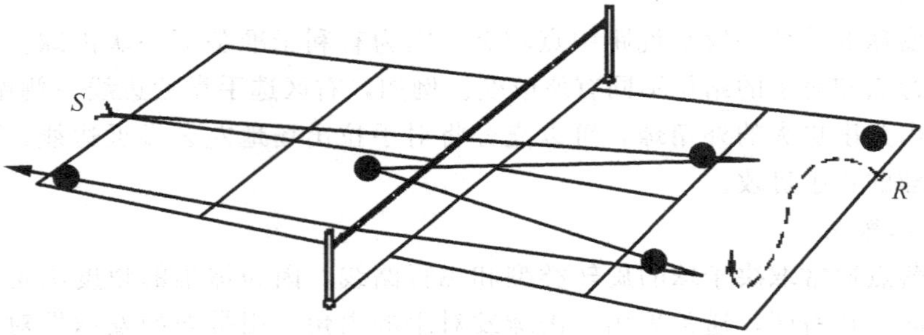

图 15-7 接发放破网示意图

最安全的接发球是打斜线球，因为斜线球都从球网中间通过，而球网中间的高度要比两侧低 15 厘米，同时斜线距离长，也不易出界，落点也相对开阔，当意识到对手已有所防范，可突击直线。接发球要选择好接球位置，大致在对方可能把球发到的角度的中分线上，使正手和反手各有一半机会接球。如果自己的正手或反手有明显的优势，则可适当前进一些位置。接球距离根据对手的发球水平及特点而定；如果对手发球强劲，则可适当退后一些距离；如果对手的发球速度不快，那么就要向前移动一些距离。适当采用接发球上网战术和接发球放小球战术。下面是运用接发球上网战术的几个例子：

例 1：当 S 在右区发球发向中线附近时，R 以有力的反手击球把球击向对方端线右角，随即上网奔向左前场把球截击向对方左后场，如图 15-8 中图 1 所示。

例 2：当 S 在右区把球发向边线附近时，R 用正手把球直线击向对方底线附近，随即上网把球截击至对方正于边底线，如图 15-8 中图 2 所示。

例 3：S 在左区发球，R 以反手把球有力击向对方反手，随即上网把球截击至对方右前场，如图 15-8 中图 3 所示。

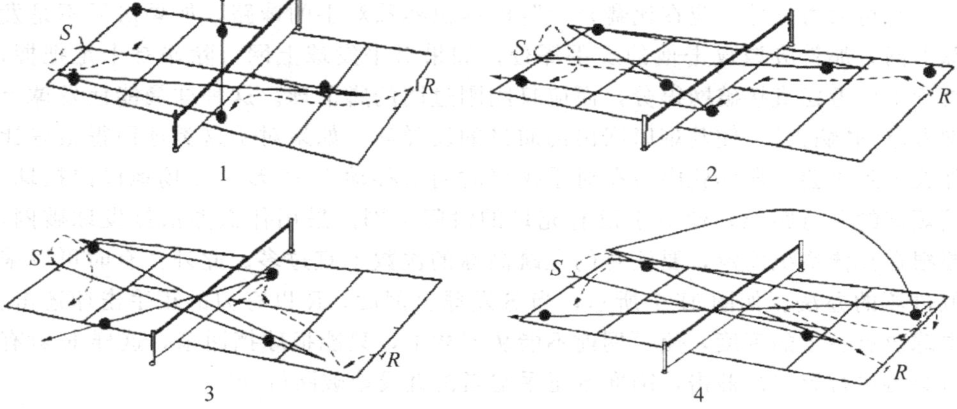

图 15-8 接发球上网示意图

例 4：当 S 在左区发球，把球发向中线附近，R 以正手把球击向对方反手底线附近，随即上网。一旦对手挑高球，R 应立即垫步后退，从底线附近把球击向对方右底线附近。有可能时应高压扣杀，如图 15-8 中图 4 所示。

(三)底线战术

当今网坛的所有女选手和 80％以上的男选手都是以底线为主的运动员。底线型选手可分为积极进攻型和防守反击型两种，以纳达尔、萨芬及大、小威廉姆斯为代表的积极进攻型选手的战术以进攻为前提，以快速、大力、准确、凶狠取胜。

1. 积极进攻型选手常采用的底线战术

(1)对角线战术

为了最大限度地调动对方做对角线跑动。下面是“对角线”战术运用的几个例子：

例 1：S 先把球击向 R 的反手底线，接着把回球斜线击向 R 的右发球区边线附近，接着再把回球击向 R 的反手底角，如图 15-9 中图 1 所示。

例 2：当 S 把球发向 R 左区的中线附近时，R 有意放小球至 S 的发球区，然后挑高球把球回到 S 右后场区底线附近，迫使 S 做对角线跑动，如图 15-9 中图 2 所示。

例 3：S 在左区把球发向对方左发球边线附近，当 R 回球过来时，即把球击向对方右角，再击向右发球区边线附近，最后击向左角，不断调动对方，如图 15-9 中图 3 所示。

底线的积极进攻，要求把球打得很深，所有的落点都要接近底线，而不是发球线。高水平选手球落点总在离对方端线 60～90 厘米的区域内，把对方压在

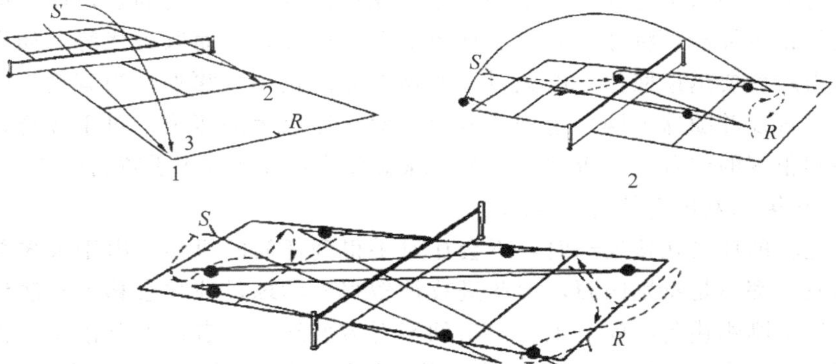

图 15-9　对角线战术示意图

端线后面。著名教练维克·布雷顿把打深球的好处归纳为3点：使自己有充裕的时间对回击做出反应；防止对方上网；迫使对方缩减回球的角度。

当对方从底线外击球时，你移动3步就可以接球；若对方进入中场发球线附近击球，就得移动5～7步；若对方上网截击，把球凌空击过来，此时就需要移动8～11步，甚至要完全离开场区去接球了。

正是因为这个道理，一般运动员都力求保持自己击球落点的深度，只是在对方已压过中场时才用大角度的斜线球把球击向发球区的两个角，调动对方，从而使对方在来回前后跑动中难以进行有力的反击。跑动次数一多，身后的场区就容易露出空当，这时就有置对手于死地的机会了。这就是对角线战术的中心指导思想。

(2)看准机会上网截击

网球与乒乓球相比，一个很大的区别就是它可以在球落地前进行截击。网球比赛中上网截击，不仅击球的范围大，使对手疲于奔命，自己还可以逸待劳，使对方处于被动地位。尤其是和对手打底线球无便宜可占时，上网截击不失为一个好的办法，但时机一定要把握好。

初学者应克服恐惧心理，积极上网截击。开始可以找较弱的对手进行比赛。上网时腰、膝要尽量弯曲，利用网作为自己身体的掩护，球拍始终保持在自己身前，起“护身”作用。用不了多久，你就会发现球是不太容易击中自己的，胆子就会大起来。当上网截击的次数多了，信心与技术与日俱增，自然而然会把争取上网截击作为自己比赛的战略指导思想。

(3)绕过反手用正手进攻的战术

这种战术通常应用于慢速场地，且需要球员有快速的步法。如果你的正手攻击很有力，那么绕过反手用正手击球不仅可以避免反手的弱点，而且能够利用凶狠的正手抽击，将球击到对手球场的开阔区域，从而取得优势。如果攻击斜线，击球后要迅速回位，以免对方回球至你的正手位深处。当有把握时，也可以攻击直线并随球上网。这种战术会给对手以巨大的压力，对手知道，必须将球回到很深的位置上，否则，一个短球就会给对方造成正手攻击的机会。

(4)接第二发球直接进攻战术

有经验的球员在接发球时，不会让对手得到任何的机会，由于大多数球员的第二发球都不是特别凶狠，因此进攻欲望强烈的球员往往会移动至底线里面接球，当球刚刚跳起时就马上将球击回至对方底线；或者接发球削球上网，同样也能奏效。当第二发球短而软时，不妨尽量使用正手击出快速有力的回球。同时，为了接第二发球直接进攻，身体重心也要稍稍靠前，尽量在球的上升期击出，给对手时间上的压力。网球初学者和一般水平选手的第二发球都很弱，因此，不要放过这个机会。

进攻型打法要注意以下几点：第一，发第一发球选区，并变化其旋转和落点；第二，用最可靠的击球方法提高命中率；第三，冲向网前的过程中要有一个停步动作，以判断对方的来球方向；第四，除非能用大角度击球直接得分，一般以打深为首要条件；第五，根据对手的击球位置和可能回球的方向，调整好自己的站位。

2. 防守反击型选手常采用的底线战术

以纳达尔和辛吉斯为代表的防守反击型选手常采用以下几种底线战术。

(1)打法要稳

许多选手特别是已经掌握了一定基本战术的选手，总希望自己在场上能把对方“压着打”，用刁钻有力的击球打得对方喘不过气来，这种打法确实能在场上博得观众的掌声，但实际上，这样做加大了自己失误的可能性。

统计表明，在初学者及中等水平的选手中，自己失误与对方直接得分之比为 20∶1，甚至达 30∶1。即每场比赛的胜负实际上是看谁“自杀”得少些。即使是职业选手进行比赛，因对手无谓失误和被迫失误所得的分也远远多于自己的直接得分。因此，优秀选手击球落点一般都落入他们心目中的安全场区内，不会冒险把球击向靠近边线或端线 60 厘米以内的区域。

在比赛时，也不应滥用自己还不熟悉的打法，不要为自己缺乏准确性而碰巧击得很“妙”的球沾沾自喜，因为这样打球所付出的代价将远远大于所得到的收获。高水平的选手其打球动作往往定型、质朴无华；而低水平的选手其打球动作总在变化，这是因为缺乏严格训练，导致无法重复自己的动作。

(2)要积极调动对方

这种打法的攻击性主要依靠落点的变化和准确，虽然球速不如进攻球快，但经常会收到意想不到的效果。发球或接发球后，如果自己不上网，应该让对方也留在端线后面，这样，对方打出直接得分球的机会就大大减少。事实上，在一次多拍的底线来回球中常会使对方失去耐心，急于取胜而犯错。所以，防守型打法的球员要利用强烈的上旋深球把对手控制在底线和左右两个大角以充分调动对手。在多拍对打中，对手也在想尽办法调动你，迫使你失误，这种情况下，要将球尽量打得弧度大些，落向对手的中路，在为自己赢得回位时间的同时，减小对方的击球角度。当然，如果你保持把球打得很深，对方就难以打出大角度的球了。

(3)等待浅球出现

防守底线型选手的取胜诀窍就是耐心，使对手陷入没完没了的、耗费精力的来回球当中。一旦对手出现浅球，便可迅速冲上去打随击球，把球打得很深，使对手只能在底线后1米以外接球，造成对手回球质量不高。许多初学者错误地认为在慢速场地不可能上网，实际上即使在慢速的沙土球场上也可以抓住打浅球上网的机会来得分。如果随击球打得很深，并进入球网与发球线之间的有利截击位置，对方就不一定有把握打出能得分的“破网球”。无论如何都不要犯冲上前去打了浅球又退回底线的错误，这不仅会失去一个直接得分的机会，而且当遇到对方打出一个很深的球到角上时，自己就不得不仓促后退了。

(4)挑高球技术

当对手用上网战术把你固定在端线时怎么办？对手不仅在发球后上网，接发球也上网。对付这种打法的方法是：使上网人离开前场，利用挑高球让对手离开网前，即使对手高压得分，也要这样做，因为不能让对手毫无顾忌地上网截击，让对手知道过于靠近球网就有可能被挑过顶球，使对手有所顾虑，降低上网的成功率。如果对手顾虑高球而向后退，则就更容易破网或打其脚下球了。

三、网球双打战术

网球双打比赛和单打比赛一样具有悠久的历史，无论是四大网球公开赛、戴维斯杯、联合会杯比赛，双打都占有重要的位置。

双打不像单打那样为人们所熟悉，但双打在业余比赛中却是主要项目，它比单打更具有社交性，对体能要求不高，但乐趣很大。广大网球爱好者中，无论是中老年还是年轻的朋友们都很喜欢双打比赛，因为4个人分队比赛可充分利用场地，既切磋了球艺，又增加了情趣。在网球发达国家，双打更是五花八门，除了各年龄组的比赛，还专门设有父子、母女、兄弟、姐妹的双打比赛及母子、父女的混合双打比赛，参加者都异常活跃。

尽管双打比赛比较普及，却很少有网球初学者去钻研双打的技术、战术。其实只要参加双打比赛，就要了解和掌握双打的技术、战术，它与单打的明显区别是：场地扩大了，人数增加了；击球的落点有所不同；战术特点与分类不同；技术要求更加全面。本节将介绍双打的基本战术，以使读者了解双打战术的基本要点。

(一)双打的站位

在双打比赛中，哪方占据了网前的主动，哪方就控制了整个比赛局势，所以进行双打比赛的运动员要将此规律贯彻到比赛的战术中去。

1. 双上网站位

发球员A位于中点和单打线中间。准备发球后直接上网，发球员同伴B站在发球线与球网之间稍偏向边线，以便封网。接发球员C在右区接发球时，站在习惯的接发球位置，接发球员的同伴站在发球线与球网之间靠边线处，以便封网，这是最普遍的站位方式，如图15-10中图1所示。

2. 双底线站位

网前信心不足但底线技术出众的选手多使用双底线战术。但这种战术已较落后，现已很少使用，如图 15-10 中图 2 所示。

3. 澳式站位

B 蹲于中线处但离网很近，发球后按预定好的计划移动抢网，使对方措手不及；同伴 A 向相反方向移动，如图 15-10 中图 3 所示。

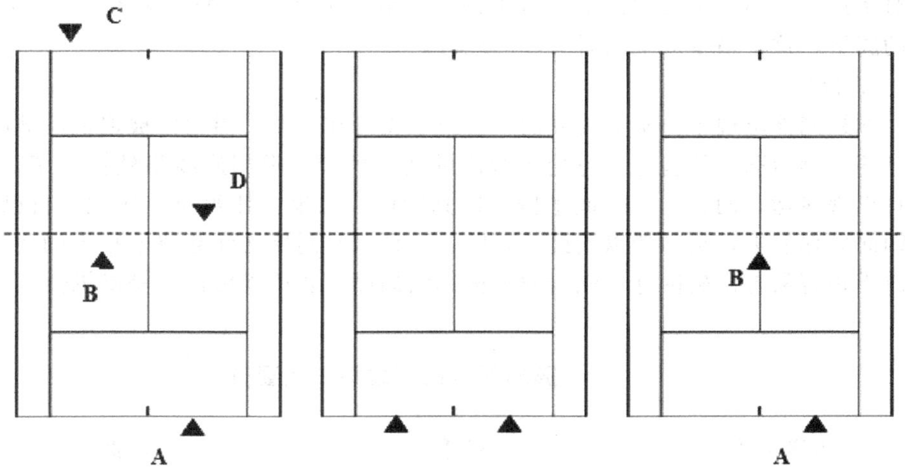

图 15-10　双打站位示意图

(二)双打协作配合战术

双打需要两个队员配合默契，把两个人的长处结合起来，才能打出比任何一个人单打都高的水平。由于双打战术机动灵活，变化比单打复杂得多，无论是在高水平的双上网的对攻战和中低水平的攻防中，能做到瞬间默契配合是很不容易的。而这一点正是双打战术的突出特点，是双打战术成功的关键。而“默契配合”是建立在两人相互了解和信任基础上的，是通过长期的配合磨炼出来的。好的双打应紧密合作，互创条件，相辅相成；在场上有呼有应，气势如虹。即使因实力不济而失利，两人的合作也是愉快、融洽的。因此，双打的根本是两个人如同一个整体，无论何时都要并肩战斗，移动要一致，相互间的距离不能超过 3.5 米。可以将双打球员想象成两个人被一根松弛的绳子所连接，这根绳子使他们一块向前、向后、向左、向右移动。

1. 发球的配合

双打的发球以旋转和落点为主，因为相对单打每个人需要控制的范围缩小，不容易接发球抢攻直接得分，所以不必死拼发球。发球前要让同伴了解自己发球的落点，以便同伴有时间抢网。在双打比赛中，发球技术好的球员应作为每队的第一个发球员，每次发球比单打更注重一发成功率，落点以内角和中路居多，以使对手无法击出大角度的回球，有利于同伴抢网得分。

2. 接发球的配合

接发球有4种路线可供选择：打斜线给正向前跑的发球员；打直线穿越网前者或打网前者的脚下；挑高球过网前者头顶；打上网后发球方两人的中路。接发球最佳的选择是打斜线球，如果发球方抢网很凶的话，可通过抽击直线抑制对手抢网。当发觉对手已形成双上网的态势，最佳选择就是将球击向对手中路的脚下，这是最令双上网者头疼的地方。

3. 协同防守

如果同伴出现十分被动的局面，要给予支持和援助。当同伴被迫挑高球时，自己要立刻后退，使自己一方处于被动的防守位置，退回底线虽然被动了，若一旦出现浅球，两人马上一起上网，冲到网前。如果同伴被拉出边线，自己要立即向同伴靠近，给同伴以支援。否则，在自己与同伴之间会留下很大的空当，使对手很容易打出破网球，同时根据被动的局面，要适当后退，等待机会。

知识窗

影响网球比赛成绩三大要素

参赛选手	对手	环境
· 竞技水平 · 战术理解能力 · 技术运用能力 · 生理发育能力 · 心理特征 · 经验、打法和训练水平 · 比赛时的发挥情况	· 球路：球的方向、高度、深度、速度、旋转 · 选择击球方式：球的落点、对手的站位、战术意图 · 对手战术的优势和弱点	· 场地地面：慢速、中速和快速型场地 · 气候条件：风、雨、太阳、海拔 · 其他环境因素：观众、裁判、时间、心理因素等

(三)抢网战术

1. 发球前要做出是否抢网的决定

抢网是指网前者横向或向斜前方移动，拦截对方打过来的斜线球。它要求网前者有敏捷的思维、准确的判断及快速的步法，所以，两人要事先商定是否抢网，一些双打配对队员喜欢用暗号。例如，网前者把手放在背后，用握拳或张开手指向发球员表示他抢不抢网，但最好要有口头上的交流，但需要注意的是，千万不能让对方猜透你的意图或听见你们的交流，而且一旦做出决定就要坚决执行。

2. 防守空当区域

当网前者抢网时，很容易造成他的那半块场地空出，无人防守。所以发球员发球之后，不应直接向前冲，而应向前跑几步，然后向同伴留下的那半场跑去，并继续向网前移动。抢网的球员在拦截之后要进入发球员的场区，两人交叉换位，防守对方可能击的直线球以及抢网者第一次截击没能得分后的回击球。

3. 抢网时机

抢网时，需要在对方球员击球的一瞬间起动，而不要在接球员击球之前移动，把自己的行动意图暴露给对方，否则对方击出直线球时很有可能得分；同时也不能起动得过晚，否则便抢不到球。

4. 抢网击球路线

如果能够抢到，最佳的击球路线是对方网前者的脚下，因为这样的球使对手十分难受，经常能直接置对手于死地，至少可让对手无法发动进攻。如果抢网的同时，对手的接发球员仍在底线，那么接发球员的背后也是他们的“死穴”。对于手感很好的网前者也可截击至接发球员一面的小斜线，如果接发球员上网很快，那么他们的中路则是最薄弱的地方，是攻击的重点。

(四)扣杀高压球

无论对方是进攻性挑高球还是防守性挑高球，网前者都要尽力不让球落地，在空中将球扣杀过网。因为双打有两人进行防守，所以经常出现一两板高压球也不能得分的状况，这时不能着急，要紧紧地把握住网前优势。高压球的战术与打落地球不同，要尽量压斜线球才有威胁，而不要像打落地球那样攻击对手中路。

(五)运用双打战术的要点

第一，提高一发的成功率，旋转落点要有变化。

第二，接发球要求低而斜地打向发球员的脚下。

第三，与同伴一起向前、一起后退，一起左、右移动守住球场。

第四，尽力控制网前。

第五，迫使对手后退。

【复习与思考】

1. 在比赛中，除了自己和对手以外，还应该考虑哪些因素？
2. 在单打比赛中，如何运用发球上网战术？
3. 单打进攻型打法要注意什么？
4. 双打有哪几种站位？
5. 两人应如何进行合作？运用双打战术的要点是什么？

第十六章　网球比赛规则、裁判法与编排方法

本章重点介绍了网球比赛的各项具体规则、网球比赛裁判法以及网球比赛的编排方法。通过学习，让学生不仅能够看懂网球比赛，还能够参与校内外网球比赛的组织、裁判工作。

第一节　网球比赛规则

一、发球员和接发球员

运动员应各自站在相对球网的两侧，首先发球的运动员称为发球员；另一边的运动员称为接发球员。

二、选择权

比赛开始前由比赛双方用掷币的方法来决定选择场区或首先发球权、接发球权。得胜者，有权选择或要求对方选择。选择发球权或接发球权，应让对方选择场地；选择场地，应让对方选择发球权或接发球。

三、发球

发球是指在指定的区域里用手将球向空中任意方向抛起，在球接触地面以前用球拍击球，球拍与球接触，该动作称为发球。球拍与球接触后，整个发球即被认为已经结束。

发球员在发球前，应先站在端线后、中点和边线的假定延长线之间的区域里，在裁判员宣布发球或报分后，并且对方已经做好了接球准备时，才可以发球。发球的全过程(包括击球前)不得踩线、进入场内或越出中点、边线及其假定延长线。一旦违例按脚误处罚。

四、发球员的位置

每局开始发球时，发球员应先从右区端线后发球，得(失)一分后，应换到左区发球，如图 16-1 所示，这样每得(失)一分就轮流交换发球位置。如发球位置错误并未察觉，比分仍然有效；一旦察觉，应立即纠正。

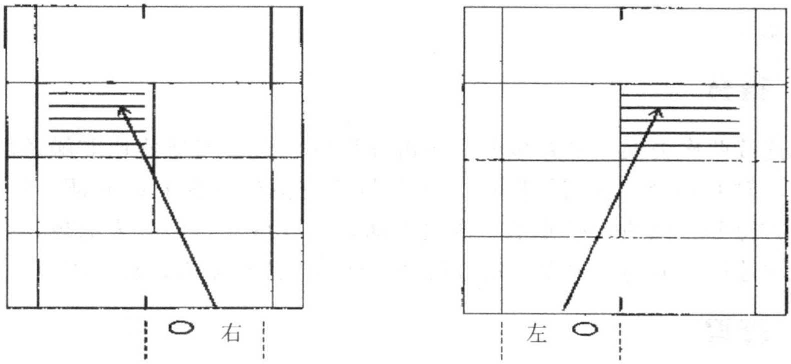

图 16-1　发球员的位置

五、第二次发球

发球员第一次发球失误后，应在原来发球位置进行第二次发球。第一次发球失误后发觉发球位置错误时，应立即纠正错误，改在另区发球，但只能再发一次球。

六、发球程序

第一局比赛结束，接发球员成为发球员，发球员改为接发球员。以后每局结束，均依次互相交换直至比赛结束。如发球次序发生错误时，发觉后应立即纠正，由轮及发球的球员发球。发觉错误前，双方所得的分数都有效。如发觉前，已有一次发球失误，则不予计算。如一局终了才发觉次序错误，则以后的发球次序就以该局为准，按规定轮换。发出的球应该越过球网，在接球员回击之前触及对角线发球区内，或者落在任何组成发球区的界线上。

七、压线球

压线球即落在线上的球，都算界内球。

八、交换场地

双方在每盘的第一、三、五等单数局结束后以及每盘结束双方局数之和为单数时，交换场地。如一盘结束，双方局数之和为双数，则不交换场地，须等下一盘第一局结束后再进行交换。每一盘的第一局结束时只交换场地，不能休息。

如发生差错未按正常顺序交换场地，一经发现，应立即纠正场区，按原来顺序进行比赛。

九、得分

发球连续两次失误，对方得分。还击球落网、出界或球落地前触及场外固定物体时，对方得分。在“活球期”，运动员的身体或衣物的任何部分触及球、球网，对方得分。抛拍击球或拍子两次击球，对方得分。对方来的球，在本场地跳动两次才还击或还击失误，对方得分。球过网之前截击，对方得分。

十、脚误

在发球的整个过程中，不得通过走动或跑动改变其原有的位置。如果发球员轻微地移动而没有从本质上影响到他原来的站位的话，则不认为他是“通过走动或跑动而改变了其原有的位置”。发球员的双足不能触及除了端线后与中心标志的假定延长线之间的区域以外的任何地方。

十一、发球中的“重发”

发出的球触到了球网、中心带或网带后落在有效发球区内，或者在触到了球网、中心带后落地前又触到了接发球员及他所穿的或携带的任何物品，无论好坏球发出后接发球员没有做好准备时，均须重新发球。发球员在重新发球时，引起重发的那次发球不被计算，但是重新发球前的失误不能取消。

十二、活球

球从发出的那一时刻开始成为活球。除了失误或重发之外，活球状态应保持到该分结束为止。

十三、有效回击

运动员或他的球拍(无论是否在他手中)或他穿戴的或携带的任何物品在击球过程中没有触到球网、网柱、单打支柱、网绳或钢丝绳、中心带或网带或者他对手场地的地面，或球触到了球网、网柱、单打支柱、网绳或钢丝绳、中心带或网带并且从上面越过后落在对方场地内，或回去的球从网柱或单打支柱以外，无论是高于还是低于球网的上部高度，即使触到网柱或单打支柱，只要落在有效的场地内，即为有效回击。

十四、胜一局

运动员每胜一球得一分，胜第一分记分 15，胜第二分记分 30，胜第三分记分 40，先得四分者胜一局。但遇双方各得三分时，则为“平分”。“平分”后，一方先得一分时，为“发球或接发球占先”。“占先”后再得一分，才算胜一局；如一方“占先”后，对方又得一分，则仍为“平分”，依次类推，直到一方在“平分”后净胜两分结束该局，为胜一局。

十五、胜一盘

一方先胜 6 局为胜一盘。但双方各得 5 局时，有两种记分方法：

(一)长盘制

在局数成 5∶5或 6∶6之后，一方须再胜 2 局，才算胜该盘。

(二)决胜局计分制

单打决胜局计分制必须在比赛之前宣布才有效。当局数比分为 6∶6之后，第 13 局为决胜局。决胜局采用先得 7 分并且净胜 2 分者胜该局及该盘。如果分数为 6∶6，则需一方再净胜 2 分为止。决胜局全部采用数字计分制，第一分为 1，第二分为 2……第七分为 7。该轮及的发球员发第一分球，然后由对方发第二分及第三分球，此后轮流交替发球，每人连发两分球，直至决出该局与该盘的胜负为止。

该轮及的发球员在右区发第一分球后，即改由对方依次在左区和右区发第二、第三分球；此后轮流交替发球，每人连发两分球，其中第一分球均应在左区发球。如果出现从错误的半区发球，在发觉前已得的分数均有效，在发觉后应立即纠正错误的站位。运动员应在每 6 分(或双方得分之和为 6 分)和 6 分的倍数(12、18、24……)及决胜局结束时，交换场地。

十六、指导

在网球团体赛的比赛当中，运动员可以接受坐在场上的队长的指导，但是这种指导只能在一局结束后交换场地时进行，而决胜局交换场地时不能进行指导。在网球其他的任何比赛中，运动员都不能接受指导。

十七、换球

一场比赛在经过一定的局数之后要进行换球，如果没有按照正常的顺序换球的话，那么就要等到下一次由这名运动员或双打比赛中这一对选手发球时用新球来发球。在此之后的换球顺序仍然按照原来规定的局数进行。更换新球时，决胜局作为一局计算。如遇该局更换新球，应暂缓更换，待下一盘第二局开始时进行更换。

十八、双打

单打比赛的规则都适用于双打比赛。在决胜局比赛中，轮到发球的运动员发第一分球。然后，发球次序仍按该盘比赛中原先的发球次序排定，每人轮流交替发两分球，直到决出该局与该盘的胜负为止。

十九、发球的轮换

在决胜局首先发球者，在下一盘第一局开始时先接发球。

二十、最多盘数

一场比赛最多盘数，男子是 5 盘，女子是 3 盘。

二十一、双打发球次序

在首盘开始之前，决定首局发球权在哪一方；每盘第一局开始时，由发球方决定由何人首先发球，对方则同样在第二局开始时，决定由何人首先发球。第三局由第一局发球方的另一球员发球。第四局由第二局发球方的另一球员发球。此盘以下各局均按此次序发球。

二十二、双打发球次序错误

应在发觉时立即纠正，但已得的分数或已成的失误都有效。如发觉时全局已经结束，此后发球次序就以该局为准轮流发球。

二十三、双打接发球次序

在首盘开始之前，决定首局由哪一方进行接发球；先接球的一方，应在每盘第一局开始时，决定由何人先接发球，并在这盘单数局继续接发球。对方同样应在第二局开始时，决定由何人先接发球，并在这盘双数局继续先接发球。他们的同伴应在每局中轮流接发球。

二十四、接发球次序错误

发觉后仍按已错误的次序进行，等到下一接发球局再行纠正。

第二节　网球比赛裁判法

一、比赛规程的制订

比赛规程是比赛的指导性文件。比赛规程包括比赛日期、地点、项目、参赛单位、参加人数、年龄规定、报名办法、比赛办法、比赛规则、录取名次、计分方法、裁判员及其他有关特殊规定等内容。在制订规程时，必须精心设计规程的各项内容。在确定比赛办法时，既要考虑比赛的日期要求，又要注意运动员的比赛负担量；在安排比赛场次时，要考虑节假日的情况，尽量把半决赛和决赛安排在周六或周日进行。

二、赛程表的制订

抽签完成后，要具体安排出整个比赛每一天的比赛场次、时间和场地等。在制订赛程表时，应考虑网球运动员的负担量及先单打后双打的原则。在头几轮的比赛中，应采用紧跟前场的方法安排比赛秩序。即一个场地上几场比赛，只限定第一场的开赛时间，而不写明以下各场的开赛时间。这种安排能保证场地和比赛时间得到充分利用，使比赛连续进行。在半决赛和决赛时，可采用限定比赛开始时间的方法进行安排，这样既有利于运动员的充分休息，又能为观众提供较准确的比赛时间和电视转播时间，有利于观众有选择地观看比赛。

三、裁判员的分工职责

(一)裁判长的分工职责

裁判长是一切正式比赛所不可缺少的临场指挥官，裁判长是由主管该赛会的组织机构委派的全权代表，负责指挥整个大赛。比赛的级别不同，对裁判长资格的要求也不同。一般来讲，国际网联将裁判长分为两级：金牌裁判长和银牌裁判长。国际大型比赛要由金牌裁判长担任，而地区性或较低级别的国际比赛则由银牌裁判长担任。中国国内的网球比赛，必须由中国网球协会批准的国家级裁判员担任裁判长一职。国际比赛中，根据比赛级别的不同，有的只设一名裁判长，有的设一名监督和一名裁判长。目前中国国内的比赛仍按照一名裁判长和若干名副裁判长的模式设置，只有在全国网球巡回赛上，参照国际惯例设监督和裁判长各一人。

国际网联的监督和裁判长的具体工作职责有以下几项：

第一，担任现场终审仲裁人员，对比赛规则、比赛准则、行为准则、网球规则及由此产生的一切问题，都有解释权和处理权。

第二，赛前安排必要的学习和实习，以便使全体裁判员能全面了解所适用的一切规则与程序。

第三，指定裁判组长并保证其能正确地履行职责。

第四，安排每场比赛的主裁判和司线员。

第五，当有必要改善比赛中的裁判工作时，可撤换主裁判，也可撤换或轮转司线员、司网裁判员。

第六，保证每块场地、球网及网柱都能符合网球规则要求，并且每一块场地都有以下设备：

其一，主裁判座椅。主裁椅的高度应为1.82～2.44米。主裁椅的中心点应距网柱0.9米。若使用麦克风，必须固定安装，不可手扶，并且要使用带开关的麦克风。主裁椅及周围不得安装公共广播用的麦克风。

其二，司线员座椅。发球司线员和端线司线员的座椅应安放在其对应线的靠近挡网处或离边线3.7米处，但座椅不可垫高放置。中线司线员和边线司线员的座椅，除另有安排外，应放在场地后面，当有阳光时，司线员不可正对阳光；如无阳光时，司线员的座椅应放在主裁判座椅对面。

其三，司网员座椅。司网员座椅应放在网柱边，并应尽可能地放在主裁判座椅对面。

其四，运动员座椅。运动员座椅应放在主裁判座椅两侧。

其五，场上用品。每场比赛均应供应运动员饮用水及其他饮料，并备水杯、毛巾等。

其六，量具。应具备能量网和单打支柱的尺。

其七，秒表、记分表等。每一场比赛的主裁判应有一块秒表、国际网联记分表和铅笔。

第七，保证赛场周围的挡网、广告牌和后面的墙壁不可以是白色、黄色或其他浅颜色，以免干扰运动员的视线。

第八，在开赛前应决定并通知参赛者比赛的条件(如用何种网球、用球数、换球局数、地面情况、何种赛制、长盘或短盘和其他有关事项)。

第九，在运动员休息地的显著位置设置布告栏，并通知所有的运动员。当日赛程表应尽快张贴于此。任何运动员都有权从监督和裁判长处获得每日比赛安排。

第十，在固定的地点安置赛会时钟，并通知所有的运动员其安置的地点。除另有规定外，手表、怀表等不能用作赛会时钟。

第十一，抽签前应从竞赛委员会处得到“照顾对象”的名单，应与竞委会商讨以下事宜：报名运动员的最后名单；种子选手排位所需的排名表；其他抽签需要的有关资料。

第十二，进行预选赛和正选赛抽签工作。

第十三，在监督和裁判长办公室及布告栏上张贴所有签列表(预选赛、正选赛、替换和幸运失败者表)。

第十四，以紧接前场的方式或限定开始时间的方式，安排每日比赛。

其一，在安排第一天的比赛前，裁判长可与前一周比赛的监督或裁判长联系，以便确定仍在其他地方比赛的运动员到来参赛有无困难。在可能范围内，在不损害公平合理的赛程安排的条件下，裁判长在安排比赛时，对于有一定困难的运动员，可给予适当照顾。

其二，在预选赛中，单打预选赛应在正选赛开始的前一天全部结束。除因天气或不可避免的因素干扰赛程外，预选赛中运动员每天最多能赛两场单打。若在一天内赛完一轮以上的预选赛，其比赛顺序应由上至下或由下至上地按比赛抽签表秩序进行。

其三，在正选赛中，除天气或不可抗拒的因素干扰赛程外，运动员每天只能安排一场单打和一场双打。除监督或裁判长另有安排外，应安排运动员进行单列后进行双打。

第十五，当在沙地或其他松软地面上进行比赛时，应在赛前保证地面平整，场地线清楚。

第十六，决定场地是否适合比赛。

第十七，设置特定的地点，采用一切合理方式，按赛程要求通知运动员上场比赛。

凡经通知上场比赛的运动员均应准备上场比赛。在特殊情况下，由监督或裁判长决定何时通知运动员上场比赛，或裁定何时确已宣布过比赛。

第十八，决定某一场比赛是否更换场地进行。

若因气候恶劣或其他无法避免的因素，导致正在进行中的比赛中断或暂停，若有必要排除运动员一天赛两场单打的可能性，或考虑有必要结束比赛，监督或裁判长无须考虑场地的地面性质或类别，可将比赛移列室内或室外场地进行。

在任何其他情况下，比赛一旦正式开始，即第一分的第一发球已经发出，则未经双方同意，比赛不可更换场地进行。双方协商时不可进行干涉。

尽可能在进行中的该盘双数局赛完后或一盘结束后，更换场地。

第十九，因天气、光线不足或其他原因等，由监督或裁判长决定何时停赛。若因天黑停赛，则应在进行中的该盘双数局赛完或整盘结束后停赛。

第二十，在比赛中负责调查“违反行为准则”的事实，并给以恰当的处罚。对违反行为准则严重的运动员，监督或裁判长可取消其比赛资格或罚款；对执法中有不良行为(如故意偏袒一方)的裁判员，监督或裁判长可撤换该裁判员。

第二十一，在赛前与赛后，适当安排护送运动员进场和退场。

第二十二，在比赛期间，如运动员对裁判员涉及有关规则问题的判定有异议，可提请裁判长解决，裁判长的判定是最后的判定。比赛期间，监督或裁判长应始终在场，但监督或裁判长不可上场担任主裁判。

第二十三，赛后监督和裁判长最主要的两项工作：向赛会主办单位写出书面总结；给每位参加裁判工作的人员写出书面鉴定，并将此鉴定同总结一并上交主办单位。

(二)裁判组长的分工职责

裁判组长的具体工作职责有以下几项：

第一，召集足够、合格的裁判员担任比赛的裁判工作。

第二，组织裁判员进行必要的赛前训练，并复习网球规则、比赛规程和行为准则。

第三，准备一份比赛中所有裁判员名单，并注明通信地址、各自的裁判级别(国际网联批准的或国家网协批准的)。应将此名单复印后交监督和裁判长各一份。

第四，制定每天裁判员上场顺序，所做安排需经监督或裁判长同意后方可实施。

第五，赛前召开碰头会，介绍有关场次的安排和执法程序，如如何呼报、裁判手势要求、场地轮换安排等。

第六，评估裁判员的工作表现。

第七，在比赛进行中应随时在场。除监督或裁判长另有安排外，裁判组长不能担任主裁判或司线员。

第八，协助监督和裁判长履行他们的职责。

(三)裁判员(主裁判)的分工职责

主裁判的具体工作职责有以下几项：

第一，熟悉网球规则、比赛规则和行为准则中的所有内容。并应按国际网联“裁判员职责和程序”进行。在比赛中做到严肃、认真、公正、准确，作风正派，不徇私情，坚持原则。

第二，按照监督和裁判长的要求着装。

第三，在开赛前召集双方运动员。

其一，介绍与运动员有关的情况。

其二，在准备活动前，当双方运动员或队均在场时，主裁判抛掷挑边器，以选择发球权或场地。如在比赛开始前、准备活动期间被暂停，抛掷挑边器的结果仍然有效，但获优先权的运动员也可重新选择。

其三，检查运动员所穿的服装是否符合“行为准则”中关于服装条例的要求。更换服装的时间若超过 15 分钟，则取消其比赛资格。如在 15 分钟内返回场地可重新进行适当的准备活动。

第四，开赛前，主裁判应清楚监督或裁判长是否为运动员安排了运动员进、出场的护送人员(这一条是指国际大赛)。主裁判应在运动员进场之前提前到场。

第五，应备有秒表，用来计时，包括准备运动、分与分之间 20 秒间歇、交换场地时的 90 秒以及规则条款中所规定的任何其他特定时间。

第六，确保有足够的比赛用球及用过的旧球。

第七，裁定比赛中一切“事实”问题(当没有司线员时他应呼报出界球)。

第八，确保双方运动员及所有临场裁判员能按规则行事。

第九，当认为有必要改进裁判工作时，可撤换、轮转任一司线员、司网员和脚误裁判员。

第十，主裁判对比赛中出现的“规则”问题，可先作出裁决，但运动员对此有权向监督和裁判长提出申诉。

第十一，按照国际网联裁判员职责和程序，在每分结束后宣报比分。

第十二，当司线员或司网裁判员宣报不够响亮时，或当近线球需给予证实以消除运动员的疑虑时，主裁判可重复宣报。

第十三，按照国际网联裁判员职责和程序的要求记录比赛记分表。

第十四，只有当司线员明显误判时，主裁判方可改判，并且必须在司线员错判后立即改判。一切改判必须符合国际网联裁判员职责和程序要求。

当运动员明显脚误，而司线员未判时，主裁判应按照国际网联改判司线员明显误判的程序进行宣判。

第十五，负责检查沙土场地的球印。除沙土球场外，其他场地则不必检查球印。

第十六，尽力维持赛场秩序。当观众有碍比赛进行时，主裁判应婉言相劝，并请求合作。

第十七，比赛时，主裁判应负责引导拾球员协助运动员，而不是干扰运动员。

第十八，确保比赛场地上有足够的比赛用球，负责换球，并决定比赛用球是否适用。每次换球前，应适当地预先开启球筒，并做充分的检查以避免因换球延误比赛。

第十九，决定场地能否继续使用。比赛中若主裁判认为条件的变化足以影响比赛继续进行时，或因雨或其他原因而迫使比赛暂停时，主裁判应中断比赛，并报告裁判长。暂停比赛直至改期再赛期间，主裁判自己与其他临场裁判人员应确保随时恢复比赛的准备。

如因天黑须停赛，应在进行中的该盘双数局赛完后，或整盘结束后方可停赛。

当监督或裁判长同意暂停或改期比赛后，主裁判应记录时间和分、局、盘等比分以及发球员姓名、双方在场上的位置，并收集所有比赛用球。

第二十，熟悉网球方面的英语。

第二十一，比赛后，主裁判应向监督或裁判长全面汇报有关比赛中执行“行为准则”的情况。

（四）司线员的分工职责

司线员是大型网球比赛中不可缺少的看线的裁判员。司线员的编制有 11 人制、7 人制、6 人制、5 人制等。司线员在场上的位置是固定不变的，边线和中线司线员应在端线后 6.40 米的地方就座或站立；端线和发球线司线员应在边线后 3.70 米的地方就座或站立。司线员的具体工作职责有以下几项：

第一，按国际网联裁判员职责和程序履行职责。

第二，与其他司线员一起身着比赛大会统一规定的司线员服装。司线员不可身穿影响运动员视力的白色、黄色或其他浅色服装。

第三，每场赛前准时到场。

第四，为争取最佳看线位置，必要时可离开座位。

第五，只负责呼报自己所管辖的线，不可对他人的宣报发表意见。

第六，当不能作出呼报时，应立即做未看见手势。

第七，司线员的呼报要及时、准确。在运动员发球失误时要喊“Fault（失误）”，在运动员往返击球中球出界要喊“Out（出界）”。当司线员出现误判时，要立即更正错误呼报，呼报出“Correction（更正）”。

第八，当球确实触地时（成死球），方可呼报“出界”或“失误”。

第九，司线员的手势要及时、准确、大方。呼报和手势的顺序是先呼报后做手势。手势是声音的补充，做手势时手心正对主裁判。在呼报“Foot fault（脚误）”时，手臂上举，手心朝前；当球落在线附近的界内时，司线员双手手背朝上，放在两腿之间。

第十，当主裁判改判时，司线员应保持沉默。运动员的一切询问要交主裁判处理。

第十一，端线、边线或发球中线的司线员负责呼报“脚误”。

第十二，当运动员违反行为准则而主裁判未看见时，司线员应立即向主裁判报告。

第十三，不要为运动员拾球或递毛巾。

第十四，不要为运动员鼓掌。

第十五，不要与观众交谈。

第十六，未经主裁判允许不得离开场地。对主裁判的改判，司线员只能服从，不得申辩，对于运动员的出言不逊，司线员不可回敬，但可报告主裁判请他作出处罚。

(五)司网员及拾球员的分工职责

网球比赛中坐在网柱旁的裁判人员，就是司网裁判员。司网裁判员的主要任务是在运动员发球时，手扶球网上缘，遇有擦网，立即呼报"Net(擦网)"，然后将手上举。

凡看过四大网球公开赛电视转播的网球爱好者，都会发现在比赛场内有跑动拾球、传球、递球的少年。在运动员击球时，他们或立或蹲，纹丝不动；当运动员喘息时，他们似离弦之箭，疾奔过去拾起地上的球……这就是在比赛中直接为运动员服务的拾球员。比赛设置拾球员的根本目的是保证比赛的连续进行。

拾球员的具体工作职责有以下几项：

第一，当运动员击球(或发球)失误后，迅速拾起场上的球。

第二，将球由接发球员一边的底线传给网前的拾球员，网前拾球员将球传给发球员底线的拾球员，发球员底线的拾球员再将球传给发球员。发球员拿到球后应迅速发球，不得延误。

第三，负责传递主裁判需要的东西；负责传达主裁判指令，免去主裁判上下裁判椅。

第四，帮运动员拿毛巾、递水，运动员休息时，为运动员撑阳伞。网前两名拾球员要在运动员眼前与运动员面对面地站立。

拾球员必须熟悉网球规则，知道双方选手何时交换发球，何时既交换场地又交换发球，何时只交换场地而不换发球(在平局决胜制时)。这样才能准确地将球递到发球员一边。另外，拾球员必须掌握传、接、递球的技巧，做到及时、准确，以保证比赛的连续进行。最后，拾球员应具备较成熟的思想意识和较健壮的体质，才能在赤日炎炎下与激烈的比赛中圆满地完成拾球员的工作任务。

(六) 记分的裁判方法

第一，记分表要填写清楚。首先将比赛项目、对手姓名(包括单位)、场地号填写好(表 16.1)。

表 16.1　网球比赛记分表

局数	运动员姓名		第　盘																				本盘决胜局	局数总计
			开始时间										结束时间											
			比分																				AB	CD
1	A		1.	/		A		/															1	0
					/		/																	
2	C			/	•	/	A		/		•	/	/	/									1	1
			/		D			/		/	D													
3		B	/		/	A		/															2	1
				/			/																	
4		D																						
5	A																							
6	C																							
7		B																						
8		D																						
9	A																							
10	C																							
11		B																						
12		D																						
13																								
14																								
本盘获胜方																								
局数比																								

注：设 A、B 一对与 C、D 一对比赛，发球顺序为 A、B、C、D，开始 A、B 一对在裁判员左侧。

第二，在选择场地和首先发球权后，根据主裁判座椅的位置，将首先发球的运动员姓名的首写字母填写在第一局空格中。第二局填写对方运动员姓名的首写字母，方位与第一局相同。第三局的方位改到另一面。第四局同第三局，依次类推，交替进行。根据这一规律，在比赛前可将第一盘各发球局运动员姓名的首写字母和所在的方位填于空格中。

第三，在“局数总计”一格中，可根据第一局运动员所在的方位，将双方运动员姓名的首写字母或单位填于空格中。

第四，在第×盘中开始时间的格中填写本盘开始比赛的时间。

第五，比分记在“point”下面的方格内。上半部为发球员的得分，下半部为接发球员的得分。每一分球后，用铅笔画一记号。目前中国使用的记号是：

得分写“1”。

第一次发球失误，在发球方格内画“·”。

发球直接得分并且对方未碰着球，写“A”。

发球双误，在接球方格内写“D”。

运动员违反守则，在对方格内写“C”。

第六，在第几局谁胜即在局数总计格中填上本方获胜局数的累积数。

第七，在记分表中规定的换球局附近应作一明显标志，可画一横线“—”或“△”等。

第八，当局数为6∶6时，即进行决胜局的比赛，采用12分7胜，即谁胜了该局就谁胜了该盘。在决胜局一格中填写双方运动员姓名的首写字母或单位，决胜局的记分要用数字表示(即0，1，2，3，4……)。

第九，每盘结束，应迅速填写结束的时间和局数比。局数比之间用破折号，如来不及，可在下一盘第一局后交换场地的间歇时间填写。以后每盘的记分方法同上。比赛结束应填写获胜方及盘数比，如2∶0。决胜局比分应填入括号内。

最后主裁判核对比分后签字送交裁判长。

第三节　网球比赛编排方法

一、国际上一般采用的编排方法

国际上的网球比赛除戴维斯杯和联合会杯赛为团体赛外，大多数的国际网球赛基本上是单项比赛。由于参赛运动员多，场地少，但又需要在短时间内决出冠、亚军，所以多采用单淘汰制。

(一)单淘汰制的抽签办法

当参加比赛的运动员人数是2、4、8、16、32、64、128等2的乘方时，可按下列格式采取累进的淘汰制进行比赛。若人数多于128，则增加预选赛。

当参加比赛的运动员人数不是2的乘方时，第一轮将有“轮空”。其目的是使运动员在第二轮中形成一个“满档”，即2的乘方数，这样比赛才能顺利进行，一直到最后两名运动员参加决赛。

“轮空”数的计算方法：所选定的号码位置数减去参加比赛的运动员人数。例如，有27名运动员参赛，则选32个号码位置数，其中有5个号码是“轮空”的。与这个5个号码相遇的运动员，将直接参加第二轮比赛，然后他们和第一轮比赛的11名优胜者形成2的乘方数(16)。“轮空”先从两端开始，然后移向中间。第一个“轮空”先从下端开始，第二个“轮空”从上端开始，依次类推，交替进行下去。如果有27名运动员比赛，就需要在31、2、29、4、27号码位置上安置“轮空”。这是中国网球协会批准的在任何地区的、区域的或国家的锦标赛分配“轮空”的正式办法，图16-2是27名运动员参加比赛的抽签示意图。

(二)种子选手的确定与排列

第一，根据中国网协比赛规程规定，确定种子选手应依据前一年同一比赛的名次。在被批准的比赛中，每4～8人有一名种子选手，但种子选手最多不得超过16人；如果种子选手不够，则有多少算多少，其他人由抽签来决定其位置。双打时如非原配对，则不得当种子选手，除非另有明确标准。

第二，除1、2号种子选手外，其他种子选手的位置凭抽签来决定。1号种子选手安置在最上端，2号种子选手安置在最下端，如果抽签决定3号种子选手在上半区，那么4号种子选手的位置就应放在下半区，若3号抽在下半区，则4号应抽入上半区。其余种子选手的位置，也应根据这一原则分别抽签。

第三，国家的、地区的和区域的锦标赛，其种子选手与“轮空”的分配，均应按上述规定进行。

(三)如何安排种子选手

1. 种子选手的号码位置与抽签

16名运动员抽签，有2名种子选手时，2号种子选手安置在1号码位置，2号种子选手安置在16号码位置。

32名运动员抽签，有4名种子选手时，1号种子选手安置在1号码位置，2号种子选手安置在32号码位置，3、4号种子选手抽签决定安置在9和24号码位置。

64名运动员抽签，有8名种子选手时，1、2号种子选手安置在1和64号

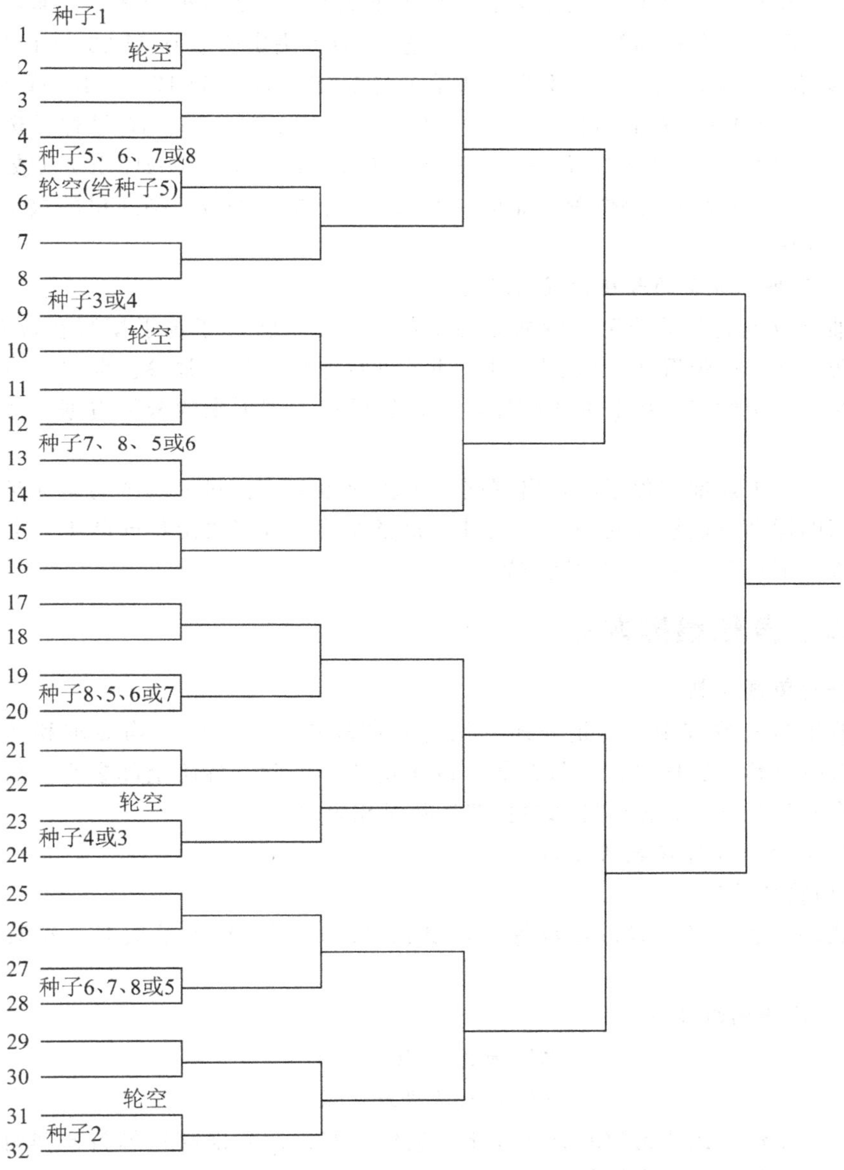

图 16-2　网球比赛抽签示意图

码位置，3、4 号种子选手抽签决定安置在 17 和 48 号码位置，5、6、7、8 号种子选手抽签决定安置在 9、56、25 和 40 号码位置。

128 名运动员抽签，有 16 名种子选手时(用 64 号码位置抽签表两份，一份在上，一份在下，以U代表上表，L代表下表)，1、2号种子选手安置在U-1与L-64(或128)号码位置，3、4号种子选手抽签决定安置在U-33与L-32(或96)号码位置，5、6、7、8号种子选手抽签决定安置在U-17、L-48(或112)，U-49、L-16(或80)号码位置，9、10、11、12、13、14、15、16号种子选手抽签决定安置在U-9、L-56(或120)，U-25、L-40(或104)，U-41、L-24(或88)，U-57和L-8(或72)号码位置。如果在第二张表上重新编号，括弧里的数字可使用65～128。

2. 非种子选手的号码位置与抽签

抽签应先抽种子选手，后抽非种子选手，一旦将种子选手填写在位置上，并注明哪些号码位置代表“轮空”时，即可进行非种子选手抽签。此时，可将所有剩余运动员姓名，按照抽签顺序，经抽签后填入剩下来的未经占据的号码位置上。

当采取上述抽签程序后，出现同一个队的运动员、同一地区的运动员或同一国家的运动员被抽入同一1/4区时，竞赛委员会有权决定将同队第二名运动员安置在下一个1/4区的相同位置上。

二、其他编排方法

(一)单循环制

若报名人数较少，场地较多，比赛日期较长，各队(人)均要求和其他队(人)进行比赛，这样可以多打几场，以丰富比赛经验。各队全部参赛队员出场比一次称为“一轮”，循环赛每轮比赛场数是相等的。

1. 轮数和比赛场数的计算

(1)轮数计算

队(人)数为双数时，轮数等于队数减1；队(人)数为单数时，轮数等于队数。

(2)比赛场数计算

比赛场数＝N(N－1)/2

(N代表队数或人数)

计算轮数和比赛场数的意义在于，它使比赛组织者能够在筹备比赛时，根据场地数量计算出比赛轮数和场数，就可以估算出比赛需要多少天打完以及需要多少裁判人员。

2. 比赛顺序的确定方法

一般采用逆时针轮转法。该轮转方法是先将1号码位置固定不动，第一轮次序是将比赛队数的前一半号码依次写出排在左侧，再将后一半号码，从下向上依次写出排在右侧，并用横线连起来即可。第二轮次序的轮转方法是 1 号码位置固定不动，其他号码按逆时针方向轮换一个位置，即可排出。第三轮次序按第二轮次序的位置逆时针轮换一次，以此类推可排出其他各轮比赛顺序。

例如，有 6 个队(人)参加比赛，比赛顺序如表 16.2 所示。

表 16.2　6 个队参赛的比赛顺序

第一轮	第二轮	第三轮	第四轮	第五轮
1—6	1—5	1—4	1—3	1—2
2—5	6—4	5—3	4—2	3—6
3—4	2—3	6—2	5—6	4—5

如果是 5 个队参加比赛，还用上表，只需将 6 号码换成轮空。如进行团体赛，可由 2 场单打、1 场双打组成，采用 3 场 2 胜制；或可由 4 场单打、1 场双打组成，采用 5 场 3 胜制。每场可采用 3 盘 2 胜或 5 盘 3 胜制。

3. 决定名次方法

单循环制按获胜场数多少决定名次，如积分相等，则按净胜盘数；如仍相等，则按净胜局数；如再相等，则按净胜分数决定名次。

(二)分组循环制

第一阶段先分几个小组进行单循环赛，然后第二阶段各组同名次的队(人)进行单循环赛，排出全部名次。

(三)混合制

在一次比赛的不同阶段，分别采用循环制和淘汰制两种方法称为混合制。采用这种制度要把比赛分为 2 个或 3 个阶段。第一阶段采用淘汰制，后面则采用循环制，反之亦然。

【复习与思考】

1. 简述裁判员、司线员、司网员、拾球员的分工职责。
2. 简述单淘汰制的抽签办法。
3. 简述单循环制的编排方法。

第十七章　运动损伤与保健

运动性病症一般系指由于体育运动的安排不当，造成体内功能紊乱而出现的异常、疾病或综合征，它不仅在运动训练和比赛中较为常见，而且在体育教学、体育锻炼中亦时有发生。了解和掌握运动性病症的发病原因、急救方法和预防措施，不仅可以保证体育教学、体育锻炼、运动训练和比赛的顺利进行，而且更重要的是能保证体育运动参加者的身体得到正常发育与健康成长。

第一节　运动损伤的一般处理方法

一、人工呼吸

(一)原理

借人工方法来维持机体的气体交换，以改善缺氧状态，并排出二氧化碳，为自主呼吸的恢复创造条件。

(二)方法

使患者平卧，松开领口、腰带和胸腹部衣服，清除口腔内异物。施救者一手的掌尺侧置于患者前额，使其头后仰，施救者一手托起患者的下颌，掌根轻压环状软骨，使软骨压迫食管，防止气入胃。另一手捏住患者的鼻孔，以免漏气，然后施救者深吸一口气对准患者的口部快速吹入。每次吹气量为 800～1 000毫升，吹完后松开捏鼻孔的手，让气体从患者的肺部排出，如此反复进行，每分钟吹气 16～18 次，如图 17-1 所示。

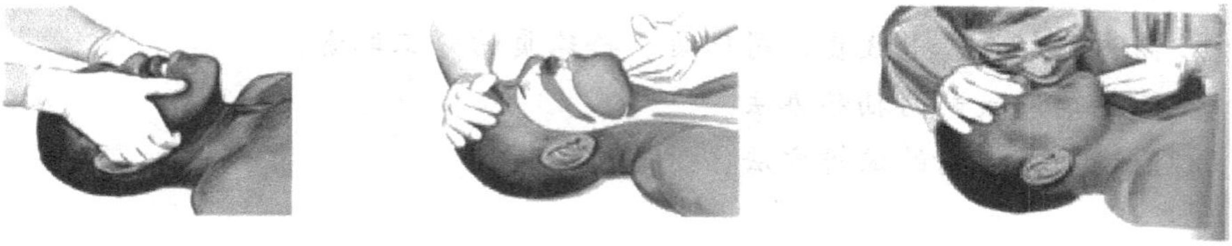

图 17-1　人工呼吸示范图

二、胸外心脏按压

(一)原理

通过按压胸骨下端而间接地压迫左右心室腔，使血流流入主动脉和肺动脉，建立有效的大小循环，为心脏自主节律的恢复创造条件。

(二)方法

使患者仰卧于硬板床上或地上，施救者以一手掌根部置于患者胸骨的中、下 1/3 交界处。另一手交叉重叠于其手背上，肘关节伸直，充分利用上半身的重量和肩、臂部肌肉的力量，有节奏地带有冲击性地向下压迫胸骨下段，使胸骨下段及其相连的肋软骨下陷 3～4 厘米，间接压迫心脏，每次压后随即很快将手放松，让胸骨复位，成人每分钟挤压 60～80 次，如图 17-2 所示。

对于呼吸、心搏骤停患者的抢救可分一人抢救和双人抢救两种。

1. 一人抢救程序

首先识别患者是否意识丧失，轻摇患者双肩，大声喊问："你怎么啦?"如无反应，即予开放气道。气道开放后，立即用耳朵贴近患者口、鼻部，判明有无呼吸气流，同时观察患者胸、腹部有无起伏的呼吸运动。如无自动呼吸，立即口对口吹气 4 次。

检查颈动脉有无搏动，如果摸不到搏动，立即进行体外心脏按压，并同时大声呼救，叫人协助。

体外心脏按压和口对口人工呼吸交替进行，连续按压心脏 15 次，继以人工吹气 2 次，即每分钟按压 80～90 次，人工吹气 10～12 次，按压要平稳。

检查脉搏、呼吸和瞳孔。复苏抢救进行 1 分钟后做首次检查，以后每 5 分钟检查一次。每次检查在 5 秒内完成，不使复苏抢救中断。

2. 双人抢救程序

如果有两人在场，可以实施双人抢救，即一人做人工吹气，一人做心脏按压。双人抢救配合得当，效果较单人为好，且施救者体力更能持久。

双人抢救的基本方法与单人抢救相同。不同的是：心脏按压频率与人工呼吸频率为 5∶1，即按压 5 次，吹气 1 次，为使配合默契，应喊出按压序数。

在心肺复苏抢救中，在不中断抢救的原则下，急呼周围的人协助，打电话叫救护车，要求医院、急救站派人前来。切忌盲目将患者转送医院，以致错过挽救患者的时机。

心肺复苏术仅是抢救呼吸、心跳停止患者的第一步，也是重要的一步，以便获得时间等待医务人员到场。后面还有许多必须由医务人员进行的工作，如进一步巩固恢复自主的心跳、呼吸，恢复良好的血液循环，处理由于呼吸、心跳停止造成的酸中毒和重要脏器损害，以及处理原发疾病等。切不可呼吸、心跳复苏后，就以为万事大吉了。

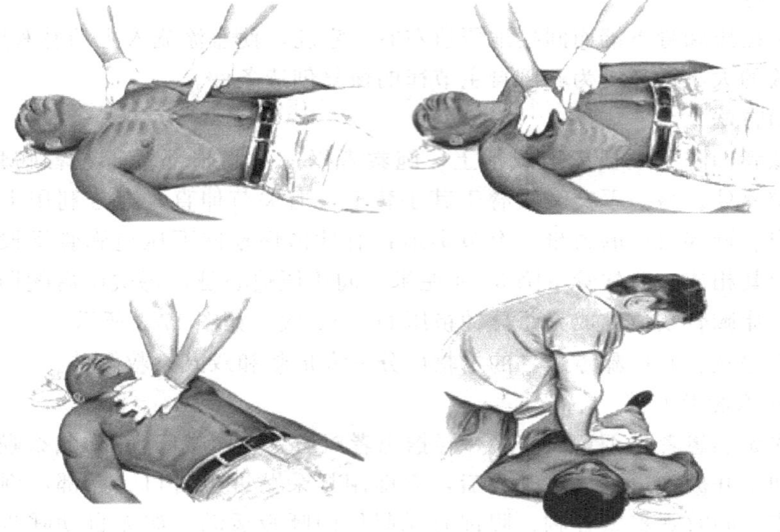

图 17-2　胸外按压示范图

三、冷疗法

(一)原理

冷疗法是运用比人体温度低的物理因子刺激来进行治疗的一种物理疗法。

(二)方法

主要有冷敷法(使用冷毛巾、冷水、冰块)和蒸发冷冻法(使用冷冻气雾剂、氯乙烷、冷镇痛气雾剂)两种方法。

(三)适应症

急性闭合性软组织损伤的早期。

(四)禁忌症

慢性损伤，水肿部位，冷过敏者，心前区、腹部、枕后、阴囊等部位。注意事项：急性损伤后尽快使用，越快越好；要严格掌握治疗时间，防止组织冻伤，出现麻木即停止。

四、热疗法

(一)原理

热疗法是运用比人体温度高的物理因子刺激来进行治疗的一种物理疗法。

(二)方法

主要有热敷法(使用热毛巾、热水、热醋)、熏洗法和红外线疗法三种。

(三)适应症

急性闭合性软组织损伤的中、后期，慢性损伤。

(四)禁忌症

急性软组织损伤的早期、高热、有出血倾向者、活动性肺结核、恶性肿瘤等。注意事项：防止烫伤，有皮肤过敏者应停止使用，红外线治疗时要避免辐射眼部。

第二节 常见运动损伤处理

一、肱骨外上髁炎(又称“网球肘”)

(一)机理

本病是因位于肱骨外上髁的伸指伸腕肌总腱处受到反复的猛力牵扯所引起的慢性劳损。局部过度使用是损伤的主要病因。运动中任何令前臂旋后、腕关节突然背伸的动作，如网球运动员的反拍击球，乒乓球运动员的反拍、下旋回击急球或反手弧圈球，羽毛球运动中的反拍击球和大力扣杀球等，都会使肱骨外上髁总腱处受到反复牵扯，不仅有可能使伸腕肌腱尤其是桡侧伸腕短肌肌腱在肱骨外上髁止点处发生部分撕脱，还会出现肱桡关节处的局限性滑膜炎和环状韧带变形等慢性劳损性病变。

(二)症状

多无明显外伤史，个别人可因一次撞击或牵拉致伤。肘外侧疼痛是其主要症状，疼痛多为渐起。初时在做某一动作时肘外侧出现疼痛，该活动停止后疼痛缓解，如日常生活中的端提重物、拧毛巾、旋转门闩，运动中的反拍击球等。以后随病情发展疼痛逐渐加重，渐变为持续性疼痛，尤以夜间为重，有时会向前臂和上臂放射。重症患者患肢会出现突然的“失力”现象，指即使手拿不重的物品，也会突感力不从心而使物品掉下。

(三)处理

早期局部停止训练，或用石膏托固定患肢于屈肘伸腕位，部分患者经休息可自行缓解。

大多数患者可采用保守治疗：药物痛点封闭；按摩(先用推、揉、分筋等手法按摩前臂伸肌，然后在肱骨外上髁及其痛点用点压、指揉和刮法)；针灸；中药外敷或熏洗等。其中痛点封闭后配合理疗和局部制动(1～2周)效果较好。在进行患肢活动时，前臂用弹力绷带缠绕，可减轻疼痛。少数经保守治疗无效，且影响日常生活者，可采用手术治疗。

伤后训练：急性期应停止活动，待征象基本消退，可进行一般练习。伤后3周内不应做重复受伤的动作，3周后在粘膏支打带的保护下逐渐加入反拍练习。大约2个月后才可恢复专项训练。

(四)预防

加强腕部力量和前臂伸肌肌力的训练，如持重或抗阻的伸腕练习，反手卷缠重物的练习。合理安排上肢运动量，尤其注意不要在短期内做过于频密的致伤动作，防止局部过度使用致疲劳积累受伤。运动前做好充分的准备活动，运动后及时进行前臂和肘部的放松性按摩。掌握正确的“反拍”击球技术。合理使用护具，提高自我保护能力。

二、韧带损伤

(一)机理

韧带损伤是指用力过大、过度牵伸而导致不同程度的韧带纤维或其附着处的断裂，韧带有较强的抗张能力，附着在邻近骨端上，用以连接两骨，并保护关节在正常范围内活动。如果外力使关节异常活动超越韧带所能承受的范围时，就会发生韧带损伤。韧带损伤易发生的部位主要是踝关节、腕关节和膝关节。

(二)症状

韧带损伤一般都有局部水肿，韧带损伤处有明显压痛。严重损伤时，有明显的出血血肿症状。

(三)处理

立即冷敷，用绷带固定包扎，抬高伤肢，24小时后根据伤情采取措施，如对伤部进行热敷、按摩或外敷伤药等。

损伤严重，出现韧带大量或完全撕裂、分离的，应及时送医院进行韧带断端的接合术。

(四)预防

为了防止韧带损伤，可在锻炼时加一些扶持保护带，如进行网球、羽毛球运动时使用护腕等。

三、胫腓骨疲劳性骨膜炎

(一)机理

胫腓骨疲劳性骨膜炎是指小腿肌肉在腔肋骨的附着点受到过分牵拉而刺激

骨膜引起的非细菌性炎症。这种损伤多发生在初锻炼者身上，也可因长时间的剧烈跑跳所引起。

(二)症状

胫腓骨疼痛，有明显压痛并出现骨膜水肿等症状。

(三)处理

要停止剧烈的跑跳练习，控制运动量，可每天用40～50℃的温水浸泡患处30分钟；或进行热敷，以促进血液循环，加快渗出物的吸收。如果疼痛非常严重，应等彻底治愈后再进行锻炼。

(四)预防

应充分做好准备活动。提高身体应激状态，使身体发热，减少肌肉黏滞性，克服惰性，对易损伤的小腿胫腓骨进行重点搓揉活动。

掌握好各种运动姿势，做好放松活动。减少在弹性差、较硬地面上活动；加强在缓冲动作上的自我保护和做好课后的放松活动，增加运动后的营养，多饮开水。

要穿着弹性较好的鞋子，以减少因身体重力落下而造成的震动。

炎症早期要调整运动量，减少局部负荷运动时间，减小运动强度，防止突然加大运动量，避免长时间过分集中的跑、跳、后蹬、支撑练习。

四、肌肉痉挛

(一)机理

肌肉痉挛，俗称抽筋，指肌肉持续不自主地强直收缩。在体育运动中最易发生痉挛的肌肉是小腿腓肠肌，其次是足底的屈拇肌和屈趾肌。肌肉痉挛原因主要有以下几点：第一，体育活动中大量排汗使体内电解质丢失。这些电解质在人体内的浓度水平与肌肉神经的兴奋性有关，当丢失过多时肌肉兴奋性增高，肌肉易发生痉挛。这种情况多见于天气炎热或进行长时间剧烈活动时。第二，运动时，由于肌肉快速地连续收缩，放松的时间太短，导致肌肉收缩与放松的协调关系遭到破坏，从而发生肌肉痉挛。第三，在寒冷的环境中若未做准备活动或准备活动不充分就进行体育活动，肌肉会受到寒冷的刺激而引起肌肉痉挛。第四，局部肌肉疲劳或有微细损伤时，也可引起肌肉痉挛。

(二)症状

肌肉发生痉挛时，局部肌肉坚硬或隆起，剧烈疼痛，且一时不易缓解。

(三)处理

常用处理方法是牵引痉挛肌肉，使它伸长和松弛，但用力要缓慢而持续，不可使用暴力。痉挛缓解后应适当按摩肌肉，如重推、揉、捏、按压，以促使痉挛解除。例如，腓肠肌痉挛时，先让患者平坐或仰卧，伸直膝关节，牵引者两手握住患者足部并抵于牵引者的腹部，利用牵引者躯干前倾的适度力量，将患者的脚掌和脚趾缓慢向上扳；若屈拇肌、屈趾肌痉挛，用力将脚趾向上扳，但切忌使用暴力。

（四）预防

为了预防肌肉痉挛，锻炼前应做好充分的准备活动，对容易发生痉挛的肌肉可事先做适当按摩。冬季户外锻炼要注意保暖。夏季锻炼时要注意适当补充淡盐水及维生素 B_1 等。此外，疲劳和饥饿时，最好不要进行锻炼。

五、中暑

（一）机理

中暑是由高温环境引起的，以体温调节中枢功能障碍，汗腺功能衰竭，水、电解质丢失过多为特点的疾病。中暑可分为热射病、日射病和热痉挛。

（二）症状

中暑的表现主要体现在以下三种类型：

1. 热射病

往往在高温环境下，工作数小时后发病。高热、无汗甚至昏迷是本病的特征。初感头痛、头晕、恶心、多汗，然后体温迅速升高，可超过 40°，出现嗜睡、谵妄和昏迷，皮肤干热、无汗、潮红或苍白。

2. 日射病

在烈日下活动或停留时间过长，由于头部直接受日光暴晒所致。症状同热射病，但体温不一定升高，头部温度有时超过 39℃。

3. 热痉挛

由于在高温环境中，身体大量出汗，丢失大量氯化钠，使血钠含量过低，引起腿部甚至四肢及全身肌肉痉挛。

（三）处理

迅速将病人移到阴凉通风地方，解开衣扣、平卧休息。用冷毛巾敷头部，或用 30%酒精擦身降温，或将患者浸于 4℃水浴中，按摩四肢皮肤，随时测量肛温。当肛温降至 38.5℃时，暂时停止降温，转移到 25℃以下的环境中，继续观察。如体温有回升，应立即再用 4℃水擦浴，加电扇吹风，或在头部、腋窝、腹股沟放置冰袋以免体温回升。喝一些淡盐水或清凉饮料，清醒者也可服人丹、绿豆汤等。昏迷者针刺人中、合谷穴或立即送医院。

（四）预防

长时间在烈日下劳作时，要戴草帽、打伞遮阳并注意定时休息和保证茶水供应；出汗多时多喝些果汁、糖盐水或稍加点盐的白开水，以保证身体水、电解质平衡。

在室内、舱内或地下作业时，应设法通风降温。盛夏炎热季节，老人、体弱多病者、产妇与婴儿尤其要注意室内通风、降温。

合理安排作息时间，不宜在炎热的中午强烈日光下过多活动。

有头痛、心慌时应立即到阴凉处休息、饮水。

症状不能缓解时，可辅以针刺人中、合谷、曲池、内关等穴位。

第三节　养生与保健

经络是人体内脏与体表联系的通路，它能运行气血、联络脏腑、沟通内外、贯通上下。经络具有传导感应、调节气血、调节虚实等功能。

针灸、按摩是通过刺激经络和腧穴，调节脏腑组织功能，泻其有余，补其不足，促使人体气血流通，阴平阳秘。它能够行气活血，化瘀消肿，舒经通络，解痉止痛，滑利关节，调整脏腑功能。

一、常用保健穴

(一)足三里

可和胃健脾、通腑化痰、祛风化湿、补气养血、升降气机、防病保健，有强壮作用，为保健要穴。

(二)太阳

可缓解头痛，增强记忆力。

(三)风池

疏风清热，醒脑开窍。

(四)大椎

可解热镇痛。

(五)迎香

可促进鼻黏膜血循环，增强正常分泌，湿润鼻腔，并预防感冒和防治鼻炎。

(六)涌泉

可益肾通便、宁神熄风，为常用保健穴位。

(七)三阴交

适用于腰足寒冷及增强生殖器官的抗病能力。

“三一二”经络锻炼法

知识窗

健康长寿的奥秘就是锻炼经络。为了使人人都达到百岁健康之目的，北京炎黄经络研究中心祝总骧教授提出并推荐一种人人可行、行之有效、自己能给自己防病治病的经络锻炼法，即“三一二”经络锻炼法。

所谓的“三”就是按摩合谷、内关和足三里三个穴位。“一”就是一个以腹式呼吸为主的基本的气功锻炼。“二”就是做一种以两条腿为主的、力所能及的、自觉的体育锻炼。通过三种不同的方式，有计划地去激发经络系统，就可以精力充沛，防病治病，增进健康。

二、常用保健方法

(一)干梳头

方法：每日起床，两手手指分开，成须爪状，以指代梳，自前额起经发际、头顶至后发际，从前到后，从后到前，循环反复，轻松柔和，来回梳理，共计10次。同时配以点按太阳、印堂、百会、风池诸穴。

作用：醒脑健脑、止痒健发、明目提神，并防治头痛、眩晕、失眠、脱发和神经衰弱。

(二)干洗脸

方法：两手相摩擦，搓热，自上而下摩擦颜面，包括额头、面颊、太阳穴及鼻两侧。动作柔和，速度匀缓，反复摩擦，至温热为度，每日至少两遍，各数十次。同时，揉点印堂、迎香穴，若咽以唾液，则效果更佳。

作用：改善血液循环，减少皱纹，滋润面色，延缓衰老，预防感冒，并防止遇风流泪。

(三)旋运目

方法：两目微闭，心平气和，眼球分别按顺时针左右、上下运转；而后，睁目做运转各10次左右，且慢而匀。再点按睛明、丝竹空、承泣诸穴。

作用：明目醒脑，解除疲劳，改善视力，防治目疾及头昏、眩晕。

(四)鸣天鼓

方法：两手掩耳，食指压于中指背上，稍加施力，借反作用力滑下，以指弹击后脑枕骨部，可闻“咯咯”作响犹如击鼓之声，如此弹36下。而后，两掌忽开忽合，连续开闭12次。

作用：清醒头脑，消除耳鸣，保护听力，增强记忆，防治头昏、头痛及耳疾。

(五)吐纳法

方法：每日晨起，择空气清新之处，周身放松，神态安详，用鼻吸入新鲜空气，引到腹部丹田，等胸腹气满时，抬头，缓缓张口，将体内浊气徐徐呼出。一呼一吸为一息，计12息。吸气时，提肛，缩肾，呼气时再放松。

作用：消除积聚，通调肺气，增大肺活量，加强心肺血液循环与新陈代谢，防治胸闷、咳喘。

(六)背暖法

方法：应经常按摩或拍打背部脊柱(督脉)及其两侧，使之气血流畅，并根据时节、气候变化，增添衣服，以保持温暖。先以右手揉擦(拍打)背部左侧，再以左手揉擦(拍打)背部右侧，自上而下，左右各数十次。

作用：壮腰补肾，预防腰背酸痛、腹部痛疾、肺气肿、骨质增生等。

(七)护胸法

方法：胸部为肺器官之所在，故应积极采取防护措施，勿受外力撞击。若经常按摩或拍打胸部能防治心肺诸病。先以右手摩擦或拍打左胸部，再以左手摩擦或拍打右胸部，由上往下，再从下向上，左右各数十次。

作用：温暖胸部，强心解闷，可治胸闷，心慌气急，肋痛，并预防冠心病、肺气肿、肌肉发育不良诸病。

(八)摩脐腹

方法：搓热两手，相叠于脐，以之为圆心，先顺时针方向转摩，再逆时针方向转摩，各计数十周，动作应缓慢柔和。

作用：加强消化，增进食欲，促进消化器官血液循环，防治胃病、腹痛、腹胀、便秘、消化不良等。

(九)搓足心

方法：每晚睡前，赤足或穿薄袜，两手合掌相摩擦热，以手掌心交替摩擦左、右足心各数十遍。

作用：清热降火，疏肝明目，固肾暖足，防治头昏、眩晕、耳鸣、失眠、心悸以及高血压。

(十)干浴身

方法：用手掌经常在周身皮肤干擦，古人称之为“干浴”。两手相摩生热为度，从头顶向下汇至面，再从颈部至两肩、臂膀、胸腹、腰胯和两足，来回搓数十遍。

作用：归顺气血，消除疲劳，促进睡眠，降低血压，疏松毛孔，光润皮肤，预防感冒，增加抵抗力。

参考文献

第一编　乒乓球

1. 蔡继玲等编著．跟专家练乒乓球．北京：北京体育大学出版社，1999

2. 侯文达主编．高等学校乒乓球教材：教学与训练．北京：北京大学出版社，1994

3. 苏丕仁主编．乒乓球运动教程．北京：高等教育出版社，2005

4. 唐建军编著．乒乓球技巧图解．北京：北京体育大学出版社，2001

5. 徐大鹏等编著．名家手把手一起做运动——乒乓球．南京：江苏科学技术出版社，2008

6. 俞蕙琳主编．普通高等学校公共体育课程系列教材——乒乓球．北京：高等教育出版社，2004

7. 张瑛秋．现代乒乓球训练方法．北京：北京体育大学出版社，2008

8. 中国乒乓球协会编译．乒乓球比赛规则．北京：人民体育出版社，2011

第二编　羽毛球

1. 程路明等主编．羽毛球．北京：高等教育出版社，2006

2. 林建成编著．羽毛球技、战术训练与运用．北京：人民体育出版社，2009

3. 吴俊心．专家教你打羽毛球．南昌：江西科学技术出版社，2005

4. 肖杰主编．羽毛球运动理论与实践．北京：人民体育出版社，2005

5. 杨恒，王家彬主编．新编羽毛球教程．西安：西北工业大学出版社，2007

6. 中国羽毛球协会审定．羽毛球比赛规则．北京：北京体育大学出版社，2010

7. 周志辉编著．图解羽毛球技巧．福州：福建科学技术出版社，2005

第三编　网　球

1.《网球》杂志编著．网球技术精解全书．北京：人民体育出版社，2004

2. 葛志刚，程冰编著．网球快速入门与提高．南京：东南大学出版社，2004

3. 顾伟农编著．网球运动入门．广州：广东科技出版社，2002

4. 黄承欢主编．大学体育健康教程．西安：西北工业大学出版社，2009

5. 李海燕，金晓阳主编. 大学体育教程. 北京：北京体育大学出版社，2008

6. 李唤春，聂锐新编著. 网球技战术理论与实践. 昆明：云南科技出版社，2003

7. 唐小林主编. 网球运动教学与训练. 北京：人民体育出版社，2009

8. 陶志翔主编. 网球运动教程. 北京：高等教育出版社，2003

9. 张虎祥主编. 学打网球. 兰州：甘肃人民出版社，2006

10. 浙江省高校体育教材编委会编. 高等学校体育选项课系列教材——网球. 杭州：浙江大学出版社，2002